KB070091

　"부부의 질서" 책은 이미 출판한 "부부의 목적" 과 전자 책 '동물에게서 찾는 성격이야기' 에 나온 내용을 보충하였으며 조합하여 구성하였다.  짐승들의 상징성을 찾아서 부부들에게 삶에서 교훈되는 요소를 첨가하였다.

　그 이유는 적어도 부부로 살아가면서 짐승처럼 살지 말고 사람답게 살아야 되지 않겠나 하는 심정으로 짐승을 찾아서 교훈을 삼게 되었다. 사실 그 교훈은 나 자신 뿐만 아니라 우리 자녀들에게 꼭 해주고 싶었던 말이다. 이 책에 등장하는 짐승의 상징성은 고대로 전해 내려오는 상징이다.

　나는 이 책을 통해 많은 부부들이 결혼 생활의 표준과 지혜를 얻기를 바란다. 내가 간절하게 바라는 바는 우리 자녀들이 이 책을 세심하게 읽어 주기를 바란다.

그리고 할 수 있다면 자손들에게도 이 책을 권유해 주기를 바란다. 나는 이 책을 통해서 부부 생활의 질서가 회복될 수 있다고 믿기 때문이다.

점점 복잡하고 다원화되는 세상에서 먼저 세상을 살아본 내가 해 줄 수 있는 말은 직접 경험하여 깨달은 것 외에는 없다. 그 깨달음은 부부간에는 질서기 있다는 사실과 그리고 질서를 따라야만 가정에 평화를 유지할 수 있다는 것이다.

사실 나는 그런 질서 기준없이 결혼 생활을 내가 착하기 때문에 잘할 것이라고 믿고 나자신의 느낌과 감정대로 해 왔다. 바로 그 부분이 시행착오를 겪는 문제점이다. 내가 착하다는 것만 믿고 결혼 생활을 하면 바로 그 부분 때문에 문제가 생긴다는 것을 알아야 한다. 착하다는 것은 스스로가 그렇게 믿는 것에 불과하다. 그것이 정답이 되지 않는다. 많은 분들이 내 말에 공감할 것이다. 그러므로 자신이 착하다고 스스로 속지 말라.

지구상에 존재하는 인류는 특별하게 살아가는 이들을 빼고는 거의 모든 이들이 부부의 삶을 거친다. 그들의 인종과 언어, 나라는 다르지만 남녀 관계는 그렇게 큰 차이가 없다.

왜냐하면 부부 관계에는 일정한 질서가 존재하고 있기 때문이다. 문화적인 차이는 있지만 서양인이라고 해서 동양인과 부부 생활이 판이하게 다르지 않다.

이 책은 부부 관계 질서에 대해 핵심 부분을 정리하였다. 몸 관리를 잘못하면 병이 찾아오듯이 부부 관계도 마찬가지이다. 부부 관계의 질서를 벗어나면 반드시 문제가 따라온다. 그런데 문제는 부부 당사자 뿐만 아니라 자녀에게도 큰 피해를 주게 된다는 점이다. 바로 이 부분이 부부 관계에서 제일 안타깝고 고통스런 부분이기도 하다.

그만큼 부부 관계는 죽기 직전까지 배워야 할 것이 너무나 많다. 그 이유는 부부 생활이야말로 종합 예술과 같고 인생의 핵심이고 모든 행동의 근원지와 같기 때문이다.

우리는 왜 할 일 많은 이 땅에서 부부 관계를 생각하면서 살아야 하는가? 삶의 에너지가 그곳에서 나오기 때문이다. 마치 모든 강물의 근원지가 있듯이 인간 삶의 근원이 되기 때문이다. 그만큼 중요하다.

그런데 부부는 왜 위기 속에서 같이 살아가는가? 그것은 부부간에 지켜야할 도리와 질서를 어겼기 때문이라고 본다. 아마도 비즈니스나 사업적 동업 관계였다면 벌써 헤어졌을 것이다. 부부간의 문제로 그렇게 다투고 갈등이 있었는데도 또다시 만나서 웃고 먹고 함께 잠자리에 들어가는 것은 무언가가 그들을 끌고 있는 것이 분명하다.

과연 무엇이 그들을 묶어 두는가? 같이 살아야 하는 확실한 이유는 뭔가? 자녀, 돈, 약속, 체면? 무엇이 그들을 부부로 묶고 있는가? 그 또한 부부간의 질서가 어느정도 남아 있기 때문이다.

부부 관계의 고통을 안고 있는 자의 한숨의 소리를 들으면서 느껴지는 심정은 마치 전쟁터에서 피투성이가 된 채 비틀거리는 모습이 느껴진다. 또는 소낙비를 흠뻑 맞은 초라한 작은 새같이 느껴진다. 지금 그들은 너무나 처절하고 답답하고 힘든 시간을 보내고 있다.

한때는 화려한 결혼 식장에서 웨딩 마치와 함께 장미빛 환상으로 결혼 생활을 시작하였는데, 세월이 흘러 차라리 안한 것만도 못한 지경에 빠졌다고 말하고 있다.

그들은 "결혼한 날은 내가 도끼로 내 발등을 찍은 날이었어요" 이들의 한숨은 이렇다.

남자들의 경우는 "평생을 하루같이 피눈물나게 고생하면서 돈을 벌어 처자식을 위해 먹고 살고자 희생했는데, 이제 남은 것은 부인으로부터 따돌림을 당하고 아내는 애들과 하나가 되어서는 자신을 무시하고 각방은 물론 이제는 대화조차 못하는 신세가 되었다."

여자들의 경우는 "남편의 사랑을 믿고 알콩달콩 살거라고 믿고 여기까지 왔는데, 저 사람은 나보다는 자기 가족, 친구 밖에는 없어요. 나를 사랑하지 않는 것 같아요. 이대로 사는 것은 아무 의미가 없는 것 같아요" 과연 이들에게 무슨 일이 있었길래 이렇게 되었는가! 무엇이 그들을 이런 상황으로 몰아가고 있었던 걸까?

이런 문제를 접하면서 나는 적어도 부부에 관한 변하지 않는 진리를 얻고 싶었다.

부부의 질서가 시대마다 바뀐다면 아마도 인류의 가정 생활은 엉망진창, 뒤죽박죽이 되었을 것이다. 그러나 시대와 문화는 변해도 변하지 않는 아주 기초적인 그루터기 같은 질서를 찾고자 했다.

복잡한 문제를 풀기위해서 수학 공식이 필요한 것처럼 부부에게 필요한 것은 변하지 않는 절대적 명제가 필요하다.

시대마다 문화와 가치관과 풍습이 다르지만 변하지 않는 기준이 있다면 그 모델로부터 해답을 얻을 수 있기 때문이다.

고로 부부 문제를 철학과 심리학이라는 상대적인 논리로는 진정한 답을 얻을 수 없다. 이미 그런 추론적 지식은 차고도 넘친다. 갈등을 풀어나가는 타협 정도로는 풀리지 않는 절대적 가치가 있다. 이 책은 그 해답을 제시하는 책이다.

중요한 것은 시대가 변해도 변하지 않는 부부간의 질서이다. 단지 그것이 알고 싶다.

그런 면에서 이 책은 부부 질서에 대해 절대적 울타리를 제공하고 또한 부부간에 무엇이 문제인지를 파악하는 성찰의 기능을 제공하고 또 어떠한 역경중에도 부부가 함께 풀어가야할 힘을 제시한다. 즉, 이 세가지 즉, 울타리, 자기 성찰 기능, 어려움을 헤쳐나가는 힘이다.

울타리는 어떤 위기를 만나도 가정을 든든하게 세우는 성벽을 말하는데 그것은 경계선과 같다. 고로 부부간에 경계선을 이탈하면 그 일로 수많은 문제를 야기하게 된다. 자기 성찰은 실수에 대한 반성과 깨달음을 통해 새로운 마음을 갖는 것이다. 그런 점에서 부부 생활은 성찰을 통해 반성하고 깨달음을 얻어서 변화되어 가는 유기체와 같다고 볼 수 있다.

힘은 어떤 어려움 속에서도 역경을 헤쳐나가고자 하는 의지를 말한다. 어떤 고난이 있더라도 둘사이에 맺은 언약을 죽는 순간까지 지키고자 하는 의지적 힘이 필요하다. 그러면 시간이 지난 후에 회상하기를 그때 그 순간에 인내하기를 잘했다는 생각이 들 것이다.

그러므로 이 세가지만 확실하게 있다면 어떤 경우에도 풀어나갈 길이 있다고 믿는다. 이것이 부부에게 있다면 그 부부는 어디에 가서든 무슨 위기를 만나도 살아갈 수 있다.

이 책을 읽으면서 이 세가지를 찾는 마음으로 읽기를 바란다. 그러면 이 책은 부부 질서에 대한 통찰력을 제공하고 모든 어려움을 헤쳐나가야할 이유와 목적을 제시해줄 것이다.

그런 면에서 이 책은 변하지 않는 질서로 당신을 안내할 것이다. 제1부에서는 부부간의 질서를 말하였고 제2부에서는 짐승의 본능적 행동을 거울로 삼고자 그 상징성을 기록하였다. 사실 짐승 자체는 살기위한 본능적 행동에 불과하다.

하지만 우리에게는 그들의 행동은 기본적인 삶의 방식을 깨닮게 해준다.

 짐승들의 삶의 패턴은 곧 우리들에게는 하나의 거울이 된다. '선악개오사(善惡皆吾師)' 라는 말이 있다. 선이든 악이든 모두 자신에게 스승이 된다는 의미이다. 선은 선 자체로 스승이 되고 악은 그렇게 살지 말라는 면에서 스승이 된다. 그런 면에서 짐승들의 본능적 행동은 부부에게 거울이 된다.

 나는 짐승들의 행동을 보면서 부부의 삶에 교훈을 얻고자 하였다. 여러 짐승이 등장하여 다소 어지럽겠지만 하나하나 살펴보면 큰 의미를 발견할 수 있을 것이다.

 그것은 부부가 가정에서 어떻게 살아할 것인지 큰 지혜를 제공해 줄 것이다. 또한 자녀들에게도 이런 동물들의 생활 모습이 큰 교훈을 줄 것이다.

 아직 결혼하지 않은 젊은 청년들은 결혼 예비를 위한 책으로 이 책을 함께 습득하기를 바란다. 이미 결혼했다면 자신들의 결혼 생활과 비교하여 이 책을 푯대로 삼기를 바란다.


                                 김 홍 찬 (Ph.D)

# 부부의 질서

김홍찬 저

한국상담심리연구원

# 목차

# 부부가 된다는 것

 국어사전에 '부부'라는 말은 혼인 관계에 있는 남녀를 묶어서 말한다. 인류는 고대로부터 결혼을 통해서 남녀가 부부가 되어 자녀를 낳고 양육하므로 가정을 존속시켜 왔다. 근본적인 의미에서 부부는 남자와 여자가 함께 살면서 서로 간에 도와주고 도움을 받는 관계이다. 즉, 상대방의 신체적, 정신적, 영적인 면이 성장하기 위해 서로 협력하는 관계라고 말할 수 있다. 이런 관계를 진행하려면 서로에 대한 애정이 있어야 한다.
 애정이 관계를 이끌기 때문이다. 부부의 이런 진행 과정을 선용이라고 한다. 선용이라 함은 남편은 아내를 선한 마음으로 보살펴 주고 아내 또한 남편에게 선한 마음으로 내조하며 함께 자녀를 양육하는 것이다. 그 자녀도 역시 같은 마음으로 부부 생활을 유지한다. 이는 끊임없는 재생산 과정이다.
 부부는 정신적, 육체적인 면에서 지속적이고 반복적으로 성장하도록 노력하는 관계이다.

## 부부는 선용을 이룬다

 부부 관계의 목적을 선용이라고 했는데 선용의 원리에 대해 알아 보고자 한다.

 선용은 국어사전에는 "선을 위한 쓰임의 목적에 어울리는 알갱이나 동기를 가지고 있는 마음가짐이나 행위를 말한다."

 한자에서 선용(善用)을 풀이하자면 '양이 풀을 입에 먹는 모습'이다. 일반적으로 양이 풀을 먹는 것과 우리가 이해하는 선과 무슨 상관이 있기에 한자 모양을 그렇게 그렸을까? 의문을 가질 수도 있다.

 고대 중국인들은 타인에게 먹을 것을 공급하는 일을 선으로 여겨 왔으며 타인에게 좋은 일하는 것을 선용이라고 생각하였다.

 그런 면에서 부부는 가족을 위해 먹을 것을 공급하며 온 가족이 좋은 방향으로 나가도록 협력하는 관계이다.

## 선용을 위한 3가지

 선용을 위해서는 세 가지가 동원되어야 한다. 즉, 목적, 원인, 결과이다.

 목적은 선용을 위해서 가장 우선되는 것이다. 선용의 목적은 사랑이다. 사랑하기 때문에 선용한다는 의미이다. 고로 부부는 스스로에게 이렇게 질문해야 한다. "나는 과연 배우자와 자녀를 사랑하고 있는가?"

 그 다음이 원인이다. 목적을 이루기 위해서는 원인이 필요하다. 즉, 사랑을 달성하기 위해서 지혜로운 방법이 동원되어야 한다. 예컨대, 부모는 자녀에 대해 큰 목적이 있다.

이 아이가 앞으로 훌륭한 사람이 되기를 바라는 큰 목적을 가지고 자녀를 위해 어떻게 도와줄 것인가를 연구한다.

자녀를 사랑한다면서 무작정 끌어 안고만 있다면 그것은 오히려 자녀를 더 나쁜 길로 가게 만든다. 사랑을 하되 지혜를 찾아서 어느 방법이 최선이고 가장 좋은 길인지를 파악해야 한다. 마찬가지로 배우자를 사랑한다면 상대방에게 가장 좋은 길이 무엇인지를 찾는 것이 필요하다. 그것이 원인으로서 지혜이다.

그리고 결과는 선용이다. 결과는 나무로 말하면 열매를 맺는 것을 말한다. 사랑의 목적, 지혜의 원인, 선용의 결과이다. 그러므로 선용의 결과 안에는 사랑과 지혜가 존재한다. 이 말은 선용이 없으면 사랑과 지혜도 없다는 말이다. 사랑과 지혜 없이 선용은 이루어질 수 없기 때문이다.

## 선이란 무엇인가?

우리는 선용을 제대로 알기 위해서는 선이 무엇인지를 먼저 이해해야 한다. 국어 사전에는 선에 대해서 말하기를 "올바르고 착하여 도덕적 기준에 맞음"이라고 표현하고 있다.

그러나 사람들은 본질적으로 '선'이 무엇인지 모르고 있다. 왜냐하면 인간은 자기 중심적이기 때문이다. 단지 도덕적 기준에만 맞으면 선이라고 말한다.

하지만 도덕적 기준은 지역과 시대마다 바뀐다. 시대가 변하거나 어디에 살든지 관계없이 심지어 저세상에 가더라도 변하지 않는 절대적 가치로서의 선이 존재한다.

고대 그리이스 철학자들은 지상의 세계보다 이데아(Idea)의 세계가 본질적 세계라고 이해하였다. 그들은 이데아의 세계를 꿈꾸고 그리워했다. 플라톤은 존재의 원형을 이데아로 보았는데, 이데아는 질서의 원천과 목적이며 최고 인식의 내용이 된다고 하였다. 그리고 모든 이데아 중의 최고의 이데아는 선의 이데아 라고 말했다.

## 결혼

실제적으로 결혼의 목적은 선용의 삶이다. 왜 선용을 결혼의 목적이라고 말하는가? 부부는 자녀를 생산하고 가족 구성원이 안전하게 성장하도록 돕기 때문이다.

**첫째, 결혼이 선용인 이유는 자녀를 생산하고 양육하기 때문이다.** 부모는 자녀가 성장하도록 돕는다. 부모의 돌봄으로 자녀는 제 역할을 할 뿐만 아니라 타인에게 유익을 주는 일꾼이 된다. 즉, 선용할 수 있는 존재가 되게 한다.

**둘째, 남편과 아내는 선용하는 관계이다.**

처녀와 총각이 결혼하여 남편과 아내가 된다. 남편은 아내와 자녀들을 위해서 가정의 울타리가 된다. 또한 아내는 남편과 자녀들을 위해서 음식을 장만하고 가정의 분위기를 주도한다.

남편과 아내는 각자가 가족을 위해 희생하면서 가족 구성원들의 평안을 원한다.

**셋째, 서로를 속박함은 선용을 위함이다.**

남편과 아내는 사랑할수록 서로가 서로를 속박한다. 하지만 사랑하는 사이는 그것을 속박으로 여기지 않는다. 오히려 상대방에게 속박 당하기를 원한다. 간혹 어떤 자는 서로를 속박하는 것은 자유를 침해하는 행위라고 말한다. 엄밀하게 말해서 그것은 이미 사랑의 관계가 끝났음을 의미한다. 상대방에게 자신을 공개하고 속박 당하기를 원하는 이유는 상대방에게 자신을 더 자세하게 알게 하므로 상대방으로 하여금 사악한 세상에서 보호해 주기를 기대함이다. 상대방은 자신을 보호해 줄 수 있는 존재로 믿기 때문이다.

## 부부 관계

부부는 선용하는 관계이고 부부 생활은 선용을 실천하는 장이다. 고로 부부의 인생은 선용의 길을 걸어가는 것이다.

부부들의 문제를 살펴보면 상대방에 대해 비판, 잔소리, 쓴 소리, 폭력, 판단으로 상대방에게 상처를 준다. 이러한 갈등의 연속으로 상대방의 감정을 상하고 기분을 망치기도 한다. 하지만 부부의 목적이 선용이라면 서로 협력하게 된다. 목적이 같기 때문이다.

선용의 목적을 가진 부부는 경제적인 문제, 자녀 양육, 직장 생활, 시부모 관계, 종교 생활 등 모든 면에서 협력하는 관계를 유지한다. 그래서 선용 목적을 가진 부부는 상대방의 원함을 면밀하게 파악한다. 배우자가 무엇이 필요하고 무엇을 원하고 있으며 현재 고민하며 힘들어하는 부분이 무엇인지를 살핀다. 상대방의 정서적 상태 즉, 얼굴 표정, 고민, 좌절, 고통을 보면서 부드럽게 다가가서 위로해 준다. 만일 부부가 서로에 대해 이러한 자세를 가지고 있다면 삶의 활기를 띠게 된다.

오 헨리(O. Henry)의 소설 "크리스마스 선물" 에는 가난한 부부가 등장한다. 아내는 부모로부터 물려받은 남편의 시계줄이 없는 것을 안타깝게 여겼다. 그래서 아내는 자신의 탐스러운 머리가락을 팔아 시계줄을 선물하였다. 반면에 남편은 소중한 시계를 팔아 아내에게 고급스러운 머리빗을 선물하였다.

시계가 없는 시계줄은 쓸모가 없고 머리카락이 없는 빗은 쓸데가 없다. 하지만 서로의 마음을 알게 된 부부는 부둥켜 안고 눈물을 흘렸다.

상대방의 말과 행동을 보면서 예사롭게 넘기지 않고 애착이 무엇인지를 살펴보는 일은 사랑하는 부부에게는 대단히 중요하다. 그 이유는 상대방의 필요를 공급해 주기 위해서이다.

고로 선용을 실천하며 살아가는 부부는 언제나 사랑의 활기가 넘친다.

# 한 몸이 된다는 의미

**마음이 일치한 상태를 말한다.**

 흔히 "마음 맞아야 살지"라고 하소연하는 분들이 있다. 그 말이 맞다. 부부는 마음이 맞아야만 살 수 있다. 그 말은 마음이 맞지 않으면 하루도 살 수 없는 게 부부 사이이다.

 그런데 많은 부부들이 마음을 맞춰 나가려는 노력을 하지 않고 있다. 이미 결혼했으니 자연스럽게 마음이 맞춰질 거라고 생각한다. 이것은 착각에 불과하다.

 서로 의지적 노력 없이는 절대 마음을 맞춰 나갈 수 없다. 더구나 각자가 자기 만족을 위해 살고 있다면 마음은 어긋날 것이다. 자기 만족을 위해 산다는 말은 자신의 기분과 느낌과 감정에 상대방을 맞추려고 하는 것을 의미한다.

**마음이 맞는다는 의미는 무엇인가?**

 마음이 맞는다는 의미는 일치를 말한다. 즉, 마음의 일치이다. 일치는 나와 너가 균형과 조화를 이루는 상태이다.

균형과 조화는 저울이 평형을 이루는 상태이다. 평형 상태가 되면 평화와 안정감을 유지할 수 있다.

## 부부를 한 몸이라고 말하는 이유

신혼 부부를 보면 대개 같은 종류의 옷을 입기를 좋아한다. 셔츠를 입되 같은 색이나 무늬의 옷을 입는다. 자신들이 부부라는 사실을 주위에 공포하는 것 같다. "우리는 부부로서 같은 마음을 갖고 있습니다. 옷 입은 것을 보세요. 우리는 하나이거든요."라고 말하는 듯 보인다. 그들은 자신도 모르게 마음이 끌려서 그렇게 하였지만 이미 마음에는 무의식적으로 하나되고자 하는 의지가 작동하였다.

그들은 옷을 통해서 같은 목표를 향해 가고 있으며 같은 마음으로 길을 걷고 있음을 표현한다. 이처럼 부부는 같은 목적지를 향해서 연합된 마음을 보여줌으로 한몸 임을 드러 낸다.

## 한 몸의 의미

한 몸이라는 의미는 둘이 하나되는 것 즉, 연합 혹은 결합을 의미한다. 연합하기 위해서는 화합할 수 있는 성분이 있어야 한다. 그래야만 서로 섞일 수 있기 때문이다. 우리가 흔히 음식을 만들 때 소금을 넣는 이유는 소금에는 융해가 되는 독특한 성질이 있기 때문이다. 소금을 넣으면 어떤 음식과도 하나가 되어서 잘 섞인다.

마찬가지로 남자와 여자는 서로 잘 섞이는 관계이다. 남자와 여자는 서로 다른 성별을 가지고 있다. 몸도 다르고 마음도 다르며 살아온 배경도 다르다. 하지만 부부가 되어 한 몸이 될 수 있는 것은 질적으로 서로 융해할 수 있는 성품이 있기 때문이다. 남자는 여자와 잘 섞이고 여자는 남자와 잘 섞이는 성향이 있다. 그러면 소금이 무엇을 뜻하는가? 그 소금은 바로 사랑이다.

부부가 하나가 된 사실을 느끼면서 살아가는 부부가 있는가 하면 서로 맞지 않아서 별도로 행동하며 살고 있는 부부도 있다.

그러니까 '너 따로 나 따로' 부부이다. 이런 부부는 각방을 쓴다거나 별거 혹은 그저 냉담하게 살아간다. 한 지붕 아래에서 살지만 침묵 속에서 산다. 이런 부부의 특징은 대화가 없다. 가장 필요한 말만 간단하게 할 뿐이다.

요즈음 유행하는 말 중에 '졸혼 부부'라는 말이 있다. 이것은 대외 행사나 타인이 보기에 필요할 경우에는 부부로 행세하지만 실제로는 분리된 부부이다. 그들의 마음은 이미 멀어져서 별도로 행동한다. 최근에는 그렇게 살아가는 부부가 점점 늘어가고 있다.

이들은 이미 마음이 멀어졌지만 달리 살 방도가 없어서 어쩔 수 없이 한 집안에서 살고 있다. 공간적으로 가깝지만 심적으로는 한없이 멀어서 마음이 만날 수 없는 상태이다.

더 이상 결합할 수 없는 지경에 떨어졌다. 이들은 배우자에 대한 배려가 없다.

마음을 맞춰 나가는 부부는 점차적으로 부부 일체를 이루지만 졸혼 부부는 이미 마음이 단절되었다. 마음이 단절되면 끊임 없는 고성, 욕설, 긴장, 자존심, 싸움과 폭력으로 일관한다.

그러나 그럼에도 불구하고 싸움 후에 또 다시 부부가 화합하는 것은 대인 관계, 자녀 양육이나 세금, 성적인 면에서 상대방이 필요하기 때문이다. 이런 식이라도 부분적으로 부부가 화합 한다는 것은 자신과 가족에게 필요하기 때문이다.

## 부부가 어떻게 일치를 이루게 되는가?

부부간의 일치는 부부마다 독특하다. 부부 관계는 논리적이지 않기 때문에 느낌으로만 이해할 수 있다. 부부의 삶의 형태를 보면서 저 부부는 어느 정도 일치가 되었다거나 아니면 일치하지 않는다는 것을 느낄 수 있다. 우리가 부부 속사정을 전부 다 알 수는 없다. 그러나 부부의 말과 태도, 억양, 눈빛 등을 통해서 일치를 느낄 수 있다. 그 부부는 대강 마음이 맞는 부부라고 할 수 있다.

부부가 일생동안 살면서 일치하기 위해서 어떤 과정이 필요한가? 다음의 점진적인 과정이 필요하다.

*"첫째, 감각적으로 느끼고 둘째, 객관적인 이성이 깨어나며 셋째, 양심을 향해 발전해야 한다."*

## 감각

 사람은 손을 잡거나 부둥켜 안거나 성 관계, 신체적 터치를 통해서 감각을 느낀다. 감각은 오감을 말한다. 오감은 외부 현실을 파악하는 기능이다.

 인간은 오감을 통해서 정보를 받아들인다. 오감이라고 하면 시각, 청각, 촉각, 미각, 후각을 말한다. 오감은 내부에 정보를 전달해 주는 안테나와 같은 역할을 한다. 인간은 오감을 통해 외부 정보를 전달받고 그 정보를 통해 밖의 세계를 인식하고 판단한다. 부부는 오감을 통해 먼저 상대방을 이해한다.

첫째, 시각은 상대방의 외모를 보므로 이해하는 기능이다. 시각은 이해의 기능이다.

둘째, 청각은 들음의 기능이다. 귀로 듣는 것을 통해 복종하게 된다.

셋째, 후각은 향기로 기분을 좋게 한다. 기분과 연관된다.

넷째, 미각은 힘과 에너지를 고취시킨다. 입맛을 잃어버린 사람을 보면 활기가 없고 무기력한 상태에 머문다. 인간은 미각을 통해서 더욱 분발하게 한다.

다섯째, 촉각이다. 촉각은 터치하여 느끼는 기능이다.

## 사랑을 하게 되면 오감이 더욱 활성화된다.

 인간이 삶을 살아 간다는 것은 감각의 경험을 의미한다. 실제적으로 섹스는 감각이 확장되도록 만든다. 고로 감각적 느낌없이는 제대로 된 부부라고 할 수 없다. 하지만 감각은 가장 원초적인 기능임을 알라. 우리는 감각을 통해서 상대방을 느낄 수 있지만 감각 자체만 가지고는 전체를 파악할 수 없다.

왜냐하면 이성과 양심을 무시하고 감각에만 치중하다보면 지극히 관능적이 되기 때문이다.

혹 어떤 이는 감각 부분은 뛰어나지만 이성과 양심을 상실한 자가 있다. 이들은 이성을 무시하고 감각적으로 살아왔다. 이런 자들의 위험성은 관능에 빠지기 쉽다는 것이다.

감각에 빠지면 극단적 흥분 상태를 유지한다. 그것이 없으면 삶이 무의미 하다고 느낀다.

오늘날 많은 사람들이 감각 충족을 인생의 행복이라고 여긴다. 하지만 감각에만 의존하면 짐승처럼 인생을 살게 된다.

인간이 짐승과 다른 점은 감각에만 의존하지 않고 이성과 양심을 가지고 가치를 추구하는 데 있다. 만일 부부가 보고 듣고 느끼는 것 만을 가지고 상대방을 판단 한다면 늘 싸움이 연속될 것이다. 왜냐하면 감각이 판단의 기준이 되어서 사실을 왜곡하여 판단하기 때문이다. 그러므로 감각을 넘어서서 이성과 양심을 찾아야 한다.

## 이성

이성은 객관적이고 보편 타당한 생각으로 발전해 나가는 것이다. 인간은 이성적 동물이다. 건강한 부부는 매사에 이성적인 방향으로 성숙해 나간다. 이성은 올바름과 거짓, 선과 악을 식별하는 능력이다. 고대 철학자들은 이성을 인간과 동물을 구별하는 기준으로 보았으며 어둠을 비추는 밝은 빛으로 이해하였다. 그래서 인간을 이성적 동물이라고 하였다.

 사실 이성 없이 부부 관계를 유지한다는 것은 어두운 밤길을 전등 없이 걸어가는 것과 같다. 부부는 과거 실수를 반복하지 않기 위해서는 반드시 이성이 필요하다. 감정적 싸움보다는 이성적으로 풀어나가야 한다. 이성은 노력하고 애쓰는 만큼 주어진다. 누구든지 배우고자 하지 않는다면 이성의 능력은 성장할 수 없다.

 만일 인간에게 이성이 없다면 옳고 그름을 분별할 수 없으며 선택하는 힘도 없다. 이성은 성품에 맞게 주어진다. 부부가 이성적이 될수록 안정적인 마음 상태를 유지한다. 하지만 감각에만 치중하면 그만큼 이성은 사라진다. 우리는 이성을 잃어버린 부부의 모습을 주변에서 보게 된다.

 고로 감각에 충실하던 부부라고 할지라도 문제가 발생했을 때 차분하게 이성을 불빛을 켜고 어디서부터 무엇이 잘못되었으며 어떻게 하면 좋을 것인지 합리적 자세를 가지고 문제 해결을 위해 노력해야 한다. 이성은 부부 관계에서 문제 해결을 위한 지혜를 줄 것이다.

**양심**

양심은 이성보다 더욱 마음 깊은 곳에 있다. 양심은 마음속에서 울려나오는 내적 명령이다. 양심은 언제나 타인에게 유익을 준다. 양심에는 선이 들어 있기 때문이다.

양심적이라는 말은 그만큼 진실되고 순수하다는 것을 의미한다. 반면에 양심적이 못하다는 말은 상대방과 자신을 속이는 것을 말한다. 진실할수록 양심은 더욱 밝아진다.

양심을 밝게 하면서 살아가는 부부는 천사와 같다. 배우자에게 양심을 지키고자 애를 쓰는 자를 찾아 보았는가?

어떤 이가 아무도 보는 이가 없는 길에서 돈 가방을 주웠다. 그는 가방 속에 들어있는 많은 돈을 보고는 소유하고 싶은 욕심이 생겼다. 그러나 마음 한구석에서는 이를 허락하지 않고 주인에게 돌려주라고 소리친다. 그는 마음의 소리에 귀를 기울이고 주인을 찾아 돈을 돌려 주었다. 그리고 나서야 마음에 평안이 찾아왔다. 이것이 양심이다.

타인에게 야비한 짓을 할 때 양심이 나서서 가로막는다. 이를 두고 양심의 가책이라 부른다.

양심에 따라 살면 평안을 얻고, 양심에 저촉이 되면 불안이 생긴다. 양심의 가책은 배우자를 속이거나 거짓되었을 때 들려오는 사이렌 소리이다.

양심적 부부의 특성을 분류해보면

**첫째 말과 행동이 일치하다.**

양심적 행동은 말과 행위가 일치되도록 노력한다. 양심은 말과 행동이 다름을 허락하지 않는다. 말과 행동의 불일치는 양심을 무시한 증거이다. 양심을 무시할수록 남몰래 하는 행동이 늘어나고 거짓이 늘어난다.

**둘째, 배우자의 유익을 구한다.**

 양심없는 인간은 언제나 자기밖에 모른다. 배우자가 굶든 말든 자녀가 무슨 일을 당하든 신경쓰지 않는다.

**셋째, 가족이나 배우자에게 선을 행한다.**

 양심은 부부간에 선을 행하도록 한다. 양심이 결여된 자들은 마음에서 들려오는 내면의 소리에는 관심이 없다. 오로지 눈에 보이는 명예와 돈에만 관심이 있다. 양심없는 사람은 자기와 세상에 대한 욕심 때문에 재물을 잃을 것에 대한 두려움만 있다.

**넷째, 배우자에게 잘못을 했다고 느껴지면 즉시 용서를 빈다.**

 양심은 마음의 법이다. 그래서 잘못을 범하면 양심의 가책으로 불안이 찾아오고 죄책감에 시달린다. 그는 양심의 소리를 들을 때 둘 중 하나를 선택해야 한다. 하나는 양심의 소리를 따르든지 다른 하나는 양심을 내리 누르든지이다.

**다섯째, 자유로움이 있다.**

 양심은 행동의 자유를 가져다준다. 배우자의 양심을 믿기 때문에 잠시 떨어진다고 할지라도 불안하지 않다. 양심적 부부는 서로 믿기 때문에 자유함이 있다.

 부부는 순차적으로 감각적 상태에서 이성적 상태 그리고 양심적 상태의 단계를 거치면서 성숙해 나간다. 이런 과정이 없으면 평생을 같이 살면서도 변화가 없다.

의외로 극단적이고 경직된 신념으로 굳어진 부부가 있다. 이런 부부는 성장이 없고 겉만 번지르하며 상대방을 자기 만족을 위한 도구 정도로 여긴다.

그렇게 되면 끊임없는 긴장 상태를 유지하고 자신도 모르는 사이에 상대방에 대해 예민하게 반응하며 미움과 적의가 가득하다. 그러나 초기에는 감각에 충실하였으나 점차적으로 이성과 양심이 발달하면서 점차로 성숙한 열매가 맺어진다면 부부는 한 몸을 이루어 간다. 부부는 일생동안 이런 과정을 진행하면서 성숙한 부부가 된다.

## 부부의 일치는 심장과 폐의 관계와 같다.

심장은 피를 각 조직에게 공급하는 기능을 하고 폐는 호흡을 통해 외부 공기를 심장에 공급한다. 심장은 폐의 도움없이는 피를 품어내지 못하고 폐는 심장의 도움 없이 숨을 쉴 수 없다. 둘은 언제나 긴밀하게 협력한다. 만약 둘 중에 하나라도 잘못되면 반드시 다른 한쪽도 문제를 일으키게 된다.

심장과 폐는 긴밀하게 주고 받으면서 몸을 지탱하고 유지한다. 심장과 폐의 일치와 조화는 서로를 위해 존재하며 더욱 건강하게 만들어서 신체를 지탱한다. 이와같이 부부는 심장과 폐의 관계처럼 일치를 통해 서로를 결속시킨다. 부부의 행복과 즐거움은 일치에서 나온다.

## 부부는 상태를 유지한다.

 부부 상태는 마음 상태를 의미한다. 즉, 마음의 온도이다. 마음의 온도를 유지할 때 생명력을 느끼고 살아 있음을 확인한다. 그러나 반대로 온도를 잃어버리고 차갑게 되면 부부 단절을 맛본다. 그 이유는 함께 하는 것의 의미를 잃어 버리기 때문이다.
 마치 사람의 몸이 일정한 온도를 유지해야 하듯이 부부간에는 보이지 않는 온도가 존재한다. 이는 관계에서 오는 온도이다.
 마음의 상태는 예측하거나 측량할 수 없다. 하지만 몸에 일정한 온도를 잃어 버리면 병이 오는 것처럼 마음의 온도를 잃어 버리면 문제가 발생한다. 따뜻한 마음의 온도는 순수, 평화, 평온, 신뢰, 애정과 갈망의 상태이다. 반면에 차가운 온도는 거짓, 불안, 불신, 미움, 냉정함이다.
 전자는 부부가 일치와 조화를 이루었을 때의 상태이고 후자는 균형이 깨졌을 때의 상태이다.
 마음의 온도를 다르게 표현하면 빛과 어두움과 비교할 수 있다. 빛과 어두움의 차이는 다양하고 그 밝기가 다르다. 빛의 조명에 따라서 밝기도 하고 어둡기도 하다. 부부 상태도 이와 같다. 밝은 곳에서 살아가는 짐승이 있는가 하면 올빼미나 박쥐 같이 어두운 동굴에서 사는 짐승이 있다. 밝게 살아가는 부부가 있는가 하면 서로를 제대로 이해하지 못하고 어둡게 살아가는 부부도 있다. 둘의 관계가 밝을 때가 있는가 하면 때로 어두울 때가 있다.

## 부부는 결혼 전과 결혼 후의 상태가 다르다.

 결혼 전에는 부부가 되고자 하는 경향성만 있다. 부부가 되고자 하는 경향성은 관심과 끌림이다. 미혼 남녀는 서로에 대해 관심을 갖고 그리워하고 상대방에게 잘 보이기 위해 노력한다. 이때는 기대감으로 가득하다. 그러나 결혼 후에는 상황이 다르다. 결혼 후의 부부는 자녀를 낳고 양육하는 상태로 돌입하기 때문이다. 그러니까 목적이 달라졌다고 말할 수 있다.

 결혼 후에는 미혼 시절과 달리 다양한 변화가 존재한다. 그 변화가 얼마나 급변하는 지는 결혼한 사람들은 이미 경험해 보았을 것이다. 자녀를 낳거나 양육해야 하고 집을 마련해야 하고 자가용을 구입해야 하고 친척들과 관계를 유지해야 하고 가족 경제를 책임져야 한다.

 결혼 후에 결혼 전의 상태를 그리워 하는 사람이 있는데, 그것은 상태 변화에 제대로 적응하지 못하는 증거이다.

 결혼 생활은 변화에 적절하게 대처하는 과정이다.

 부부는 매 순간 갈등과 부조화를 겪고 수많은 위기를 접한다. 이는 서로에게 적응하기 위한 과정이다. 부부는 이런 과정을 반복하면서 세월이 흐르고 몸은 늙어간다. 이러면서 부부는 서로에게 상처를 주기도 하고 받기도 하며 위기, 질병, 사별과 이혼의 아픔을 겪기도 한다. 하지만 모진 비바람이 몰아치는 힘든 환경에서도 관계를 더욱 소중하게 여기고 일치를 위해 노력한다면 부부는 더욱 결속하게 된다.

이런 부부의 특징은 서로의 마음을 소중히 여긴다. 마음으로 서로를 받아들이고 마음으로 대접한다.

## 부부간의 선물

 부부간에 주고 받을 수 있는 최고의 선물은 순결한 마음이다. 순결은 배우자에게 보답할 수 있는 최상의 선물이다.

 순결은 사욕에 물들지 않은 깨끗한 마음 상태이다. 순결한 마음을 가지고 배우자에게 대접한다면 그도 역시 내게 순결한 마음으로 보답할 것이다. 그런 부부는 최고의 행복자가 된다. 진정한 의미에서 순결은 최상의 선물이다.

 순결한 마음을 주고 받는 부부는 따뜻한 온기와 함께 생동감이 넘치는 삶을 산다. 또한 자녀들에게도 순결한 분위기를 안겨주고 평온한 삶을 유지할 수 있다.

 그러나 자신의 이기심과 욕심을 채우고자 상대방을 끊임없이 속이면 가정에 어두운 그림자가 깔린다. 그러면 언젠가 진실이 드러나고야 만다. 이런 자들은 상대방을 지배하고자 하는데 결국 파산 위기를 겪을 수 밖에 없다. 결혼 전에 가졌던 순수하게 서로를 그리워하는 마음은 온데 간데 없고 오로지 자기 만족의 목표에만 매달린 자의 모습이다.

 이런 자들은 저급한 생각에 사로 잡혀서 배우자를 무시하고는 배우자가 아닌 타인에게서 쾌락을 찾아 만족의 배를 불린다.

 그는 짐승으로 비유하자면 돼지와 같아서 욕심에 의해 행동하는데 결국 도살장으로 끌려가고 마는 불쌍한 신세가 된다. 이런 성품으로는 올바른 부부 관계를 유지할 수 없다.

## 마음의 연합

부부 관계는 둘이 한 몸이 되는 과정이라고 했는데, 한 몸이라고 할 때는 육체적 결합과 동시에 마음의 연합을 말한다.

그러면 한 몸이 되기 위해서는 어떻게 해야 하는가?

한 몸이 되기 위해서는 give and take 즉, 주고 받는 일이 필요하다.

아내는 남편으로부터 지혜를 받아야 한다. 남자는 생각으로 살아가는 존재이다. 건전한 생각이 발전하여 지혜가 된다. 고로 아내는 남편의 지혜를 존중하고 이해하고자 하는 자세를 가져야 한다.

남편은 아내로부터 사랑을 받아야만 한다. 아내는 사랑을 창출하는 존재이다. 그래서 여성을 가슴으로 살아가는 존재라고 말한다. 그녀는 끊임없이 사랑을 사모하며 사랑가운데 있는 것을 즐거워한다. 고로 남편은 아내의 사랑을 귀중하게 여기도 아내로부터 사랑받기를 원해야 한다. 남편들은 사랑이 결혼 생활의 본질임을 기억해야 한다.

이렇게 해서 부부는 연합하여 하나를 이룬다. 즉, 아내는 남편과 하나 되고자하는 마음으로 남편의 지혜를 받아들이고 남편은 아내의 애정을 마음에 받아 들인다. 다시 말해서 부부는 상대방으로부터 사랑과 지혜를 공유한다. 이로써 성숙한 남편, 성숙한 아내가 된다. 이는 마치 태양으로부터 빛을 받아들임으로 나무의 잎이 자라고 꽃이 피고 열매를 맺는 것과 같다.

 부부는 사랑과 지혜를 가지고 서로를 즐겁게 해주고 자신 또한 기쁨을 갖는다. 이것이 결혼 후 목표해야 할 상태이다.

## 신뢰의 기초위에 평안

 부부 관계는 차곡차곡 신뢰를 쌓아가는 과정이다. 신뢰는 기초 석과 같다. 부부는 신뢰의 바탕 위에서 가정을 이루게 된다. 신뢰가 무너지면 그간 쌓아 두었던 모든 관계가 한꺼번에 무너진다. 그리고 평화 대신에 갈등과 싸움이 반복된다.

 그러나 신뢰가 지속되면 평화의 상태를 유지한다. 신뢰와 평화가 이루어지면 평온한 마음을 유지할 수 있다. 진정 평안을 누릴 수 있는 곳이 가정이다.

 중요한 사실은 부부가 평온한 마음을 유지할 수 있는 바탕은 순수이다. 순수는 상대방의 말과 행동을 있는 그대로 받아들이거나 더 나아가 선한 동기로 받아들이는 것을 말한다.

 순수함을 잃어버리게 되면 상대방을 불신하게 되고 의심과 미움이 찾아온다. 상대방을 순수하게 받아들이지 않기 때문이다. 그러나 순수가 있으면 의심하더라도 상대방이 오해를 풀어주면 금새 마음을 돌이킨다. 하지만 순수가 없으면 아무리 진실하게 설득해도 절대로 받아 들이지 않는다.

결국 신뢰를 잃어버린 부부는 함께 살아가야할 이유를 찾지 못한다. 함께함의 의미를 찾지 못한다. 한마디로 결혼의 의미를 잃어 버린다.

이런 자는 "내가 왜 저 사람과 살아야 하지? 옆에서 숨을 쉬는 것도 싫어" 하면서 갈라설 것을 생각한다. 기회만 허락하면 이혼하기 위해 준비를 한다. 이는 부부에게 찾아오는 재앙이다.

## 더불어 살아있는 상태

살아 있다는 것은 다양한 변화에 적응하는 것이다.

예컨대, 자연 만물은 사계절의 변화에 적응한다. 자연은 봄, 여름, 가을, 겨울의 순환 과정에 맞추어서 봄에 꽃을 피우고 여름에 무성하게 줄기와 잎이 자라고 가을에 열매와 씨를 맺고 겨울에 추위를 이겨 나간다. 그러면서 나무는 키가 크고 성장한다.

마찬가지로 사람은 영아기, 유년기, 성인기, 장년기, 노년기를 거치면서 변화를 이룬다. 유년기는 순수와 호기심의 시기이고 성인기는 배우는 시기이며 장년기는 활동을 하는 시기이며 노년은 마음의 결실을 이루는 시기이다.

마음이 건강한 부부는 노년에 가서 지혜의 꽃을 피운다. 반대로 마음이 건강하지 못한 부부는 노년에 고집과 절망감이 가득하다. 이들은 자신이 이렇게 절망적인 것은 모두 다 자식 또는 배우자 탓이라고 말한다. 자신의 문제를 찾지 못하는 것이다.

생명은 하나의 상태에서 또 다른 상태를 만들어내고 변화한다.

자연이 변화하듯이 사람은 일생의 과정을 거쳐 다양한 변화 과정을 거친다. 이런 식으로 인간은 마음 상태가 변한다.

부부의 결합에도 상태 변화가 있다. 즉, 무지의 상태에서 총명으로, 총명에서 지혜로 진전한다.

첫째 상태는 무지의 상태이다. 이때는 부부의 입문 단계이다. 부부는 부부의 질서를 모르고 살아간다. 단지 부부는 성적 결합만 있는 줄 안다. 진정한 의미에서 마음의 결합을 못하고 있다.

둘째 상태는 총명의 상태이다. 이때부터 부부는 마음이 하나 되는 법을 배우기 시작한다. 그 동기는 배우자를 사랑하고자 하는 의지에서 나온다. 사랑은 둘이 하나 되도록 만든다.

셋째 상태는 지혜의 상태인데 부부는 서로에 대한 안목이 열린다. 어떤 경우에 상대방이 좋아하고 싫어하는지를 파악한다. 배우자를 폭 넓게 이해한다. 상대방을 불쌍히 여기는 마음을 갖고 인생 동반자로 살아간다. 이때는 감동받는 일이 많아지고 함께하는 것에 대해 희열과 기쁨이 넘친다. 어느 부부는 캠핑카를 장만하고 여행하면서 함께 하였다. 그러면서 부부는 속깊은 대화를 하기 시작했다.

부부의 변화는 깊고 넓다. 우주 만물이 끝이 없고 넓은 것처럼 부부는 무한하고 다양하게 긍정 혹은 부정의 상태를 만들면서 변화한다. 부부가 만들어내는 상태 변화는 살아있는 유기체와 같다. 그 변화에 적응하는 부부는 행복과 기쁨을 누리지만 적응하지 못하면 절망과 슬픔을 맛본다.

# 부부 온기와 냉기

누군가에게 다가섰을 때 따뜻함을 느껴보았는가? 누군가에게 가까이 다가섰을 때 서늘함을 느껴본 일이 있는가? 부부에게는 온기와 냉기의 흐름이 존재한다. 이는 부부의 관계에서 느껴지는 온도이다. 온기는 사랑이 가득한 상태이고 냉기는 사랑이 소멸된 상태이다. 그것은 다만 느낌으로 알 수 있다.

## 온기의 상태

사랑의 온기가 있는 부부는 감각적으로 흥분되어 있다. 우리는 이런 상태를 사랑에 빠졌다는 표현을 한다. 이 순간에는 둘 사이의 모든 문제는 사라졌다고 믿는다. 왜냐하면 사랑이 모든 것을 정복하였기 때문이다.

두 사람 모두 심적으로 고조되어 있고 흥분된 상태이다. 온기 있는 부부는 스킨십과 접촉하기를 즐겨하기 때문에 손을 잡고 걷는다든지 팔장을 끼고 다니기를 좋아한다. 이때는 성적으로 고양되어 있으며 기쁨이 있고 입에서는 웃음과 함께 노래와 시가 흘러 나온다. 무언가에 도취되어 있는 듯이 보이며 기분이 늘 업그레이드 되어 있다.

 하지만 온기가 식어져서 차가워지면 모든 면이 싸늘해진다. 마치 전쟁터에 있는 것처럼 서로의 시선을 회피하게 되고 냉소적이고 대화를 회피하게 된다. 그래서 고개를 숙인 채 아무 말도 하지 않고 묻는 말에도 귀찮다는 듯이 건성으로 대답한다. 그리고 상대방이 무슨 꼬투리를 잡는 게 아닌가 하는 생각에 불안과 긴장감이 쌓인다.

 이때는 부부 각자에게 긴장과 무의미와 스트레스가 점점 쌓인다. 마치 타다 남은 재와 같아서 부부는 서로 얼굴을 마주 보기도 어렵다.

 감정적으로는 깊은 분노와 우울이 차지하게 된다. 그러면서 각자 나름대로의 생각에 잠겨 있다. 부부는 속으로 혼자 대화한다. "네가 이렇게 나오니까 나는 이렇게 하는거야" 라고 하면서 상대방에게 대하는 자신의 태도의 정당성을 되뇌인다.

 이때는 각자의 마음속에 또 다른 이기심이 생겨난다. 그 이기심에는 언제나 정당성이 붙어 다닌다. 이기심에 스토리를 옷입힌다. 나중에는 얼토당토되지 않는 이야기가 만들어진다.

 이들은 모두 자신에게 몰두하고 있으며 경직되어 있다. 사실 부부는 서로에 대해 비판하지만 않더라도 어느 정도 온기를 유지할 수 있다.

## 냉기의 상태

냉기는 관계의 단절에서 시작된다. 결혼하지 않았다면 냉기를 맛보지도 않았을 것이다. 냉기의 상태는 마음이 맞지 않음, 무관심, 분노, 불화, 무시, 미움의 상태이다.

우리는 결혼을 대단히 낭만적으로 생각한다. "좋은 때나 나쁠 때나 병들었을 때나 건강할 때나 하늘이 우리를 갈라 놓을 때까지" 이런 문구를 다 기억한다. 하지만 싱크대에 물이 샐 때 누가 고칠 것이며 돈 관리는 어떻게 할 것이며 자녀를 어떻게 키울 것인가? 하는 현실적 문제에 돌입하면 부부 약속은 금방 잊어버린다.

환상에서 현실로 깨어날 수밖에 없는 상황이 된다. 이때 마음 상한 남편이 말한다.

"당신은 결혼할 때 당신이 아니군요"

그러면 실망한 아내도 한마디 한다.

"당신이 이럴 줄은 몰랐어요"

이렇듯 환상에서 깨어나는 것은 결혼 생활의 자연스런 일부이다. 어떤 관계에서든지 이런 일은 발생하기 마련이다.

냉기는 관계를 파괴시키며 부부 사이를 무너뜨리는 암적 요소이다. 부부 냉기가 흐르면 고성과 온갖 욕설, 이혼과 별거, 각방 쓰기가 일어난다. 그리고 주위 사람들의 마음을 아프게 하며 자녀와 다음 세대에 대물림으로 이어진다.

## 냉기는 어떤 경우에 오는가?

**첫째, 아내가 남편을 미워할 때 냉기가 찾아온다.**

아내는 사랑을 창출하는 존재이다. 사랑을 우선하고 사랑에 목숨을 걸기도 한다. 하지만 그 반대가 되면 미움이 그녀를 사로잡는다. 아내가 남편을 신뢰하지 못하거나 질투심이 생기면 걷잡을 수 없을 만큼 미움이 확장 된다.

아내가 남편을 미워하면서 아내로부터 차가운 냉기가 나온다. 이러면 결국 남편 뿐만 아니라 온 가족이 그 분위기에 눌려서 쥐 죽은 듯이 침울하게 된다. 그때부터 남편은 심적 침체에 빠지며 가정에서 평안과 안식을 잃어버리고 제대로 자리를 잡지 못하고 집 밖에서 방황하게 되며 집에 들어가기를 겁낸다. 아내로부터 나오는 냉기로 인해 남편은 불행을 겪는다.

우리가 알아야할 사실은 아내에게는 오감 외에 또 다른 육감이 있다. 그 육감은 자기 남편을 쳐다 보는 레이더망이라고 할 수 있다. 그러나 이것은 매우 주관적인 느낌에 의한 정보이다. 그것으로 아내는 남편을 속속들이 모두 파악하고 있다.

남편은 대부분 사회적인 신분과 평판에 따라 운명이 결정된다. 그런데 이 부분을 아내를 파악하고 있다. 그 이유는 아내는 남편의 지극히 작은 부분까지 세세하게 잘 알고 있기 때문에 아내의 말 한마디가 그를 넘어뜨릴 수 있다.

아내는 남편의 아킬레스건을 파악하고 있기 때문에 남편을 어떻게 무너뜨릴 수 있는 지를 잘 안다. 아내가 남편의 약점을 건드릴 때 남편들은 분노하기도 하고 절망하기도 한다. 하지만 아내가 남편의 사회적 신분에 맞게 남편의 성공을 위해 뒷받침을 한다면 남편은 더욱 승승장구할 수 있다.

  고로 아내가 남편을 못마땅하게 여기고 주위 사람들에게 폄하 하면서 노골적으로 증오한다면 남편은 얼마 못가서 그 운이 쇠하게 된다. 왜냐하면 아내의 마음에서 냉기를 흘려 보내기 때문이다.

  그런 경우에 남편은 아내의 비위를 건드리지 않도록 노력해야 한다. 간혹 이런 기능을 잘못 사용하는 아내도 있다. 고로 아내로 하여금 남편을 돕고자 하는 마음이 일어나도록 해야 한다.


**둘째, 부부가 균형을 이루지 못하고 한쪽으로 치우치는 경우에 냉기가 발생한다.**

  나이 차, 학력, 종교, 성격, 경제력, 건강 사유, 시부모 모심, 국제 결혼 등의 사유로 인해 한쪽으로 쏠린 부부들이 있다. 사실 배우자 사랑은 이런 극단적인 차이를 통합하는 과정이다. 이런 극단을 어느 정도 통합시키기 위해서는 오랜 시간이 걸린다.

  그러나 사랑으로 인해 이런 차이를 별반 느끼지 못하는 부부도 있다. 정말 하나되기 어려운 부부라고 하더라도 시간이 지남으로 균형을 이루는 경우이다. 하지만 이 양극단이 균형을 이루지 못할 때 극단화 현상이 일어난다.

  부부가 균형을 이루지 못하고 극단적이 될 때 상대방에 대해 과도하게 이상화하거나 아니면 평가절하 한다.

과도하게 상대방의 한 부분을 크게 보고는 그 부분을 확대시켜 자신에게 모든 것을 채워 줄 존재로 여기거나 아니면 평가 절하 시켜서 무시하게 되는 경우이다.

부부가 극단적이 되어지면 한 순간도 어울리지 못하게 되는데 한쪽 배우자가 다른 배우자를 무시하거나 학대하기도 한다. 이 경우에는 한쪽이 인내해야 한다. 참으면서 견디어야 한다. 인내하면 반드시 희망이 생긴다.

이때는 자신에 대해 성찰하려는 노력과 함께 정체감을 바로 갖는 노력이 필요하다. 인간은 자신을 인식해가는 존재이다. 자기 인식은 삶의 경험을 통해 더욱 깊어진다.

자기 성찰 이것이야말로 자신을 똑바로 보고 상대방에 대해 편견 없는 판단을 할 수 있다. 그렇지 않으면 기울어진 운동장에서 경기하는 것과 같다.


**셋째, 극심한 갈등이 있을 때 냉기가 흐른다.**

부부 갈등이 오는 경우는 집안 정리 문제, 대인 관계, 시부모, 자녀 양육, 경제, 의사 소통, 외도 등의 이유인데 이로인해 갈등과 불화를 겪는다.

사실상 갈등 없이는 협상도 해결도 없다. 그러므로 진정으로 사랑을 하기 위해서 갈등을 협상하는 능력이 필요하다. 사랑이라는 것이 우리가 상상하는 그대로 이루어지는 예는 거의 없다.

사랑에는 예기치 않았던 순간이 있으며 배신도 있고 성장을 위한 고통의 시간도 있다.

 불화를 극복하기 위해 갈등을 전문가와 상담을 하거나 조정을 시도한다면 화해가 일어날 수 있다. 그러나 둘 다 화해를 위한 의지가 있을 때만 가능하다. 네가 변해야 한다는 식으로 상대방에게 미룬다면 상담은 아무 효과가 없다.

 우리는 갈등을 협상하는 방법을 배워야 할 필요가 있다. 협상은 선택이다. 협상이 되면 그로인해 더 높은 수준의 친밀감을 갖는다. 만약 이렇게 되기를 원한다면 기꺼이 협상하고자 하는 의지가 필요하다.

 하지만 갈등 협상에서 실패했을 경우에는 고립이 되거나 정서적, 신체적 단절을 가져온다. 분노를 더 이상 감당할 수 없게 되어 폭발시키고 그 다음에 철수하기를 반복한다. 화를 냈다가는 사과하고 또 다시 화를 내고 사과하기를 반복한다.

 부부는 친밀과 고립을 왕복하면서 협상 단계를 거쳐서 성숙한 부부가 된다.

 부부는 갈등을 겪을 때 대화를 시도하다가 싸움으로 확대되기도 한다. 대화는 위험스러운 지뢰 밭을 걷는 것과 같다. 고로 대화하다가 갑자기 폭발하여 극단적인 문제가 발생할 수 있다.

 말꼬리를 붙들고 싸움으로 이어지기 때문이다. 그러므로 대화는 상대방의 의도를 긍정적이고 선하게 보고자 하는 시도에서 시작해야 한다. 어쨌든 위험을 무릅쓰고라도 대화를 시도한다면 갈등은 어느 정도 줄일 수 있다.

다음은 부부 싸움에서 피해야 할 사항이다.

① 상대방을 듣지 않고 자기 말만 하는 것 ② 서로에 대해 포기해 버리고 대화 자체를 중단하는 것 ③ 거짓말하는 것 ④ 과거의 상처만 나열하는 것 ⑤ 타인의 말을 듣고 배우자를 공격하는 것 ⑥ 함께 하는 일이나 대화 계획이 없는 것 ⑦ 의심하고 신경전을 벌이는 것 ⑧ TV, 취미 생활, 외부 모임, 일 등으로 피하는 것 ⑨ 사소한 일로 다투며 심한 잔소리를 하는 것이다.

**넷째. 아내가 남편에 대한 호감이 사라질 때 냉기가 온다.**

 호감은 상대방을 좋은 방향으로 보는 것을 말한다. 사랑은 호감에서 시작된다. 그런데 아내가 다른 데 마음을 빼앗기게 되면 부부 사이에 문제가 발생한다. 아내가 다른 남자의 말에 더 귀를 기울일 때 남편의 말은 귀에 들어 오지 않는다.

 듣다보면 자신도 모르게 그 말에 복종하게 된다. 듣는 것은 위험의 소지가 따른다.

 아내의 외도가 남편의 외도보다 심각한 것은 남편의 외도는 정욕에 의한 경우가 많지만 아내의 외도는 실제적으로 사랑해서 외도할 경우가 있기 때문이다. 성적 욕구 요인보다 사랑에 의한 외도는 가정을 더욱 파괴적인 쪽으로 이어진다.

 사람들의 삶은 단지 몇 가지 고통스런 사건에 의해 지배당한다. 행복하게 지내온 부부들의 관계가 외도를 통해 파괴되는 경우가 많이 있다.

외도는 사랑에 대한 헌신을 위배하는 것이다. 많은 부부들이 이런 위기를 넘어가지만 극복하지 못하고 심각한 결과를 낳는 경우도 있다. 더구나 어릴 때 배신을 당한 사람들은 결혼 생활에서의 배신 행위는 이전의 상처가 재연된다. 그들에게 배신감은 깊은 상처이며 그간의 쌓아 두었던 신뢰를 허물어 뜨린다.

그러나 만일 아내가 그 사건에만 집착하지 않고 살고자 하는 강한 의지를 내보인다면 남편의 외도도 극복될 수 있다. 남편이 모든 것을 정리하고 되돌아 왔을 경우에 외도한 남편의 과거를 들추기 보다 돌아온 사실에 대해 격려하고 응원을 보내는 편이 훨씬 낫다. 스스로에게 이렇게 질문해야 한다.

"나는 과연 부부 생활을 유지하려는 의지가 있는가?"

문제는 외도 보다도 심각한 것은 외도에 대한 상처를 해결하는 과정에서 더욱 큰 싸움이 벌어진다는 데 있다. 문제를 해결하기 보다는 긁어 부스럼을 내는 것이다. 그러기 때문에 먼저 살고자 하는 강한 의지가 필요하다. 남편이 외도했을 경우 남편은 원인을 자신의 탓으로 여기고 아내에게 반성의 모습을 보이고 아내는 남편의 진심을 진실하게 받아들인다면 점차적으로 극복하고 애정으로 이어질 수 있다. 이때 남편은 반성이 필요하며 아내는 애정이 필요하다. 애정은 안정감, 안전함, 보호, 상냥함으로 나타난다. 하지만 그 외도를 비판과 트집의 기회로만 여긴다면 문제 해결은 더욱 어렵게만 된다.

*44*

**다섯째, 한 쪽이 순수한 면이 사라지면 냉기가 발생한다.**

순수는 상대방을 있는 그대로 받아들이는 것을 말한다. 상대방의 말을 비비꼰다거나 왜곡, 축소, 확대하지 않는다. 배우자에게 순수할 때는 이해하지 못하는 말을 해도 알아 들으려고 노력한다. 하지만 순수하지 않으면 일단 믿지 않는다. 이해할 수 있는 것을 말해도 받아들이지 않는다.

이 경우 믿지 않는 것은 상대방의 말이 문제 있기 보다는 믿고자 하는 의도가 없기 때문이다. 순수가 사라지면 이미 단절된 상태이다. 결혼 전에는 상대방이 부족한 말을 했더라도 그 의미를 크게 보고 호감을 가졌다. 하지만 이제는 그럴 마음이 없다. 상대방을 인정하고 싶지 않기 때문이다.

순수함은 상대방의 선한 의도를 의심없이 받아들인다. 하지만 상대방의 의도를 의심하여 동기를 확인하려 들거나 믿지 못하면 점점 고성과 폭력으로 이어진다. 의처증과 의부증은 순수 의도를 받아들이지 못한 데서 오는 병적 상태이다.

순수가 사라지면 부부간의 따뜻한 열기는 곧 식어버리고 상대방을 무너뜨리기 위해 온갖 전략을 꾸민다. 이런 부부는 간신히 부부라는 이름만 유지할 뿐이다. 사람들은 어린 시절의 순수함과 꿈을 찾는 상태를 그리워한다. 왜냐하면 바로 순수했던 그 모습이 자신의 참모습이라고 믿기 때문이다. 그때의 모습이 깨끗하고 변질되지 않은 진정한 자신의 영혼의 상태라고 믿는다. 부부간에도 순수함이 있다면 그 부부는 어떤 일이 발생하더라도 문제를 극복하게 된다. 순수가 그들을 지켜 주기 때문이다. 이처럼 순수는 근본적으로 사랑을 지속시킨다.

하지만 순수를 잃어버리게 된다면 이미 파국이 문 앞에 이른 상태이다. 부부가 서로에 대한 순수함이 사라지는 순간 그 순간부터 문제 발생의 여지가 시작된다. 이때부터는 작은 일도 넘어가는 일이 없다. 더구나 순수가 사라지면 상대방에 대한 열정도 식어진다. 그리하여 결국 단절이 되거나 이혼으로 막을 내리기도 한다.

**여섯째, 부부 한쪽이 지배욕을 갖게 되면 냉기가 찾아온다.**

지배욕은 상대방을 자신의 이익과 의도대로 조정하겠다는 뜻이다. 이런 자의 말투를 들어보면 "왜 시키지 않은 짓을 하는거야!" 같은 말을 자주 사용한다. 이는 높은 자가 낮은 자를 향해서 하는 말투이다. 그런데 부부 사이에 이런 말을 쓴다. 즉, 상대방은 자신이 시키는 대로 해야 한다는 논리이다. 자기의 욕구와 이익을 위해 상대방은 복종하라는 말투이다.

지배욕을 가진 자의 얼굴과 말투를 보았는가? 그로 인해 희생당한 자의 모습을 보았는가? 지배자와 희생자의 관계를 가진 부부를 살펴보라. 지배자는 자신의 욕망을 확대시킨 것을 말하고 희생자는 자기 부정을 한 상태를 말한다.

희생자 상태에 있는 자는 "나는 무가치한 사람이다", "내게는 좋은 점이 없어", "나는 뭔가 잘못된 사람이야" 라는 인식을 갖는다.

이러한 사람의 내면에는 "나는 당신을 기쁘게 하기 위해서는 무엇이든 하겠어요"이다.

반대로 지배자는 통제, 완벽주의, 판단, 비난 등으로 상대방을 조종 한다. "나는 너보다는 낫다. 그래서 너는 내 말을 들어"이다.

부부 관계에서 냉기로 인한 결과는 다음과 같다.

우선 냉기가 발생하면 싸움이 이어지고 그 후에는 단절이다. 그래서 그 수단으로 각방 쓰기, 별거, 졸혼, 이혼 등의 방법을 찾는다.

냉기는 곧 마음의 분리를 가져온다.

냉기는 차가운 마음에서 나온다. 차가운 마음 상태에서 대화는 형식적일 수밖에 없다. 그러므로 냉기에서 온기로 변화하려면 속깊은 대화가 필요하다. 속깊은 대화는 상대방의 의도를 선하게 받아들이는 데서 부터 시작한다. 선한 의도를 가진 대화는 서로를 연결해준다. 선한 의도가 없으면 대화하다가 싸움으로 이어지고 대화 단절을 가져온다. 대화 단절은 관계 단절이다. 결국 부부에게 남는 것은 껍데기뿐이다. 그런 부부는 결국 이혼으로 갈 위험이 그만큼 크다.

고로 서로를 지배하고자 하는 의도를 버리고 순수한 마음과 선한 의도를 가지라.

# 부부 모델

인류의 역사는 부부의 삶으로 이어져 왔다. 인간은 생애 절반 이상을 부부로 산다. 삶의 대부분을 부부로 살아 간다.

많은 이들이 부부로 살면서 후회와 상처를 남긴다. 결혼 생활 동안 생각나는 대로 행동하며 감정에 도취되어 화를 내다가 결국 위기를 맞는다. 그 이유는 어떤 모델을 본 받아야 하는지 알지 못하고 살아 왔기 때문이다.

그들은 어디에서 부부가 되는 법을 배웠는가? 아이들은 부모를 통해서 삶의 기술을 전수 받는다. 아들과 딸은 아버지와 어머니의 습관을 자신도 모르게 습득한다. 가족들은 가족을 둘러싼 문화로부터 삶을 배운다. 자녀들은 사랑이 아닌 것을 사랑이라고 배우고 또 거짓을 진실이라고 믿고 따른다. 마치 가랑비에 옷 젖듯이 부모로부터 전수된 방식은 그들의 신념 속에 뿌리를 내린다. 그것이 삶의 원리가 되어서 인생을 지배하게 된다. 이것이 부부 관계의 모델이 되었다.

하지만 그런 모델은 자기 만족을 목적하는 모델인 경우가 많다는 사실을 이해해야 한다. 참으로 바르게 살아 왔던 부모를 만나서 옳음을 배웠다면 좋겠지만 그렇지 못한 부모도 있음을 이해하라.

만약 부모가 사랑하고 가치를 추구하면서 좋은 부부 관계를 유지했다면 아이들은 그 영향을 이어 받는다. 부모를 통해서 삶에 필요한 정신적, 육체적 가치를 전수 받을 것이다.

**첫째, 부부 모델은 자녀들에게 부부가 되는 원리를 선물한다.**

사랑하며 사는 부모는 자녀들에게 인생에서 기쁘게 살아가야 할 이유를 제공한다. 배우자에게 어떻게 헌신하는 지를 보여준다. 자녀들은 부모가 배우자를 아껴주는 말과 행동을 보면서 배운다. 평생 싸우면서 살아왔던 부부는 자녀들에게 문제가 생기면 싸워야 한다는 것과 싸움의 기술을 전수한다.

**둘째, 인생의 가치관이다.**

부모들은 자녀들에게 가치관이 형성되도록 가르친다. 부모는 자신들이 가치 있다고 여기는 것을 선택함으로써 모델이 된다.

부모에게는 자신들의 삶의 방식이지만 자녀에게는 배움의 재료가 된다.

부모에게 이어 받은 모델은 다음과 같은 방식을 갖는다.

＊ 부부 관계에서 왜곡된 신념으로 상대방을 이해한다.

＊ 사랑이 아닌 것을 사랑이라고 여기며 진정한 의미의 사랑을 오해한다.

＊ 부모의 생각을 그대로 답습한다.

※ 자녀는 어려서 가족에서 배웠던 방식을 결혼 후에 재연하게 된다.

그러므로 우리는 자녀들에게 건강한 모델을 전수하기 위해서 어떻게 해야할 지를 알아야 한다. 어떤 삶이 최상의 부부 모델인가?

## 건강한 부부 모델에는 어떤 요소가 있는가?

**첫째, 부부됨이 하늘이 맺어준 인연임을 생각한다.**

부부됨을 운명으로 받아들인다. 결혼을 사람이 만든 결과물이라고 여기지 않는다. 이들은 자신의 결혼을 필연으로 여긴다. "우리의 만남은 우연이 아니야" 라는 노래가 있다. 결혼 생활이 비록 힘들지만 부부됨이 하늘의 인연이라고 여기고 감사 한다면 어떤 위기 속에서도 회복의 가능성이 열린다.

부부가 하늘이 맺어준 인연이라고 말하는 이유는 남녀가 서로 사랑할 때 흔히 쓰는 말이 있다.

"우리는 영원히 변치 말고 함께 사랑하면서 살아가요." 이런 말은 고대로부터 사랑하는 사이끼리 하는 말투이다. 이런 말투에서 부부는 현재 일생에서 영원을 향해 진행되고 있음을 암시한다. 이런 점에서 보았을 때 부부가 된다는 것은 현재에서 영원한 삶을 향해 동행하는 것이다.

**둘째, 애정과 판단이다.**

크게 보아서 애정과 판단은 부부 모델의 두번째 요소이다.

부부 생활은 크고 작은 일에서 판단하는 작업이 연속적으로 진행된다. 상대방에 대해 비판, 잔소리, 쓴 소리부터 격려와 지지는 판단 작업이다. 이러한 판단은 상대방의 기분과 감정을 상하게 만들기도 하고 기분 좋게 만들기도 한다.

결국 부부는 하루에서 수차례 판단 작업이 끊임없이 반복된다. 그런데 우리가 주의할 것은 주관적 판단이 되지 않아야 한다는 것이다.

각자가 주관적인 판단을 삼가고 현실에 바탕을 둔 이성을 가지고 객관성, 합리적인 판단을 해야 한다.

부부가 객관적이 된다면 합리적인 관계를 유지하게 된다.

객관적인 판단으로 돈 관리, 자녀 양육, 직장 생활, 시부모 관계, 종교 생활 등 모든 면에서 협력 관계를 맺는다. 이것이 부부가 나아갈 방향이다.

객관적 판단에는 합리성이 있다. 합리성은 지혜의 작업이다. 합리성은 상대방에 대해 선한 의도를 가지고 판단하는 것이다.

부부가 합리성을 갖게 되면 애정이 생긴다. 주관적 판단은 상처와 불신을 가져 오지만 객관적 판단은 합리성으로 인해 험악한 세상에서 유연하게 대처하는 역할을 한다. 그렇게 해서 부부의 방향성이 결정된다.

부부는 작은 일에서부터 큰 일에 이르기까지 매 순간 선택하며 움직이는 살아있는 유기체와 같다.

완벽한 부부 모델은 없다. 하지만 삶에서 일어나는 작은 일과 큰 일에 이르기까지 객관성을 유지하고 합리적 판단을 배우고 또 수정하면서 애정을 가지고 부부 모델을 만들어야 한다.

예컨대, 아내의 실수에 대해 남편은 세련되고 부드러운 말투로서 아내의 마음을 다독거리며 격려하며 호의를 베풀고, 아내는 실수를 인정하고 남편의 호의에 감사한다.

남편이 실수했을 때 남편은 의기소침하고 용기를 잃어 버리는데, 이때 아내는 마치 천지가 무너지는 것처럼 호들갑을 떨지 않고 남편에게 친절하게 대하고 용기를 준다면 남편은 좌절감에서 재기하여 아내에게 감사하게 될 것이다.

이렇게 남편과 아내는 객관적 판단과 애정으로 서로를 다독거리고 어루만져 줌으로 험한 세파에서 가정의 평온한 질서와 화합을 위해 노력해 나간다. 부부의 말과 행동은 합리적 분별력을 근거로 이루어 져야 한다.

부부는 자녀에게는 아버지와 어머니이다. 대개 아버지는 멀리 내다보는 지혜가 있다. 아버지는 자녀의 장래와 직업 등에 대해 인생의 큰길을 제시할 수 있는 현명한 판단력을 가지고 있다. 반면에 어머니는 뱃속에서부터 자녀를 임신하면서 산고를 겪었기 때문에 자녀를 애정으로 대한다.

아버지는 지혜의 눈으로 자녀를 이끌며 어머니는 사랑으로 자녀를 보살핀다. 고로 자녀는 지혜의 눈과 애정의 가슴을 통해서 질 좋은 삶의 영양분을 공급받아 그 힘으로 인생길을 걷는다. 만일 아버지와 어머니가 이런 조화를 이루면 자녀들에게는 더 말할 나위 없이 건강한 양분을 얻을 수 있다. 그러나 둘의 조화가 깨지면 자녀는 두 세계의 보살핌을 제대로 공급받지 못한다.

**셋째 선용 모델이다.**

부부는 선용의 목표로 나아가는 관계이다. 선용의 방향과 목표를 향해 나아가는 존재이다.

선용이란 남편이 아내에게, 아내는 남편에게 상대방의 유익을 위해 선한 의도로 봉사하면서 살아가는 것을 말한다. 즉, 상대방에게 헌신하는 삶이다. 더 나아가 자녀, 부모, 이웃과 사회에 확대하여 선용의 열매를 맺는 것이다. 이것이 선용 부부 모델이다.

그러므로 부부는 자녀 양육, 부모 공경, 사회 봉사 등을 통해서 선용해야 한다.

결국 부부 선용은 자신들 뿐만 아니라 타인에게 유익함을 주는 것이다. 부부가 고생 되더라도 함께 노력하여 선용한다면 부부의 목적이 달성된다.

**넷째, 배우자에 대한 헌신**

배우자에 대한 헌신에는 인간적 연약함, 위기, 배우자의 문화와 습관을 수용, 미래에 대한 준비 등을 기꺼이 배우고 인식하는 자세를 포함한다.

'창조적인 사랑' 의 저자 존 브래드쇼(John Bradshaw)는 헌신에는 다음과 같은 결단이 필요하다고 하였다.

· 개인적으로 자신이 계속 성장할 것과 배우자의 개인적 성장

을 지지 할 것

· 상대방의 장점을 인정해주고 인내하며 용서하고 갈등과 차이에 대해 협상할 것

· 둘 사이의 관계에 있어 역할과 규칙을 만들고 준수할 것

· 배우자가 병들었을 때나 건강할 때나 혹은 좋을 때나 나쁠 때 지켜줄 것

· 둘 중의 하나가 정신적으로 건강하지 못해서 전문가의 도움을 요청하면서까지 문제를 해결하기 위해 실제적인 노력을 기울였는데도 도저히 회복할 가능성이 없다면 둘의 관계를 정리하기 위해 협상 할 것

· 자녀는 갖거나 입양할 것

· 자녀가 발달적 의존 욕구를 보이는 시기에 일어나는 부부 갈등을 다루기 위해 시간과 노력을 투자할 것

· 자녀가 부부로 인해 극심한 어려움을 겪는 경우에만 이혼할 것

# 부부의 힘

 부부의 목적은 남자와 여자가 만나서 아이를 생산하고 양육하는 것이다. 고로 부부 관계는 상대방과 더불어 정신적인 면과 육체적인 면에서 생산이 지속적이고 반복적으로 이루어지도록 헌신하는 관계이다. 이는 그저 알고만 있어서는 안되고 의지적으로 행동해야 한다. 예컨대, 나무의 열매를 생산하기 위해서는 나무에 자양분을 공급하고 토양에 비료를 주어야 한다. 열매를 맺기 위해서는 영양분을 제공해야 한다. 어느 것 하나도 거저 되는 법이 없다. 그만큼 많은 노력이 필요하다. 마찬가지로 부부에게도 건강한 영적, 정신적, 신체적 자양분이 필요하다.
 이는 서로가 서로에게 공급해 주어야 한다. 그 방법은 헌신이다. 사랑하는 마음으로 상대방에게 유익을 위해 공급해 주어야 한다. 자연 만물은 이런 원리를 유지하고 있다. 예컨대, 동물들은 암컷과 수컷이 자연스럽게 짝짓기를 하여 재생산을 이룬다. 연어는 드넓은 바다를 지나 강물을 거슬러 짝짓기를 하고는 기운이 다하여 그 생명을 마무리한다. 식물들도 역시 그런 과정을 거쳐 씨를 퍼트리고 재생산의 과정을 거친다. 동물은 다산으로 식물은 씨를 퍼트리므로 결실을 이룬다.

 이 과정은 사람도 동일하다. 남자와 여자가 서로 결합하여 자녀를 낳고 키우는 과정을 세대에 걸쳐 반복하는 것이 인간의 운명이다. 이는 인류가 존재해 왔던 방식이며 그 일은 앞으로도 영원히 계속될 것이다.

 그러기 위해 성인 남자들은 신체적으로 씨를 뿌리기 위해 준비되어 있으며 또한 성인 여자들은 씨를 받을 준비가 되어 있다. 둘은 씨를 뿌리고 씨를 받기 위해 서로 탐색하고 자극하여 서로 원하는 상태가 되었을 때 비로소 부부가 된다.

 그러나 우리가 알아야 할 사실은 부부가 되기까지 그들은 오랜기간 동안 혼자 살았었다는 사실을 기억할 필요가 있다. 서로 다른 문화 속에서 이미 익숙해진 삶을 살아왔다. 그들은 이미 다른 뿌리깊은 신념과 습성을 가지고 있다. 이런 차이 때문에 부부 싸움이 있는 것이다. 이를 극복하지 못해서 싸움이 발생한다. 그러나 한편 부부 싸움은 고통스럽지만 원만한 관계를 맺을 기회가 되기도 한다. 부부 싸움을 통해 서로 타협을 배우기 때문이다. 고로 부부 싸움은 타협의 기술을 배우게 되는 계기가 된다. 타협 기술을 통해 부부는 상대방이 무엇을 원하는 지를 파악할 수 있게 된다.

 부부 싸움이 서로를 알아가는 계기가 되고 상대방에게 어떻게 맞춰나가야 하는 지를 파악하는 기술을 얻게 된다.

위기는 언제나 기회가 된다. 자신의 고집스러움이 상대방의 따끔한 경고로 인해 경직된 신념에서 깨어날 때 비로소 성장과 성숙이 일어난다. 하지만 부부 중 한사람이 헛되고 망령된 신념에 함몰되어 자기중심적인 생각을 가지고 있다면 어떻게 되겠는가?

이런 사람들은 쉽게 자만에 빠지게 되는데 결국 자신뿐만 아니라 상대방의 삶을 망가뜨리게 된다. 자만하면 굶주린 개가 행인에게 달려드는 것처럼 까닭없이 싸우고자 달겨든다. 비인격적이고 비논리적인 욕심에 사로잡혀서 칼을 휘둘러 상대방을 난도질 한다. 결국 상대방을 성장시키기 보다는 발목을 붙잡고 폭력을 행사하므로 상처와 고통을 안겨준다. 상대방의 삶을 무너뜨리는 역할을 하게 된다. 한쪽 배우자의 이런 행태로 평생을 좌절과 절망 가운데 살아가는 자들이 얼마나 많은가?

어쨌든 부부는 좋은 때이든 나쁜 때이든 상대방을 도와줄 수 있어야 한다.

아내는 본능적으로 남편을 행복 또는 불행하게 할 수 있는 능력을 갖고 있다. 그것은 천부적인 아내의 능력이다. 고로 남편은 아내를 즐겁게 함으로 아내로부터 행복을 얻을 수 있다.

아내는 남편의 말과 행동에 감동받아 사랑을 느끼고 만끽하면서 남편을 행복하게 만들기 위해 능력을 발휘한다. 그래서 남편의 성향과 감정의 변화에 대해 예의 주시한다.

그런데 남편이 헛된 생각을 하거나 자만에 빠져 있거나 다른 여인을 쳐다보거나 하면 아내는 금방 알아 차린다. 이 부분에 대해 아내는 예민하게 반응하여 남편을 자제시킨다. 혹은 응징한다.

현명한 아내는 소박하고 단정하게 남편을 자신에게 예속시키는 방법을 잘 알고 있다. 남편에게 예의를 차리고 겸손하게 존경의 말투를 사용하는데, 결국 남편은 그 아내의 헌신적인 태도에 굴복하게 된다. 그 반대의 아내도 있다. 교양이 없는 태도, 과도한 요구, 과소비, 게으름, 과시하는 태도, 무시하는 교만한 표정, 막무가내의 욕설, 무지막지한 말투로 남편을 짓밟아 결국 남편을 파멸로 이끄는 부인도 있다. 그러면 남편은 아내의 말에 설득되기 보다는 아내의 짜증과 고함에 지쳐서 마지못해 들어주지만 그로 인해 몹시 괴로워한다.

좋은 의도로 보면 사실 아내가 남편을 도와 주고자 잔소리를 한 것인데 남편 입장에서는 너무 심해서 짜증을 낸다. 그래서 부부 싸움은 문제 해결하는 과정이 어려워서 그만 견디지 못하고 헤어지는 경우도 있다. 그런 면에서 보면 부부에게는 인내가 매우 중요한 것이다.

**아내는 남편을 변화시키는 방법을 숨기고 있다.**

아내는 남편 모르게 마음 깊숙이 채찍과 당근을 감추고 필요할 때마다 꺼내어 사용한다. 그 방법은 수가 많고 다양하다.

남편들은 이러한 아내의 변화에 대해 어리둥절하며 때로 무서워서 대꾸하지도 못하고 도망한다. 마치 폭풍이 몰아치는 듯 격렬하게 몰아치는데, 아내가 판단하기를 남편이 잘못을 인정할 때까지 철퇴를 가한다.

아내는 남편의 모든 상태를 시각, 청각, 촉각으로 알 수 있는 레이더 기능이 있다. 이를 육감이라고 한다. 남편에게는 이런 기능이 없다. 단지 아내의 말을 들어보고 파악하는 기능만 있다. 그러나 두 종류의 아내가 있음을 이해하라. 즉, 선한 아내와 악한 아내이다.

남편을 채찍으로 응징할 때 선한 아내는 겉으로는 화내고 다투고 귀에 거슬리는 욕설을 하지만 속에서는 선한 의도와 사랑을 가지고 있다. 이를 알 수 있는 것은 금방 화해가 가능한 것에서 알 수 있다. 악한 아내는 겉과 속 모두 남편을 미워하여 남편을 지옥의 구렁텅이 빠뜨리는 것이 목적이다.

이런 식으로 아내는 남편을 조절한다. 아내의 남편 조절 능력은 신(God)이 부여한 감각적 본능이다. 아내가 남편을 조절하는 이유는 남자를 행복하게 하고 가정을 보호하고자 하기 위함이다. 남편을 죽이고자 함이 아니다.

아내는 자신과 자녀를 지키기 위해서는 남편의 돌봄과 보호가 필요하다. 아내가 남편의 울타리 안에 있을 때 남편과 한 몸을 이룰 수 있고 결실을 맺을 수 있으며 자신도 남편의 사랑으로 기쁨을 만끽할 수 있기 때문이다.

## 아내가 남편의 돌봄을 받기 위해서

남편을 언제나 자신의 영역 안에 두어야만 한다. 아내에게는 예민한 육감의 안테나가 있으며 남편의 성향과 변화에 대해 언제나 민감하게 반응한다. 흔히 이를 두고 여자의 잔소리와 바가지, 돌발적인 행동이라고 하지만 아내에게는 생존 본능작업이라고 볼 수 있다. 그러므로 남편은 아내의 표정과 분위기를 살펴보라. 아내의 분위기는 레이더처럼 남편의 상태에 민감하게 반응하여 남편을 조절하는데, 남편은 이에 대응하기에 벅차기도 하고 가끔은 황홀하기도 하다.

아내의 변화는 유기적으로 남편에 대한 알아차림을 가지고 자극을 반복한다. 이것이 남자와 여자의 일생이다.

아내는 다정다감하고 얌전하고 겸손한 말과 억양으로 남편에게 복종하는 것처럼 보이지만 실제적으로 남편을 조절하는 중이다. 남편은 아내의 이런 말투에 희비가 번갈아 있게 된다.

보통 아내는 내 남편에게 강약의 수위를 조절하면서 애교, 음식, 옷 차림, 미모, 성으로 남편을 조절한다. 적절하고 다양하게 구사하여 남편을 다독거린다. 본래 여자는 요리를 하는 존재들이 아닌가? 여러 양념을 버물리듯이 다양하게 남편에게 사용한다. 아내의 조절에 따라 남편은 아내에게 이끌리게 된다. 마치아이가 어머니에게 이끌리듯 말이다.

아내가 자신의 조절 능력을 거칠게 구사하면 남편은 혹독한 고문을 경험하게 된다. 남편에 대한 아내의 감정은 그 누구도 제

어하기 어렵기 때문이다. 아내의 조절 능력은 천부적 성향과 더불어 부모로부터 전수해져서 오는 것이고 사람마다 다양하다. 여자의 조절하는 능력으로 남자는 행복과 불행의 세계를 왔다 갔다 한다.

남편에게는 지혜로움과 정욕이 함께 있다. 정욕은 쾌락을 얻지만 불행의 바닥에 추락하게 한다. 그러나 지혜는 기쁨에 이르고 평안으로 인도한다.

남편은 지혜를 사회적인 존경을 얻는데 사용한다. 그러나 정욕을 가지고 시간과 정력을 낭비한다. 이런 남편의 지혜와 정욕의 교차를 아내는 육감으로 판단하고는 남편의 버릇을 고칠 준비를 한다. 아내의 천부적인 능력이다.

고로 남편이 가정과 사회에서 지혜를 잘 사용할 수 있도록 아내는 도와 주어야 한다. 그것이 현숙한 아내이다. 그러나 그 반대의 미련한 아내가 있다는 점도 유의하라. 미련한 아내는 허황되고 시간을 자신을 몸 가꾸기에 쓰고 고가 화장품과 사치스런 옷가지와 보석을 구입해서 자신의 몸매를 치장하는 데 바쁘다. 또는 남편이 아닌 다른 남자에게 잘 보이고 그에게 애정을 쏟는다. 그리고는 말하기를 남편이 사랑을 주지않기 때문에 자신이 이런 행동을 할 수 밖에 없노라고 변명을 늘어놓는다. 이런 식으로 남편과 자녀에게 혼란을 안겨주고 가정을 희생시킨다. 하지만 지혜로운 아내는 순수한 사랑을 가지고 남편과 하나되기를 원한다. 순수는 남편과 결속할 수 있는 힘이다.

# 부부 결합과 분리

 부부는 함께 살아가는 동안에 결합과 분리를 반복한다. 부부는 서로에 대해 호감이 있을 때는 결합하고 반감을 가질 때는 분리된다. 즉, 날씨로 비유하자면 좋은 날과 흐린 날이 반복된다. 이처럼 결합과 분리로 이끄는 것은 의도와 애착이다.

 긍정적 의도와 애착은 부부가 서로 마주 보거나 손을 잡고 걸어가도록 만들고 부정적 의도와 애착은 부부로 하여금 등을 돌리게 만든다. 긍정적 의도와 애착은 상대방의 모든 면이 사랑스럽게 보이도록 만든다. 애착은 상대방에게 끌리는 것을 말한다.

 하지만 상대방을 자신의 만족을 위한 수단으로 여길 때 부정적 애착이 오며 결국 분리되고 만다.

 그러므로 자신이 어떤 애착을 갖고 있는지를 구분해야 한다. 다시 말해서 순수한 마음이 있는지를 살펴보아야 한다. 순수한 마음은 긍정적 애착을 갖게 한다. 순수한 마음은 곧 순수 의도를 말한다. 순수 의도를 가지고 긍정적 생각을 하면 긍정적 애착을 갖게 된다. 이때 기쁨이 찾아온다. 하지만 부정적 애착은 분노로 돌변한다. 그 결과는 미움이다.

부부의 결합과 분리는 선택에 의해서이다. 동의할 것인가? 아니면 거부할 것인가? 하는 선택이다. 동의하는 것은 결합을 선택하는 것이고 거부하는 것은 분리를 선택함이다. 그 선택 정도만큼 결합되고 분리된다. 그 정도 차이는 부부에 따라서 다르게 나타난다. 부부가 일생을 살면서 상대방의 말에 아예 동의하지 않기로 결심하고 살아가는 부부가 있는가 하면 상대방이 무슨 말을 꺼내든 동의하고자 노력하는 부부가 있다. 이 차이는 마치 천국과 지옥 만큼 확연하게 다르다. 동의와 거부는 의도에 달려 있다. 그러므로 상대방을 대하는 자신의 의도를 점검해야 한다.

## 아내는 남편의 남성다움에 의해 결합한다.

2024년 인도의 카르나타카주(Karnataka)에 사는 한 남성은 아내와 딸을 자전거에 태우고 가던 중 표범의 갑작스런 공격을 받게 되었다. 표범은 자전거를 뒤따라와서 아내의 발을 물려고 하였다. 이때 이 남자는 표범과 맨몸으로 피투성이된 채 싸워서 표범을 죽이는 데 성공하였다. 그 과정에 자신은 피를 많이 흘렸지만 병원에 이송되어 다행히 목숨은 건졌다고 한다. 가족을 살리려는 희생으로 온 가족이 살게 되었다. 남성다움이란 무엇을 말하는가?

남성다움은 아내와 자녀를 돌보고 양육하기 위한 제반 조건을 제공해주는 일이다. 가정의 울타리 역할을 하는 것을 말한다.

이는 가족을 보호하는 일(경제적인 면을 포함)을 말함인데 정신적으로는 대화를 통한 능력이다. 이는 남성의 역할이고 남자는 그 일을 위해 희생을 감수한다.

남자는 남성다움을 유지하므로 남자다운 남자가 된다고 할 수 있다. 이때 아내는 남편의 능력을 이의없이 받아들인다. 또한 남편이 그렇게 해주기를 기대한다. 바로 이것에 의해 남편을 향해 마음을 열고 결합이 이루어진다. 아내는 간혹 짜증나는 일이 있더라도 이런 부분을 생각해서 호의를 가지고 남편을 받아 들인다. 그리하여 남편과 아내가 결합한다.

결합은 남편의 지혜와 아내의 애정이 한 몸이 되는 것이다. 한 몸된 증거는 남편은 아내 곁을 떠나지 않고 항상 지키는 것이고 아내는 남편을 사랑하면서 곁을 떠나지 않는 것이다.

인간은 본래 남녀가 결합하기 위해 창조되었다. 남자의 씨가 여자의 몸속에 들어간다는 말은 근본적으로 남편의 지혜가 아내의 사랑과 연합되는 것을 말한다. 고로 한 몸이 됨은 지혜와 사랑이 일치되는 것을 말한다. 지혜와 사랑이 하나되어 한 몸을 이루는 것이다.

## 결합의 강도

부부에 따라 다양하게 사랑의 등차가 결정되는데, 부부 사랑의 기운이 진하기도 하고 그 정도가 미미하기도 하다. 그 기운의 정도에 따라 결합의 열매를 맺는다. 이는 첫날 밤에서 시작

하여 죽음에 이르는 순간까지 지속되는데 점차로 결합의 정도
가 무르익어 결속력이 강한 부부가 있는가 하면 결속력이 약한
부부도 있다. 그 강도의 차이는 의도와 애착의 수준에 따라 달
려있다.

예컨대, 가슴과 가슴을 맞대고 팔로써 끌어안은 남녀는 심장과
심장을 맞대면서 상대의 호흡과 심장이 뛰는 것을 느낀다. 이
때 가슴과 가슴의 접촉으로 사랑의 기운이 가슴에서 온몸으로
퍼져 나간다. 손을 잡고 있을 때보다 얼굴과 얼굴, 가슴과 가슴
을 접촉할 때 사랑의 기운을 더욱 느낀다. 하지만 등을 맞대면
그런 기운을 느끼지 못한다. 흔히 반가운 사람을 대하거나 운
동 선수가 승리를 맛보게 될 때, 또는 사랑하는 연인이 만나게
될 때 서로 끌어 안는다. 허깅은 악수보다도 더욱 정겹고 친근
감이 흐른다. 아이를 끌어안은 어머니의 가슴에서 아이에 대한
사랑의 기운이 전달된다.

부부간에는 결합의 기운이 작동되고 그 기운에 의해 사랑의 관
계가 유지된다. 사랑의 기운은 기쁨과 즐거움이 가득하게 만들
고 그 기운은 자녀들에게 흐르며 주변의 사람에게 전가된다.

## 결합하려면 어떻게 해야 하는가?

어떤 부부는 사랑하고 싶어도 사랑할 마음이 안 생긴다고 말
한다. 그러나 알아야할 사실은 사랑은 정성과 노력을 먹고 자
란다는 사실이다. 예컨대, 식물이 열매 맺는 것은 인간이 할 수

있는 일이 아니다. 그러나 밭에 물을 주고 거름을 주는 작업은 할 수 있다. 땅을 갈아 엎거나 물을 주지 않으면서 식물이 자라기를 어떻게 기대하겠는가? 긍정적 애착과 의도는 물과 거름을 주는 것과 같다. 서로 사랑을 위해 얼마나 노력했는가에 따라 사랑은 자란다.

## 사랑의 인식

아내는 거울을 보듯이 자신의 마음 속에 있는 남편을 본다. 마음속 거울에 비친 남편이 자기를 향해 웃고 있으면 즐거움으로 응답한다. 하지만 자기 마음에 비친 남편의 얼굴이 자기를 비난하거나 외면하면 아내는 분노한다. 중요한 것은 아내 자신의 마음속에 새겨진 남편을 어떻게 보고 느끼는가 하는 것이다.

아내는 자신의 마음의 거울에 비친 남편을 느끼고 판단하기에, 남편의 입장에서는 아무리 잘해 주고자 시도해도 아내가 느끼지 않으면 답답할 수 밖에 없다. 이런 식으로 남편의 이미지는 아내의 마음속에서 형성된다. 예컨대 남편이 아내의 손을 잡거나 포옹을 하거나 키스를 하는 행동은 행위 그 자체에 있지 않다. 그 행위는 아내의 마음속에 전달되고 새겨진다. 아내는 마음에 새겨진 거울을 본다. 그 거울을 보면서 남편이 자기를 사랑하는 수용 정도를 느끼는 것이다.

수용의 정도는 아내의 마음의 상태에 따라 달라진다. 이런 것을 모르는 남편은 현재 자신이 얼마나 잘해 주려고 애쓰는 지를 알아주지 못하는 사실에 매우 답답해 한다. 그러나 아내의 마음에는 남편의 과거 이미지가 이미 마음속에 자리잡았기 때문에 어떻게 느끼는 가가 매우 중요하다. 고로 남편은 외적으로 잘 해주기 보다는 아내의 마음에 자신의 이미지가 어떻게 새겨졌는지에 관심을 가져야 한다. 그 이유를 말하자면 몇 가지로 구분해서 설명할 수 있다.

**첫째, 아내는 남편의 것을 담는다.**

담는다는 것은 내적으로 자신의 것으로 소화했다는 의미이다. 아내의 신체 구조를 보라. 남편의 씨를 받아들이도록 설계되지 않았는가? 아내는 남편을 자극하여 남편으로부터 씨를 자신의 몸 안에 받아들이는 존재이다.

남편은 아내의 매력을 보고 아내를 자극한다. 남편은 아내의 외모에 반해서 자극을 받아 부드러운 말씨, 봉사, 돈, 수고 등을 전달해 주므로써 아내를 흡족하게 만든다. 아내는 자신의 매력을 통해 남편을 끌어 당기면 남편은 아내에게 무언가를 선물한다. 남편과 아내는 이런 구조를 갖고 있다.

**둘째, 아내는 남편과 결합되고자 하는 본능을 가지고 있다.**

결합이 제대로 되지 않을 때 아내는 분노한다. 고로 남편은 아내의 결합의 의지를 사소하게 평가하지 않기를 바란다.

오히려 결합에 대한 의지를 표현할 때 이에 따른 칭찬과 맞장구를 쳐주어야 한다. 맞장구는 추임새를 의미한다. 그러나 남편이 그에 대한 반응을 하찮게 여기거나 철 없는 소리라고 무시한다면 아내는 낙담하게 되고 남편의 무표정한 모습에 분노한다.

여자가 원한을 품으면 오뉴월에 서리가 내린다는 말이 있다. 고로 남편은 아내와 결합하기를 노력하여 아내가 분노하지 않도록 항상 조심해야 한다. 여자를 연약한 유리 그릇과 같다고 표현하는데 이는 유리가 깨질 때 요란한 소리와 함께 파편이 사방으로 튀겨나가기 때문이다. 아내의 분노에 대해 대처를 제대로 하지 못하면 파국의 결과를 맞이할 수 있음을 알라. 그것이 남편의 운명이다.

**셋째, 아내는 남편과 결합되었을 때 진정한 자아를 갖는다.**

남편과 결합되지 못한 아내는 울타리 없는 집과 같아서 의지처를 잃어버린다. 집을 잃어버린 아이처럼 세상 어떻게 살아가나 하는 걱정을 갖게 되어 외로움이 그녀를 점령한다. 그녀의 마음속에 애정이 있지만 그 애정을 누구에게 줄 지를 몰라 방황한다. 자녀들은 이미 성장하였고 남편과는 단절되었고 자신은 외로움에 쩌들어 있다. 그런 허전한 위기를 맞는다. 이럴 경우에 아내는 자아를 잃어버려 충동적이 되거나 좌충우돌하게 된다.

남편과의 단절을 남편에게 책임을 떠 넘기게 된다. 남편 입장에서 도저히 가까이 접근하기 어려운 상황인데 아내는 결속이 안되었다는 그 자체만으로 남편의 탓으로 여기는 경향이 있다. 이때 아내는 본능적으로 분노를 터트리기 때문에 남편은 더욱 회피한다. 여기에 남편의 고민이 있다. 아내 스스로 일부러 남편과 분리하고자 하는 경우도 있다. 남편 아닌 다른 남자를 사랑하게 된 경우이다.

이혼하지 않으면서 다른 남자와 결합하는 아내가 있다. 그러나 그 남자와 헤어졌을 때 찾아오는 공허감은 이루 말할 수 없다. 그 공허감은 자아를 잃어버릴 때 찾아오는 공허감이다. 하지만 원인을 남편의 탓으로 돌리고 원망한다. 아내는 남편과 결속할 때만이 안정감과 평온을 회복하게 된다.

**넷째, 아내는 남편의 현명함을 사랑한다.**

남편을 하늘 또는 머리라고 표현하는 것은 남편에게는 멀리 내다볼 수 있는 눈이 있기 때문이다. 멀리 내다볼 수 있도록 지혜가 열려 있어서 가족 전체가 갈 길을 제시하기 때문이다.

그런 지혜는 자녀들에게 삶의 교훈을 주기도 하고 험한 삶에서 갈 길을 제시한다. 아내는 그런 남편의 지혜를 사랑한다. 또한 자녀는 아버지의 직업을 전수 받기도 한다. 그러므로 남편은 아내에게 항상 지혜로운 말과 행동을 제시해야 한다.

**다섯째, 아내는 남편의 남성다움에 반한다.**

남성다움이란 보호의 기능이다. 마치 수컷의 새가 암컷에게 먹을 것을 가져다 주듯이 남성다움으로 가족이 안전하게 살 수 있는 환경을 만들어 주고 울타리를 지키기 위해 헌신하는 것이다.

**여섯째, 남편과 결합한 아내는 매우 대담해 진다.**

이제 막 결혼식을 마치고 새 아침을 맞이한 어린 새댁은 하루 사이에 놀랄만큼 성숙된 것을 볼 수 있다. 그 다음날 아침 일찍 일어나 가족을 위해 먹을 것을 준비한다.

# 부부의 아우라

## 기운(아우라)은 무엇인가?

아우라에 대한 국어 사전의 정의는 "사람 또는 물건 내부에서 발산되는 독특한 분위기"를 말한다. 그러니까 아우라는 영적 기운 혹은 둘러 쌓여있는 기운이나 분위기를 의미한다.

위키 백과 사전에서는 아우라를 인체로부터 발산되는 영적 에너지라고 하며 어느 인물이나 물체가 발하는 일종의 영적인 분위기를 가리킨다고 하였다. 본래 이 용어는 '숨'을 의미하는 그리스어 '아우라(aura)'에서 유래했다.

아우라는 "다른 사람에게 지각되는 그 사람만의 독특한 분위기나 영적 에너지 혹은 기운을 의미한다고 할 수 있다."

아우라는 하나의 분위기를 드러낸다. 이 분위기는 사람마다 다르고 아주 작은 행위에서 드러나는데, 얼굴 표정, 제스츄어, 웃음, 분노 등의 행위에서 눈에는 보이지 않지만 어떤 분위기를 내뿜고 있다. 이처럼 아우라는 그의 평소 했던 행위에서 나오는 기운이다.

**부부에게는 결합의 정도에 따라서 아우라가 존재한다.**

부부가 함께 길을 걷는 것을 보아도 분위기가 느껴진다. 매우 가깝게 느껴지는 부부가 있는가 하면 멀리 느껴지는 부부가 있다. 이것을 '아우라'라고 한다.

다른 말로 말한다면 결합하는 아우라와 분열하는 아우라가 있다. 결합의 아우라에는 기쁨과 즐거움이 있지만 분열의 아우라에는 미움이 존재한다.

결합 아우라는 애정이 가슴을 에워 싸지만 분열 아우라는 미움이 등을 에워싼다.

그래서 서로 사랑하는 부부는 서로 가슴을 마주한다. 하지만 분열의 아우라를 가진 부부는 등을 돌린다. 결국 부부의 만남은 아우라와 아우라의 만남이다. 또한 부부 간에 발생하는 결합과 분열의 아우라는 주위에 널리 퍼진다. 또한 자녀들에게 퍼져서 크게 영향을 미친다. 가족의 분위기는 이로써 발생한다.

**사람에게는 내적인 것이 존재한다.**

이것은 성품을 통해서 인식된다. 아우라는 밖으로 나타난 이미지이고 그 이미지는 각 개인이 품고 있다.

예컨대, 탐욕이 가득해서 남의 것을 빼앗거나 착복하는 자가 있다. 그는 평소에 그에게 가까이 하는 자의 친절을 이용해서 상대방의 자유를 억압했다.

그는 그에게 호의를 보이거나 친절을 베푸는 자에게 어느 날 갑자기 소리를 질러서 상대방을 주눅 들게 하였다. 한마디로 그에게 가까이 하는 자의 즐거움을 모두 송두리채 흡수하거나 망가 뜨렸다. 그는 이런 기운으로 사는 재미를 느꼈고 그런 일이 없으면 매우 허전해 하였다. 그래서 그런 일거리를 만들곤 하였다. 그런 행위는 그에게 있는 아우라에서 나오는 행동 스타일이다. 자만을 위해서 상대방을 무너뜨리는 아우라이다.

하지만 반대로 선한 아우라를 발산하는 자도 있다. 이들에게는 선한 분위기가 풍겨 나온다. 그래서 옛 성인의 인물 그림에는 머리를 중심으로 둥근 아우라를 함께 그렸다.

## 어떻게 아우라가 생기는가?

사람의 생각과 행동이 습관이 되고 그 습관이 인격이 된다. 습관을 반복하다보면 나중에는 그것이 곧 그의 본성이 된다. 그리고 그 본성에서 아우라가 드러난다.

예컨대, 어떤 사람이 본래는 그렇지 않았지만 점차 자라면서 살기 위해서는 돈이 최고라는 생각을 갖게 되었다. 그는 돈이 없으면 매우 불안해 하였고 돈이 생기면 그것으로 좋아했다.

그는 사람들과 대화를 하다가도 돈 얘기만 나오면 목에 힘을 주면서 강조를 하였다. 사람들로 부터 돈에 인색하다는 말을 듣기는 싫었지만 그는 돈에 관한 생각 밖에는 없었다. 그는 돈을 위해 살아가는 사람처럼 보였다.

그는 언제나 돈을 생각하였고 돈에 관해 말을 하였고 그에 따라 행동을 하였다. 그는 대인 관계를 할 때도 자신도 모르게 은연 중에 그 생각을 바탕으로 말을 하였다. 그 나름대로 미사여구를 사용하면서 지식인처럼 말했지만 듣는 사람 입장에서는 저 사람은 돈 밖에 모르는구나 하는 생각을 갖게끔 만들었다.

그는 무엇을 하든지 또는 무슨 말을 하든지 간에 돈이 최고라는 생각에 의해 지배 당했다.

처음에는 그 생각이 의식적이었지만 시간이 흐르면서 자신도 모르게 익숙하게 되었다. 이제는 말과 표정, 행동, 제스쳐 등 작은 행동에 이르기까지 습관이 되었다.

그리고 그의 생각과 느낌까지 그 견해가 지배하게 되었다. 그 견해는 하나의 의견을 넘어서 본성이 되었고 그 본성이 인생 전체를 통치하게 되었다.

그는 자주 보는 사람 혹은 누구를 만나든지 똑같은 말을 반복하였는데 물론 정작 본인은 자신이 그런 말을 했는지 조차 모르고 다음에 또 만나면 그 말을 반복하였다. 그가 이렇게 되는 이유는 애착 때문이다.

아우라는 애착의 과정으로 만들어진다. 지나친 근심이나 걱정도 애착에서 온다.

예컨대, 건강에 대한 염려, 가난해질 것에 대한 두려움, 죽음에 대한 공포, 사랑 상실에 대한 두려움, 타인으로부터 무시당할 것에 대한 염려, 미래에 대한 염려 등이다.

사실 이런 것들은 모두 애착에서 발생한다. 사실 이것은 불안감이다. 즉, 삶의 목표를 안전, 재물, 능력 등에 두었을 때 피할 수 없이 발생하는 것들이다.

고로 생각은 애착과 함께 진행된다. 그 생각이 옳다고 여기는 만큼 애착을 가지기 때문이다. 그리고 생각이 애착과 연합된 만큼 아우라가 형성된다. 결국 겉으로 드러난 사람의 아우라는 애착과 함께하는 생각에 의해서 나타난다고 볼 수 있다.

## 아우라의 특성

첫째, 부부만의 독특한 아우라가 있다.

아우라는 그가 누구인지를 구별하게 해준다. 다시 말해서 한 개인 혹은 부부를 구별하는 것은 아우라에 의해서 알 수 있다는 말이다. 부부만이 갖는 독특한 아우라가 있다. 부부마다 느낌이 다르다는 말이다.

우리가 전화를 받았을 때 목소리를 듣고 누구인지를 판단하는 것은 목소리의 아우라 때문이다. 멀리 있어서 가물가물하지만 "혹시 저기 있는 사람이 아무개 아냐?" 하며 알 수 있는 것은 느껴지는 아우라 때문이다.

고로 지구상에 존재하는 모든 인간의 아우라는 그 어느 것 하나도 같은 것이 없다. 아우라는 그만큼 특별하고 독특하다.

둘째, 아우라는 생각, 애착과 함께 있다.

사람을 구분할 수 있는 것은 그의 생각과 애착이다. 그 사람이 타인과 다른 것은 그의 아우라 때문이다.

부부간의 대화 주제는 부부가 무슨 생각을 하는 지 또는 무엇에 대해 애착을 갖는지를 설명해 준다. 그것이 아우라를 형성하기 때문이다. 생각과 애착은 그의 삶 전체를 결정 짓는다.

 혹, 우리가 먼저 세상을 떠난 이를 생각할 때 그가 생각나는 것은 생전에 가졌던 그의 생각과 애착 때문이다. 그의 생각과 애착은 그의 생전의 모습 즉, 아우라를 기억하는 것이다. 그래서 그 아우라를 가지고 그가 죽은 후에도 그를 떠올리고 기억한다.

 예컨대, 우리는 가족을 위해 고생했던 부모를 기억할 때 그의 모습 속에 담겨있는 아우라를 기억한다. 그의 아우라를 기억하면서 그의 생각과 애착을 동시에 떠올린다. 그리고 평소에 그가 했던 말이 생각난다. 그리고 그가 자녀를 얼마나 사랑했으며 노력하고 수고했는 지가 떠오른다.

 이처럼 생전에 살았던 그의 이미지 즉, 얼굴이나 말 등이 생각나는 것은 그의 아우라 때문이다. 이런 식으로 아우라는 시간과 장소에 관계없이 아주 멀리까지 발산한다. 그러기 때문에 그들의 성품을 지각하게 된다. 아우라는 보이지 않게 영향력을 가져온다. 부부에게는 아우라가 존재한다.

# 질투심

본래 질투심(jealousy)이라는 용어는 열의(zeal)에서 나왔다. 부부 사이의 질투심은 부부 사랑이 소멸될 것에 대한 두려움에서 발생한다. 이는 배우자를 지키기 위한 방어벽과 같다. 긍정적인 면에서 질투심은 부부간의 사랑의 열정이다.

질투심에는 두 종류가 있다. 합리적 질투심과 비합리적 질투심이다.

본래 질투심은 부부 사랑을 지키고자 하는 열의에서 나온다. 이는 부부 사랑이 사라질 것에 대한 두려움이다. 만일 부부 사랑이 단절 되면 자신에게 찾아올 슬픔이 크기 때문이다. 질투심은 그런 상황을 사전에 막기 위해 생긴다.

합리적 질투심은 선한 방향으로 문제를 해결하고자 하는 질투심이다. 반면에 비합리적 질투심은 상대방에 대한 동기를 의심하기 때문에 이어지는 병적인 상태이다.

예컨대, 아내가 다른 남자들과 이야기하는 것을 보고 화내는 남편이 있다. 이는 아내의 행동을 순수하게 보지 않기 때문이다. 아내는 다른 남자와 이야기하는 의도가 불순하지 않고 깨끗함에도 불구하고 동기를 의심하는 경우이다.

이런 마음의 상태는 부부 결속의 자신감이 없거나 세속적 신념에 물들어 있으면 더욱 증대하며 심지어 편집증과 같은 정신적 문제를 일으키게 된다.

## 질투심은 무엇을 말하는가?

**첫째,** 질투심은 사랑의 방어 기제이다.

질투심은 사랑을 방해하는 대상에게 분노를 발산하여 사랑을 지키고자 한다. 그러나 사랑을 제대로 지키지 못하고 질투심이 극에 달하면 배우자까지 파멸시키고 만다. 그러니까 사랑의 기쁨을 느끼지 못하면 질투심의 분노가 폭발한다.

**둘째,** 질투심은 높은 수준의 사랑이 아니다.

단지 뜨거울 뿐이다. 만일 남편이 아내의 외도를 의심할 경우 남편은 질투 열기에 의해 분노를 가진다. 또한 아내는 외도를 의심하고 비난하는 남편에 대해 격정적 분노를 갖는다. 둘은 맹렬한 불꽃 전쟁을 치르게 된다. 또 질투로 인해서 상대방에게 죄책감을 갖도록 만들고 우울하게 한다. 그래서 질투 많은 배우자를 만났을 경우에는 상대방은 항상 우울의 그림자가 깔려 있는 경우가 많다.

사랑을 공격하는 자는 곧 생명을 공격하는 것이다. 사랑은 곧 생명이고 사랑을 지키는 것은 생명을 지키는 것이다.

예컨대, 자기 새끼를 해치고 먹이를 빼앗으려는 맹수에게 어미가 겁없이 달려드는 경우처럼 말이다.

**셋째, 질투는 불의 세계이다.**

질투는 사랑에서 야기된다. 사랑에 의해 더욱 질투는 커지고 뜨거워 진다. 이를 '사랑의 불'이라고 한다. 타인으로부터 사랑이 공격 받으면 곧 분노로써 폭발한다. 이때 분노는 추론과 상상에 의해서 더욱 기세 높여서 불타오른다. 추론은 불꽃을 일으키면서 타들어가는 장작과 같다. 마치 닭이 볏과 깃털을 세워서 공격하듯이 분노로써 상대방을 방어한다. 하지만 방어할 힘 마저 없으면 슬픔과 불안이 생긴다.

슬픔이 생기는 이유는 기쁨의 소멸을 예견하기 때문이다. 고로 의심을 기반으로 하는 추론이 계속되면 분노가 올라오고 그 행동은 저질스러울 수밖에 없고 더욱 확장된다. 그만큼 오해가 무섭다는 것을 알아야 한다. 이처럼 사랑이 공격 받으면 그 순간 생각도 동시에 공격을 받는다.

## 선한 자와 악한 자의 분노는 무엇이 다른가?

세상에는 크게 나누어서 선한 자와 악한 자가 있다. 선한 자와 악한 자는 겉으로는 같아 보이지만 속은 전혀 다르다. 마음 속에 있는 선과 악의 질적 수준은 다양하다.

질투심으로 인해 분노할 경우 겉으로 보기에는 똑같아 보인다. 둘 다 사랑을 방어하기 위해 대적을 향해 불꽃이 타오르지만 실제적으로 내용은 전혀 다르다.

 선한 사람의 질투 속에는 애정이 들어 있지만 악한 자의 질투에는 증오와 복수심만 가득하다. 선한 자의 질투의 목적은 단지 방어할 뿐이지만 악한 자는 상대방을 파괴시키고자 한다.

 선한 자는 상대방이 멈추면 더 이상 공격하지 않는다.

 하지만 악한 자는 상대방이 멈추어도 기세를 동원해 상대방을 더욱 몰아 세우며 자신 스스로도 붕괴하여 가정을 초토화시킨다. 그러니까 멈출 줄을 모르고 망하는 길로 치닫게 된다. 가끔 부부 싸움하는 자들의 경우, 한쪽에서 싸움을 피해서 밖에 나가려고 하지만 끝까지 좇아와서 싸움을 걸고 연속하는 경우가 있다. 다시 말해 선한 자는 상대방이 후퇴하면 공격을 멈추지만 악한 자는 끝까지 좇아가서 공격한다. 이것이 선한 자와 악한 자의 다른 점이다.

 이런 관점에서 보면 부부 중 누가 선한 자이고 누가 악한 자이겠는가? 가만히 눈을 감고 지난 날의 부부 싸움의 장면을 떠올리고 생각해 보라. 자신이 어떻게 싸웠는지를 말이다.

# 출산과 보호

자연을 둘러보라. 동식물의 세계는 언제나 짝을 이루고 있다. 암컷과 수컷이 짝짓기를 통해 자신과 같은 종류를 세상에 내보낸다. 이처럼 암컷과 수컷의 애착의 기운은 온 우주에 가득하다. 이런 기운 없이는 자연 만물이 유지, 보존될 수 없다. 그것이 자연 만물의 생존 원리이다.

이렇게 자연 만물은 암컷과 수컷의 결합에 의해 씨가 퍼진다. 사람도 남자와 여자의 결합에 의해 자손이 번성한다. 남자와 여자는 육체적 결합으로 씨를 퍼트리는데, 내적으로는 마음과 마음의 결합이다.

남자는 파종의 상태이고 여자는 영접의 상태가 존재한다. 남편의 마음은 씨와 같고 아내의 마음은 밭과 같다. 고로 남자와 여자의 만남은 씨와 밭의 만남이다. 이는 변함 없는 원리이다. 아무리 시대가 바뀌고 사회가 변할지라도 이 원리는 결코 변하지 않는다. 이는 앞으로도 마찬가지이다.

## 남자와 여자는 어떻게 만나는가?

 남자와 여자는 서로를 그리워 하면서 결속하여 자손을 잉태하고 출산한다. 남자과 여자는 서로에 대해 결합의 기운을 동원하고 섹스를 통하여 자녀를 임신하고 출산한다. 주체를 에워싸고 감싸는 것을 기운이라고 한다. 사람에게는 출산과 보호의 기운이 감돌고 있다.

 자연 만물이 보존되기 위해서는 출산과 보호의 기운이 필요하다. 자연 만물 보존을 위한 기운은 출산이라고 하고, 세대 보존을 위한 기운은 보호라고 한다. 부부는 출산하여 자녀를 보호한다. 이런 기운으로 만물은 유지되어 간다. 그렇지 않으면 우주는 파멸로 갈 수밖에 없다.

 이는 지극히 기본적인 인간의 에너지이며 생존을 위한 본능이다.

 예컨대, 봄의 대지는 씨를 받기 위한 준비 상태가 된다. 추운 겨울 얼었던 대지는 녹고 땅은 부드럽게 된다. 봄철에 씨를 받기 위해서이다. 그래야만 작물이 꽃을 피울 수 있다.

 대지는 씨를 받음으로 임신을 한다. 대지는 씨에게 싹을 내고 꽃을 피우도록 영양분을 준다. 이는 대지의 출산이다. 대지는 식물의 어머니인 셈이다. 이 과정은 동물과 벌레까지 미치는데 여왕 벌이 모든 벌들의 어미가 되는 것과 같다.

 남편과 아내는 출산으로 더욱 사랑하게 되고 하나가 된다.

 이는 보편적 법칙이다. 이는 출산의 기쁨과 함께 보호가 시작

되는 것이 당연하다는 것을 말해준다. 엄밀하게 말해서 출산의
목적을 위해 부부 사랑이 있으며 출산과 더불어 보호가 존재한
다. 한마디로 부모는 자녀를 보고 산다는 말이 있다. 부부는 자
녀 때문에 거칠고 어려운 세파에서 용기를 내고 의지를 다짐하
게 된다. 자녀로 인해서 살아갈 희망을 얻기 때문이다. 그만큼
자녀는 부부에게 있어서 생명 줄과 같다.

 부부는 출산과 보호를 위해 존재하며 또 출산을 준비한다. 이
런 진전은 계속되며 언젠가는 한계에 이른다. 즉, 출산할 시기
가 멈추게 된다.

 동물과 식물, 광물도 유사한 보호의 기운이 존재한다. 예컨
대, 동물은 새끼를 보호하기 위해 무섭게 돌변한다. 식물은 땅
에서 빨아올린 수액으로 씨를 생산하고 껍질로 보호한다. 광물
은 모암석에 의해서 보석이 감추어져 있다. 사람도 자녀를 출
산하면서 자녀를 보호하기 위해 온갖 노력을 한다. 이는 부모
에게 주어진 보호 본능이다. 고로 자녀 출산은 다른 사랑에 비
해 탁월하다.

## 기본적인 안전

아이에게는 부모의 돌봄과 보호가 필요하다. 이는 정신적인 면
과 육체적인 면을 포함해서이다. 고로 아이에게는 아이의 말을
잘 들어주고 부드럽게 응답해 주는 양육자가 필요하다. 부모의
돌봄 목소리는 아이의 내면에 저장되어서 후에 그가 용기를 얻

는 자원이 된다. 아이들에게는 부모로부터 자신이 환영받고 있다는 확신이 필요하다. 그것은 어린 시절에 어떤 이야기를 듣고 자랐느냐에 달려있다. 그러나 아이를 돌보는 사람이 아이를 진정 원하지 않았다면 아이에게는 보호가 무너지게 된다.

 아이들은 안전이 보장되고 있다는 것을 신뢰하는 것이 필요하다. 아이에게는 집에 가면 엄마가 있고 냉장고에 먹을 것이 있다는 확신이 있어야 한다. 또 자신이 아프면 자신을 돌보기 위해 애쓰는 양육자가 있어야 한다. 또한 아이는 부모가 자신을 어떻게 돌보는 지에 대해 예측 가능해야 한다.

 또 아이는 세상에 대한 호기심으로 주변을 탐색한다. 부지런히 만지고 냄새 맡고 맛보면서 감각적 경험에 집중하게 된다. 현실 속에서 자신의 감각을 경험함으로 신뢰할 수 있는 환경이 필요하다. 아이들은 부모가 만들어 준 안전한 울타리 안에서 풍부한 감각적인 경험을 해야만 하고 지지와 격려를 받아야만 한다. 부모는 아이에게 돌봄과 보호에 대한 안정감을 주어야 한다.

# 아내는 남편의 임자

 가부장적 사고 의식이 가득한 남자에게는 아내가 남편의 임자라는 말이 비위에 거슬리는 말이 될 수 있다. 그러나 남자와 여자 둘의 관계적 입장에서 볼 때 그 말은 사실이다. 그 이유에 대해 이제 설명하고자 한다.

 아내가 남편의 주인인 이유는 모든 것이 아내에게 귀결이 되기 때문이다. 예컨대, 남편이 돈을 벌면 누구에게 가져다주는가? 아내이다. 남편의 정자를 누구에게 주는가? 아내이다. 값비싼 물건을 사면 누구에게 연락하는가? 아내이다.

**첫째 남편이 자신의 씨를 누구에게 주는가?**

 아내이다. 아내는 남편의 모든 것을 담는다. 남편의 행동은 모두 아내를 향해 집약되어 있다. 고로 아내는 자신을 위해 존재하는 남편의 세계를 파악하고 남편을 위해 사랑의 서비스를 베풀고 남편에게 사랑의 열매를 안겨준다.

 결국 아내는 남편의 삶의 안식처가 분명하다.

 만일 가정에 아내가 없거나 다른 곳에 마음을 뺏겨버리면 그 남편은 삶의 구심점을 잃어 버리게 되어 불안하게 되며 갈피를 잡지 못하게 된다. 마치 지진이 일어난 것처럼 흔들린다.

우리의 아버지들이 집에 들어와서는 제일 먼저 누구를 찾는가? 엄마이다.

나는 이런 소리를 아버지로부터 많이 들어왔다. "엄마 어디 가셨니?" 아버지는 엄마가 없으면 불안한 듯 보였다.

남편에 대해 반감을 가진 여자는 이런 말을 자신을 속박하는 말로 들리겠지만 속박하는 말이 아니라 남편에게 아내는 삶의 구심점이기 때문이다. 남편이 살아가는 목적과 이유는 아내에게 집약되어 있다. 남자가 극한 어려움과 험한 일을 견디는 힘은 무엇인가? 아내의 위로와 따뜻한 말이다.

길거리에서 험한 일을 하는 남편들에게 물어보라. 아마도 누구든지 서슴없이 처자식을 먹여 살리기 위해서라고 말할 것이다. 그래서 남편은 부인과 이혼이나 사별을 할 때 가장 큰 충격을 받는다.

**둘째, 아내가 남편의 임자인 이유는 부부가 같이 살면서 부인의 허락없이 남편이 사업이든 자녀 문제이든 한 발자국도 진전할 수 없다는 점이다.**

아내가 남편의 사업에 방해라도 하겠다고 마음 먹게 된다면 남편의 사업은 그때부터 내리막 길로 들어선다.

아내가 한을 품으면 오뉴월에 서리가 내린다는 말이 있는 것처럼 그 남편은 된서리를 맞게 된다. 아내는 남편의 모든 것을 속속들이 잘 알고 있는 터이기 때문에 남편이 잘되는 꼴을 보기 싫으면 결국 남편의 사업은 망하게 된다.

이 말에 대해 "나는 그렇지 않다"고 항변하는 남자도 있을 것이다. "남자는 남자고 부인은 부인이지 어떻게 그럴 수 있는가" 고 말하는 분들도 있을 것이다. 그러나 이 사실을 한번이라도 경험해 본 분들은 더욱 그것이 무엇을 의미하는 지를 잘 알 것이다.

부인이 남편의 사업장에 가서 소리를 질러대거나 남편의 직장에서 상사나 동료 앞에서 모욕과 창피를 안겨주어서 결국 직장을 그만 두는 경우도 있다.

부부 모임이든지 시댁에 갈 일이 있을 때 혹은 행동을 같이 해야만 하는 일을 하는 경우에 부인이 작심을 하고 망가뜨리려고 할 때 남편은 이럴 수도 없고 저럴 수도 없는 그런 황당한 경우를 만나기도 한다.

아내가 극도로 반대하는데 남편이 마음 편하게 계속적으로 사업을 진행한 일을 본 일이 있는가? 아마도 대부분 부인들의 잔소리나 뒷 담화에 매일 쓴 약을 먹게 될 것이고 고통스러운 나날을 보내게 될 것이다.

고로 두 종류의 남편이 있다. 부인으로 인해 잘되는 사람과 부인으로 인해 인생이 망가진 경우이다. 부인 때문에 고민하고 절망감을 안고 살아가는 남자들은 이 말이 무슨 말인지를 이해할 것이다.

세 번째, 아내는 남편의 모든 것을 소유한다는 점이다.

남편들은 힘들게 벌어온 돈을 대체적으로 아내에게 가져다준다. 아내는 그 돈을 관리한다. 아내는 성실하게 남편이 벌어온 돈을 가지고 가정 생활의 대소사나 자녀들을 위해 적당하게 나누어 융통성 있게 사용한다.

남편의 노력은 결국 아내에게서 마지막을 맞이하게 된다. 최근에는 맞벌이 부부가 많지만 그럴지라도 대개 남편은 아내에게 자신의 버는 돈을 가져다주는 것이 일반적이다.

보통 남자들은 흔히 이런 말을 자주 한다. "나는 마누라의 종이다. 부인이 시키는 대로 한다" 남편들은 그런 의식을 갖고 산다. 이는 여러 가지 이유가 있겠지만 보통 남편들은 아내의 서비스를 받고 살지만 그에 대한 많은 댓가를 지불한다.

남편은 아내의 사랑을 받아야만 사는 존재들이다. 남자는 머리로 살고 여자는 가슴으로 산다는 말이 있다. 이 말은 남자는 지혜로운 판단을 생명으로 여기지만 여자는 따뜻한 말과 공감을 더 크게 여긴다. 남자는 지혜에 의해서 행동을 하지만 진정한 사랑은 여자에게서 흘러나오기 때문이다.

그래서 남편들은 아내의 사랑을 받기 위해 애를 쓰고 발버둥을 쳐 댄다. 어려서는 엄마의 사랑을 받지만 성인이 되어서는 아내의 사랑을 갈구한다. 아내의 사랑을 받은 남편은 얼굴에 만족감과 행복감이 가득하다. 그러나 그렇지 못한 남편은 얼굴에 공허함과 불만족이 가득하다. 그래서 남편에게 있어서 아내의 사랑은 절대적이다. 남편의 주된 관심사는 아내이다.

 아내의 사랑을 얻기 위해 남편은 돈을 가져다 주고는 아내에게 능력을 인정 받기를 원하고 또 아내의 미소와 따뜻한 말씨와 감사를 받고 싶어 한다. 그리고는 어깨가 으쓱해진다.

 그리고 더욱 그런 말을 듣기 위해 자기의 주머니를 털고 아내를 위해 모든 것을 내놓는다. 남편의 노력과 봉사에는 가족을 위한 명분도 있지만 사실은 아내의 미소와 다정한 말씨를 얻고자 하는 면이 더욱 크다.

 남편들은 메마르고 거친 세상에서 아내가 자신을 향해 보내는 해 맑은 미소를 언제나 기다리고 있으며, 그 미소에 행복감을 가득 안는다. 바보스럽지만 남편은 아내의 미소에 행복과 불행이 좌우되는 인생을 살아간다. 이것이 남편의 운명이다.

 고로 남편의 소망은 퇴근 후에 자신을 웃으면서 따뜻하게 맞이해주는 아내가 필요하다. 그 아내가 김이 모락 모락 나는 밥상을 채려주는 것을 먹고서 편하게 잠자리에 든다.

 그리고 다음 날 아내로부터 출근하는 자신에게 "잘 다녀오세요" 라는 용기를 주는 말 한마디를 들으면 발 걸음이 가벼워 진다. 이것을 최고의 행복으로 여긴다.

 아내는 남편에게 어머니와 같은 존재이다. 여자 소녀 팬들이 케이팝 가수들의 춤과 노래에 환호하면서 소리를 질러대는데, 이는 마치 어머니가 자녀를 향해서 응원하고 격려하는 소리와 같다고 느낀 적이 있다.

이제 10세 밖에 안된 여자 아이가 아빠의 옷의 매무새를 고쳐 주거나 머리를 쓰담는 것을 보면서 여자의 세계는 어머니의 세계라는 것을 실감한다.

 모든 세상에 존재하는 암컷이나 여자는 모두 어머니들이다.

 마치 땅이 씨를 받아들여 가지와 잎을 내고 꽃과 열매를 생산하듯이 아내는 자신의 몸속에 남자의 씨를 받아들여 재생산을 위한 모든 양분을 제공한다. 어머니는 자녀를 생산하기 위한 토양을 제공한다. 어머니는 마음을 먹기만 하면 남편의 모든 것을 받아들일 준비가 되어 있다.

 남편의 모든 것이 아내에게서 열매를 맺기 때문에 남편은 아내가 자신의 말과 행동을 있는 그대로 받아주기를 고대한다. 아내가 자신을 폭넓게 받아 들이기를 기다리고 있다.

 그래서 아내의 얼굴을 살펴본다. 아내가 자신의 것을 받아들이면 기분이 좋고 안심하지만 아내의 얼굴이 기분이 좋지 않거나 자신을 거부할 듯싶으면 매우 불안하다.

 이것이 남편의 운명이다. 그래서 조선 시대 옛 선비들은 부인을 부를 때 '임자' 라고 불렀음을 기억하라. 자기 몸의 주인이 부인이라는 것을 직감하고 있다는 말이다.

# 이혼의 요인

부부가 살다가 이혼 소송을 할 경우, 이혼 사유에는 6가지가 있다. 배우자의 부정 행위, 악의적으로 유기 했을 때, 배우자 혹은 직계 존속으로부터 부당한 대우, 직계 존속이 배우자에게 부당한 대우를 받았을 때, 3년간 배우자의 생사 불명, 혼인을 이어가기 어려운 중대한 사유 이다.

슬픈 사실은 부부가 이혼의 절차를 밟게 되었을 때 재산을 하나라도 더 차지하기 위해 애쓴다는 사실이다.

그간 자신과 함께 살아준 것에 대해 감사의 마음을 표하는 부부는 없다. 함께 사용해 왔던 것을 분리하고 결국 자녀들조차 나뉠 수 밖에 없다. 미성년자일 경우 딸은 누구에게 아들은 누구에게 하는 식이다.

그러나 마음이 하나일 때는 재물을 분배하는 일은 관심사가 아니다. 재산 분할은 분리된 마음이 밖으로 드러난 것에 불과하다. 중요한 것은 사랑의 소멸이다. 사랑은 뜨거운 열기인데 그 열기가 식어진 것이다.

마치 태양의 열기가 사라지면 지상의 모든 만물이 얼어 버리는 것과 같다. 태양의 따뜻한 열기가 들어올 때 식물은 꽃을 피우고 동물은 새끼를 밴다. 사람에게 추위를 느낀다는 것은 열기가 사라졌기 때문이다. 이는 곧 사랑의 상실이다. 이로 인해 부부가 살아갈 힘이 없어지고 무관심, 불화, 업신여김, 혐오, 증오가 생긴다. 이런 냉기는 마음과 마음에 전달되고 자녀들에게 영향을 미치고 감염이 된다.

## 사랑의 소멸

인간이라는 존재는 논리적 생각에 따라 움직이는 것이 아니라 느낌과 욕구에 따라 행동한다. 그래서 남녀가 사랑을 하게 되면 이성적이 되지 못한다. 눈부시게 아름다운 결혼식을 하고 이제부터는 행복하게 살아갈 것이라고 여겼던 부부가 얼마 못가서 이혼을 서두르는 경우를 본다. 가끔 사랑이 소멸될 때 이들은 자신들이 무슨 짓을 했는지 당혹해 한다. 그러면서 하는 말이 "내가 너와 결혼한 것은 내 발등을 찍은 것이었어"라고 스스로에게 비판을 한다. 사랑이 비논리적이라는 것 때문에 남녀 간의 교제는 전혀 예측가능하지 않다. 그리고 가장 끔찍한 것은 그렇게 사랑했던 사람이 지독히도 상대방을 미워하게 되었다는 사실이다. 심지어 상대방을 따라 다니면서 복수하고자 한다. 왜 이렇게 사랑은 냄비처럼 쉽게 뜨거웠다가 금새 식어버리는가?

**첫째, 진정 사랑이 뭔지를 모르기 때문이다.**

부부 사랑의 정의는 상대방의 정신적, 육체적인 면을 성장시키는 의지적 노력이다.

의지적 노력은 행동으로 실천한다는 뜻이다. 사랑은 헌신하겠다는 의지적 작업이다. 그럴 때만이 진정한 사랑이다.

만약 상대방에 대해 느낌이 좋다는 것만으로 자신이 사랑하고 있다고 여긴다면 느낌이 사라질 때 위기를 맞이한다.

부정적인 면에서 느낌은 사랑아닌 것을 사랑으로 믿어 버리게 만든다. 느낌이 기준이 되어 버렸기 때문이다. 그리고는 자기 스스로 사랑하고 있다고 스스로에게 되새긴다. 이런 사랑에 대한 이해는 매우 근시안적이고 편협한 것이다.

**둘째, 사랑의 모델을 잘못 배웠다.**

우리가 흔히 사랑의 모델을 배우는 곳은 '가족'이다. 우리는 부모들로 부터 사랑을 배웠다. 하지만 부모들이 살아왔던 배경과 지금 현실의 삶은 전혀 다르다. 그들은 그저 참고 인내하며 살아가는 것이 사랑이라고 믿기도 하고 오랜 시간 함께 살고 있다는 것만으로 사랑하고 있다고 여긴다.

그들은 이렇게 말한다. "사랑이 별거 있나? 그냥 사는 거지 참고 견디다 보면 다 괜찮아 질거야" 그들은 인내를 사랑이라고 여겨왔다. 우리는 사랑에 대해 잘못된 개념을 가지고 있다면 제대로 이해할 필요가 있다.

물론 어떤 자는 제대로 된 사랑을 보면서 자랄 수 있다. 하지만 사랑의 모델이라고 여겼던 것이 사실은 전혀 사랑이 아니라는 것을 보게 된다. 이것은 우리 조부님, 부모 그리고 친척들이 사랑하지 않았다는 말이 아니다. 그들은 사심없이 진정으로 사랑했지만 세밀하게 실제적으로 보면 뭔가 결점 많고 불완전한 사랑이라는 점이 보인다.

 예를 들어, 오래 전의 영화 속에 등장하는 부모들의 세대가 살아가는 모습은 가부장적인 사랑이었다. 그때 부모들은 가난했던 시절에 사랑은 단지 굶기지 않고 안전하게 살도록 하는 것이었다. 그들은 사랑하는 가족의 안전을 위해 엄격하게 통제했다. 그들은 부모로부터 그렇게 하는 것이 가족을 사랑하는 것이라고 배웠다. 그러나 그것은 건강한 사랑의 기초가 되지 못한다.

 사실 가부장제가 반드시 남성 우월주의를 의미하는 것은 아니다. 가부장제 규칙은 여성에 의해서도 행해질 수 있다. 가부장제 속에서 자란 많은 여성들이 남성 만큼이나 통제적이고 억압적인 경우도 많다. 이런 여성들에게 양육된 아들들은 남성성에 손상을 입을 수 있다.

 부모는 우리가 사랑의 언어를 습득하는데 문법이 되어 주었다. 우리는 어릴 때부터 그 언어가 가장 표준이고 부부는 본래 그렇게 사는 것이라고 믿게끔 해주었다.

 우리는 사랑의 관계가 황폐해진 사람들도 사랑의 본질에 대해서는 그럴듯하게 말하는 것을 듣는다. 사람들은 자신들이 사랑에 대해 잘알고 있다고 믿는 것같이 보인다.

 사랑에 실패하는 이유가 자신들이 사랑이라고 믿고 있는 것이 실상은 사랑이 아니라는 사실을 좀처럼 깨닫지 못한다.

## 셋째, 상대방이 자신의 정서적 욕구를 충족시켜 줄 때 사랑이라고 받아들인다.

 이 부분에 대해서 이렇게 공감하는 이들이 많을 것이다. "맞아 나도 그래서 결혼했던 것같아", "상대방이 잘해주는 것을 가지고 나는 상대방이 나를 사랑했다고 여겼던 것 같아"

 그리고 이어서 하는 말은 "지나고 보니 그것은 자신을 유혹하기 위한 상대방의 거짓이었다" 고 말한다. 자신은 속아서 결혼했다는 말을 한다.

 특별히 결핍 욕구가 많은 이들은 자신에게 잘해주는 이를 거절하기 어렵다. 그들은 거절하지 못하는 프로그램이 마음에 씌여져 있다.

 왜냐하면 그들은 욕구 충족을 사랑이라고 믿어 왔다. 또 어떤 이들은 자신을 희생하며 타인을 기쁘게 하는 것을 사랑이라고 배웠다. 이들이 말하는 사랑은 정서적 배고픔을 채우는 것에서 기인한다. 그러나 그저 타인에게 잘해주는 삶을 살았을 뿐인데 상대방이 오해할 수 있고 또 상대방이 잘해준 것을 오해할 수 있다. 의외로 현대 사회에서 이 부분에 심리적 결핍을 안고 있는 이들이 많이 있다. 약한 감성이 건드려져서 순간적 실수를 저지르는 경우가 많다.

그들은 타인이 자신의 기분을 좋게 해 줄 때만 사랑 받고 있다고 배웠기 때문이다.

## 이혼의 원인은 무엇인가?

자연의 세계는 번식의 본능을 가지고 있다. 사람도 부부 관계를 통해서 후손을 번식한다. 자녀는 부부의 결합에 의해 공통적인 생김새를 갖는다. 그런 면에서 이혼은 부부가 상대방과 하나 되고자 하는 의지의 소멸이다.

마음의 세계에는 결합의 노력이 존재한다. 결합의 노력을 하지 않음은 이미 마음속에 냉기가 흐르기 때문이다. 그리고 그것은 이혼으로 직결된다. 냉기가 이혼으로 이어지게 만든다.

부부는 떨어지지 말고 언제나 함께 있어야 한다는 말이 있다. 몸이 멀어지면 마음도 멀어지기 때문이다. 비록 이 순간은 서로 사이가 좋지 않더라도 몸이 떨어지기 시작하면 마음은 더 멀리 헤어지게 된다. 이는 본능적이다.

그리고 멀리 떨어지게 된 원인을 상대방에게 돌리고 서로를 향하여 분노를 표출한다. 이혼이 갈등의 문제 해결을 가져오지는 않는다. 재혼 후에도 그 주제는 반복될 가능성이 있기 때문이다. 어쨌든 이혼의 원인은 부부 사이에 사랑이 식어졌기 때문인 것은 부인할 수가 없다.

이혼으로 인한 충격은 매우 크다. 이혼으로 인해 결혼의 기대심에 대해 직면하게 된다. 이혼하고 나서 자신이 결혼에 대해 무엇을 기대했는지를 돌아보게 된다. 자신이 결혼 생활에서 너무나 많은 것을 기대했었다는 깨달음이 온다. 결혼에 대한 모든 환상들이 깨지는 것이다. 그래서 결혼 실패라는 말을 쓰기도 한다. 이혼은 참으로 끔찍한 경험이다.

 종종 이 시점에서 사람들은 상담을 받으러 가기도 하고 문제의 원인이 무엇인 지를 알고 싶어한다.

 또 상대방을 원망하는데 그런 원망을 받아줄 친구를 찾아 하소연하기도 한다. 그러나 어디에 가도 시원하게 해답을 말해줄 사람은 없다. 허기진 마음을 위로 받을 길은 없다. 친구들에게 자신의 답답함을 하소연하지만 그들도 역시 부족한 인간들이다. 그럼에도 불구하고 이러한 고통을 통해 자신을 찾는 계기가 되기도 한다. 이전에 가졌던 신념이 깨지면서 "아 그때 내가 왜 그랬을까?" 하고 자신을 되돌아 본다. 또는 좀 더 현실적이고 인간적인 삶으로 전환되기도 한다. 그리고 재혼 한다면 더 잘 살 수 있을 거라는 막연한 기대를 갖기도 한다.

# 혼인 서약

 부부의 시작은 대중들 앞에서 혼인 서약하는 순간부터 시작된다. 혼인 서약은 고대로부터 이어져온 계약이다. 둘이 일생을 함께 하겠다는 약속을 많은 증인 앞에서 하는 행위이다.

 혼인 서약에는 "병들었을 때나 아플 때나 어떤 환경이 갈라놓을지라도 남편을 존경하며 아내를 사랑하기로 맹세합니다." 라는 문구가 있다.

 혼인 서약은 주례자와 대중 앞에서 한다. 그리고 배우자와 영원히 함께하고 헌신하겠다는 표시로 반지를 교환한다.

 이 서약은 평생을 두고 하는 약속이며 진실과 본심이 담겨있고 결코 가볍지 않다. 약속은 외적 표현인 듯 보이지만 그보다 더 중요한 것은 마음과 마음의 약속이다.

 그 약속을 소중하게 여기고 마음으로 지키고자 하는 결단은 마음의 높은 영역이다. 이 마음은 양심이 지켜 보면서 이를 어겼을 때는 곧바로 사이렌 소리를 낸다.

 혼인 서약이 있은 후에는 둘 사이에 공유되는 것이 많다. 즉,

재물 소유, 정서적 아픔과 기쁨, 좋은 일과 나쁜 일, 자녀 출산, 양육, 취미 생활, 여행, 부모 모시기, 종교 영역 등이다. 부부는 이런 일을 겪으면서 함께 하겠다는 약속을 지켜 나간다.

중요한 사실은 서약과 더불어 부부의 일생이 시작된다는 점이다. 이런 서약이 언제까지 지속되는가? 혼인 서약을 마음에 새길 때 모든 일에 함께 할 수 있다.

오늘날 이혼의 근거를 생활 태도, 폭력, 성격 차이, 경제적 무능력, 외도, 중독, 알코올 문제 등으로 보고 있다. 우리가 알아야 할 사실은 단지 결핍의 이유로 이혼을 한다면 이혼하지 않을 사람은 없다. 모든 사람은 약점을 갖고 있기 때문이다. 혼인 서약에는 이 모든 것을 포함하고 있다. 지구상에 존재하는 남자와 여자는 모두 다를 수 밖에 없다. 같은 사람은 없다. 어차피 남자와 여자가 아닌가? 남자와 여자는 서로 다른 존재이다. 신체도 마음도 같은 부분은 없다. 부부가 이렇게 차이가 나더라도 살아갈 수 있는 이유는 서약한 것을 지키겠다는 약속이다. 그 약속은 모든 사람들이 증인이 된 가운데 했다.

부부 서약 속에는 모든 것을 함께 공유하겠다는 것을 포함한다. 그중에서도 가장 중요한 것은 마음의 공유이다.

각자의 역할은 다르지만 마음은 함께 할 수 있다. 아무리 멀리 떨어져 있다고 해도 마음은 함께 할 수 있다.

마음의 공유는 곧 선한 마음으로 배우자를 대접하는 것이다.

마음에서 멀어진 부부는 개인의 프라이버시나 인권을 주장하면서 속내로는 재산에 관심을 갖는다. 이것이 부부 사이가 좋지 않을 때 등장하는 첫번째 순서이다.

또한 서약에는 비밀없이 함께 하겠다는 약속이 들어 있다.

비밀을 지키고자 하면 둘 사이에 벌거벗지 말아야 할 것이다. 벌거벗고 대함은 비밀없이 모든 것을 다 보여줌이다. 그래도 그것을 부끄러워 하지 않는다.

벌거벗는다는 의미는 하나도 숨김없이 있는 그대로 손바닥을 펴 보인다는 뜻이다. 어떤 이는 남편 몰래, 아내 몰래 하는 일이 많아지는데 이는 상대방이 알아서는 안되는 일을 비밀스럽게 진행하기 때문이다. 그러면서 정작 본인은 매우 지적인 것처럼 가장하여 개인 프라이버시를 말하는데 그 말을 하는 이유는 비밀스럽게 숨기고 싶다는 뜻이다. 이 말은 너와는 함께 공유하고 싶지 않다는 것을 말한다. 고로 우리는 이 말을 명심해야 한다. "숨긴 만큼 병든다." 이 말은 부부 사이에도 적용되는 격언이다.

혼인 서약은 사랑의 마음을 기초로 하고 있다.

이 서약은 상대방에 대해 사랑과 호의를 죽을 때까지 보이겠다는 뜻이다. 그러므로 부부는 서로를 위한 배려의 연속적 과정이다. 행복은 배려의 열매이다. 그 시작은 서약으로부터 시작된다. 금슬이 좋은 부부는 서약을 지키고자 하며 상대방에게 점더 잘해주지 못한 것에 대해 미안한 마음을 갖는다.

그는 어떤 어려운 일이 있더라도 서약을 지키고자 노력한다.

서약은 어떤 환경이라도 서로를 지켜 주겠다는 약속이다.

 나이가 들어가면서 질병, 장애, 실직, 노쇠함, 경제적 위기, 정신적 우울과 염려 등의 위기를 맞닥뜨리게 된다. 그런 위기가 오더라도 사랑이 있다면 상대방의 상처를 덮어주고자 노력한다. 그러나 서약을 잃어버린 부부는 조금이라도 마음을 섭섭하게 하면 미움과 불신을 가진다. 이런 자에게 서약은 기억에 없다. 그것은 결혼 식장에 있는 의례적인 말투에 불과할 뿐이다.

 나의 어머니는 뇌졸증으로 인해 37년간 걷지를 못하고 앉아 있거나 누워서 생활했다. 아버지는 어머니를 30여년간 똥오줌을 받아내고 기저귀를 갈아 주시고 밥을 떠서 먹이셨다. 그러면서 늘 하는 말씀이 있었다. "저 사람의 장례식을 치루고 난 후에 내가 죽어야 할텐데.." 이는 아내를 끝까지 책임지고자 하는 말이다. 그는 절대로 어머니를 요양원에 보내지 않았고 잠시동안도 그 곁을 떠나지 않았다. 그는 살아 생전에 부부가 함께하는 가묘를 만들어서 죽은 이후에도 함께 하고자 하였다. 그의 삶은 언제나 어머니를 지켜주고자 하는 생각뿐이었다. 하지만 아버지는 어머니보다 먼저 세상을 떠나셨다.

 사랑은 아무리 환경이 고통스러워도 자발적이다. 사랑은 상식 수준 그 이상으로 부부를 이끌고 간다. 당신은 무슨 서약을 했는지 되새겨 보라. 그 서약이 생각나는가?

 결코 서약을 가볍게 여기지 말라.

# 부부 경계선

부부에게 있어서 경계선 선정은 매주 중요하다.

경계선은 현재 여기에서 한계를 설정하는 것을 말한다. 심리적 의미에서 경계선은 자아와 타인 사이의 분리된 인식이다. 경계선을 미리 선정해 놓으면 타인의 침해를 받지 않을 수 있고 경계 안에서 안전을 지킬 수 있다. 과거 타인에게 상처받은 것에 대해 선을 긋지 못하고 과거에 얽매여 살아가는 이들이 있다. 과거와 경계선이 명확하지 않기 때문이다. 경계선이 없음은 울타리 없는 국경선과 같다. 누구나 들락거리면서 어지럽힐 수 있다.

경계선은 한도 설정이 중요하다. 너무 경직된 경계선은 너와 나 사이를 완전 분리하게 만든다.

최근 이혼률이 높아지면서 "혹시 이혼하게 되면" 이라는 생각이 들어오면서 자기를 보호하고자 하는 생각이 앞서기 시작하면서 부부 사이에 경계선이 생기기 시작한다. 그러면서 부부 간에 내 것과 네 것이 나뉘어지기 시작한다.

경계선은 곧 소유의 경계선으로 이어진다. 그래서 부부라 하더라도 각자의 사생활을 중시하고 각자의 통장을 갖고 간섭받기를 싫어한다.

이런 현상은 부부도 남이 될 수 있다는 마음에서 비롯된 형태이다. 사생활을 보호한다는 명분이 때로는 그럴듯한 명분이 되지만 근본 의도는 각자의 비밀 유지 때문이다. 하지만 심해지면 관계에 금이 갈 수도 있다.

흔히 부부 싸움 중에 "이혼 해" 라는 말을 쉽게 내뱉는 부부가 있다. 죽을 때까지 함께 하겠다는 약속으로 시작한 결혼이 헤어질 수도 있겠다는 마음이 들기 시작하면서 화가 나면 "이혼 해!" 라고 고성을 지른다.

이렇게 되는 것은 한 울타리 안에서 함께 사는 것이 아니라 각자의 울타리 안에서 살아가기 때문이다. 그것이 미리 받을 상처를 예방하는 것이고 서로에게 상처를 덜 주는 일이라고 여긴다. 그렇게 주장하지만 완벽하게 경계선을 유지하면서 사는가 하면 실제로는 그렇지도 않다. 왜냐하면 필요에 따라 상대방의 경계선을 넘나들고 자신의 감정에 따라 옮겨 버리기 때문이다. 기분 좋을 때는 타인의 경계선을 넘나들지만 기분이 나쁠 때는 완벽한 경계선을 긋는다. 왜 이런 현상이 생기는가?

이는 사회적으로 좋지 않은 면을 보게 되면서 자기 보호를 위해 취해진 방법이라고 보여진다. 하지만 이미 부부간에 선을 긋는다는 자체가 금이 가기 시작한 것이다.

그러므로 경계선은 최소한 일수록 좋다. 그러므로 부부는 경계선의 범위를 어느 정도까지 설정할 것인지를 서로 의논할 필요가 있다. 물론 부부는 발가벗고 만나는 사이이기 때문에 경계선 없는 것이 좋다. 하지만 그것이 상대방의 인격을 침해하거나 비난의 도구를 사용할 수 있기 때문에 미숙한 자들에게는 그것이 오히려 독이 될 수 있다. 가정폭력 같은 경우이다. 그런 이들에게는 최소한의 경계선이 필요하다.

최소한의 경계선은 부부가 의논해서 상식적이고 공평하게 규칙을 세울 필요가 있다.

아무리 사이가 좋은 부부라고 하더라도 상대방을 함부로 대하기 시작하면 한쪽은 피해를 받기 마련이다. 그런 피해를 사전에 줄이기 위해서는 서로 의견을 공유할 필요가 있다. 경계선은 사전에 상대방이 받을 상처를 미리 예방하는 정도만큼 필요하다.

경계선의 범위는 어디까지 인가? 경계선을 그어야 할 부분은 말, 양육, 가사 일, 돈, 몸, 품위 유지, 외모, 존중, 등이다. 부부 관계는 곧 경계선의 문제이다.

또한 과거와 경계선 선정도 중요하다. 과거에 집착해서 현재를 살아가지 못하는 이들도 의외로 많기 때문이다. 고로 스스로에게 이렇게 말을 해야 한다.

"그래 지난 날은 지난 일로 족해. 그때 나의 수준은 부족했어. 나는 그것을 인정해. 더 이상 과거 일을 가지고 현재를 망치지 말아야지"

이 말은 과거와 현재 사이의 경계선을 긋는 작업이다. 물론 과거가 있어서 오늘이 있는 것은 사실이다. 현재는 과거의 결과물이다. 과거로부터 자유로운 사람은 없다. 하지만 과거에 집착하여 과거가 현재를 망치도록 내버려 두어서는 안된다. 그 한도가 필요하다. 지금 현재를 충실하게 살아야 하기 때문이다. 그래야만 부부 관계에서 성숙한 경계선을 갖게 된다.

헨리 클라우드(Henry Cloud)는 "바운더리"라는 책에서 경계선을 세우는데 실패하면 다음과 같은 문제가 야기된다고 하였다.

## 우울증

경계선 구축에 실패 했을 경우이다. 자신을 통제하는 사람을 제지하지 못해서 생기는 현상이다. 그로인한 분노가 쌓이기 때문에 우울하게 된다. 우울증에는 분노와 자기 연민을 내포하고 있다.

## 공포

경계선의 문제가 있을 경우에 두려움에 사로 잡힌다. 그 두려움은 상대방을 잃어버리게 될 것에 대한 두려움이다. 그러기 때문에 누군가 원한다면 다 해주어야 한다고 생각하고 선을 긋지 못한다. 자신이 선을 그으면 그 후에 찾아올 후폭풍이 크다고 생각하는 것이다. 그래서 손해가 오더라도 어쩔 수 없다고 판단한다. 그러나 정작 경계선 없이 타인이 우리의 삶을 통제하는 것은 더 두려운 일이다.

## 원망

원망은 자신이 원치 않은 일을 당했을 때 나오는 감정이다. 그가 경계선을 제대로 긋지 못한 이유는 타인의 동정심을 불러일으키기 위해서 희생자 태도를 취했거나 그 일을 억지로 했기 때문이다.

## 소극적 공격형

자신은 경계선을 세울 힘과 용기가 없다고 여기는 경우이다. 이때는 매우 소극적이고 간접적인 저항을 한다.

예컨대, 할 일을 미루거나 또는 약속을 어기거나 아프다고 핑계를 대거나 중요한 일에 대해 실수를 하는 등이다.

## 희생양

희생 양이 되는 것을 반복하는 자가 있다. 이들은 오히려 희생양 자리가 자신 본래 자리인 듯 여긴다. 그래서 자신은 언제나 손해를 보는 것이 당연하다고 여긴다. 예컨대, 남편에 대해 구박을 받으면서 살아가는 여인이 있다. 그 생활을 오랫동안 해왔기 때문에 자신은 언제나 방안 구석에 쭈그리고 앉아 있다. 그러던 중 남편은 새로운 사람으로 변화 되었다. 남편은 부인을 위해 서비스를 베풀고자 해도 부인은 남편을 받아 들이지 않는다. 남편의 변화된 모습에 즐거워 해야 하는데 그렇지 않고 이

전의 생활 패턴을 유지한다. 즉, 변화된 현실을 받아 들이지 않는 것이다. 그가 희생양 자리를 지키기 위해서는 남편이 나쁜 사람이 되어야만 한다.

## 정체성 혼란

상대방과 자신을 구분하지 못하는 혼란스러운 자이다. 자신의 생각인지 남의 생각인지를 구분하지 못하고 남의 생각을 자기 생각인 것처럼 말을 한다. 이는 다른 사람으로부터 자신을 제대로 분리시키지 못한 사람이다. 이런 자는 다른 곳에서 들은 말을 배우자의 말보다 더 중시해서 그 말로 배우자를 정죄하거나 지배하려고 한다. 그 말은 자신의 생각에서 나온 말이 아니다. 남의 지시와 조종을 받아서 배우자를 조종하려는 시도이다. 간혹 외간 남자의 말을 받아서 배우자를 질책하는 아내도 있다. 이는 매우 심각한 일이다. 부부는 대화가 중요하고 서로 타협을 해야함에도 불구하고 아예 처음부터 배우자의 말을 부정하기 때문이다.

## 피학대증

이들은 배우자가 학대를 해도 선을 제대로 긋지 못하는 경우에 발생한다. 이들은 신체적, 심리적 고통을 당하지만 오히려 그것을 운명으로 여긴다. 심지어 고통과 수치심에 익숙해져서 그것에 대해 쾌감을 얻기도 한다. 그렇게 해서라도 가해자를 자기 옆에 두고 싶은 것이다.

이런 삶의 패턴과 행동이 자신을 망치고 있음에도 불구하고 그것을 버리지 못하는 이유도 그것으로 인해 약간의 만족을 누리기 때문이다. 그렇게 해서 관계를 유지하기 원하기 때문이다.

## 피해 망상증

피학대증과 반대로 약간의 피해를 받은 사실에 대해 예민하게 반응하는 자이다. 이들은 주변 환경과 가족으로부터 피해 당했다고 주장한다. 그래서 작은 상처를 확대해서 말한다. 이들에게 피해 당한 사실을 물어보면 이들은 말하기를 "그때 나는 그럴 수 밖에 없었어! 그때 나는 어렸거든 아무 것도 몰랐거든, 그때는 선택의 여지가 없었어!"라고 말한다. 자신에게는 아무 선택권이 없었다고 주장한다.

심지어 결혼한 이후에 그때 나는 아무 것도 몰라서 결혼했다고 과거 이야기를 되풀이하는 자가 있다. 몰랐다는 사실을 자랑하듯이 말을 한다. 이는 결혼에 대해 자기 책임이 아니라고 결혼을 회피하고 있는 것이다. 결혼 생활을 무책임하게 관리하여 그 가정을 망치면서도 책임을 회피한다. 가정의 책임자는 별도로 존재하는 듯이 말한다. 자기 책임은 인정하지 않는다. 이는 자신이 한 짓을 보지 않으려는 책임 회피이고 자신이 피해자라는 망상에 빠져 있는 것이다.

## 비난

비난도 역시 고통과 변화의 책임을 누군가에게 돌리는 것이다.

정확한 현실 인식과 더불어 판단하는 것은 필요하지만 상대방을 비난하므로 자신의 위치를 떠올리려는 행위이다.

비난도 역시 피해 망상증과 비슷하다. 비난을 통해 배우자에게 책임있다고 여기며 결코 자신은 변화하지 않는다.

## 과도한 죄의식

죄책감은 자신의 행위에 대해 선을 넘은 경우에 발생한다. 죄책감은 행위의 잘못을 알려주는 신호이다. 하지만 이것이 과다하게 발생했을 때는 죄책감으로 인해 스스로 설 수 있는 힘을 잃어 버린다. 과도하게 죄책감을 가진 자가 있다. 그는 자신을 문제있고 나쁜 사람으로 여긴다. 죄책감은 올바른 행동을 하게 할 수 있지만 과도한 경우에는 힘을 잃게 한다.

## 방향성 결여

경계선을 제대로 설정하지 못하면 방향과 목적이 상실된다. 마치 망망대해에 떠다니는 멍텅구리 배처럼 어디로 가야할지 방향을 잡지 못한다. 자신이 무엇을 좋아하는지 혹은 싫어하는지를 제대로 분간하기 어렵다. 이들은 무작정이라는 말이 어울린다. 또한 이들은 삶에서 아주 산만한 모습을 보인다. 이들이 주로 쓰는 용어는 대충이다. "내가 하다가 그만둔 일은 급한 사람이 알아서 하겠지" 하는 식이다.

이런 자는 의욕이 없어 보이지만 자신의 욕심을 위해서는 물불을 가리지 않는다.

# 약혼과 결혼

 대개 남자가 여자에게 청혼을 하면서 결혼을 한다. 주로 남자가 청혼하는데 그 이유는 남자가 적극적이고 주도적으로 선택했다는 인식에서 이다. 왜냐하면 만일 여자가 구애를 할 경우에는 여자가 애걸 했다는 생각에 자존심이 허락하지 않기 때문이다. 남자가 청혼하므로 자신은 마지못해 받아들였다는 인식을 얻고 싶어서 이다. 왜 남자가 결혼을 주도하는가?

**첫째, 남자는 판단력이 뛰어나기 때문이다.**

 남자는 무엇이 적합하고 부적합한 지를 어느 정도 명료하게 분별하고 판단한다. 여자도 배우자될 사람을 선택하지만 주로 애정에 의해 판단하기 때문에 자칫하면 감성과 충동성에 이끌리기 쉽다.

**둘째, 남자는 확신을 갖고 선택하기 때문이다.**

 결혼은 중대사이다. 그러므로 현명한 선택에 따른 확신이 필요하다. 확신을 갖게 되면 적극적으로 여자에게 청혼한다.

그리고 남자는 여자에게 정중하게 구애하는 것에 대한 책임을
진다. 아무래도 남자는 책임과 의무감을 가지고 살기 때문이며
자신의 선택에 대해 책임지려는 자세를 유지한다.

그런 면에서 여자가 배우자를 선택하는 것은 한정적이지만 남
자는 선택의 폭이 넓다.


**셋째, 남자가 여자에게 청혼을 하면 여자 입장에서는
남자의 간절한 구애에 정복당한 것을 명예롭게 느낀다.**
만일 여자가 남자에게 구애를 하게 되면 스스로 느끼기에 품행
이 없는 것처럼 느낀다.

그러면 처녀가 남자에게 청혼을 받으면 어떻게 하는 것이 좋
은가?

먼저 부모에게 자문을 구하는 것이 좋다. 왜냐하면 부모는 인
생에서 많은 남자들을 보았고 그 인격과 됨됨이를 명확하게 파
악하기 때문이다.

부모는 딸의 행복을 위해 염려하고 걱정한다. 딸은 경험이 부
족하고 배우자를 판단하는 지식과 사랑을 균형있게 저울질하
지 못한다. 배우자를 판단하는데 무지하다.

아직은 상대방 남자를 제대로 살필만큼 역량이 충분하지 않다.
상대방에 대한 지식과 정보를 가지고 올바른 결정을 하지 못하
는 이유는 애정이 먼저 앞서기 때문이다.

더구나 쉽게 성관계를 맺어버리면 감각적으로 흥분된 상태가

되어 사랑하지 않는 남자와 쉽게 결혼할 수도 있다. 이렇게 되면 순결을 정욕으로 바꾸어 버린 꼴이 된다. 그러나 이 부분마저도 현대 사회는 쿨하게 넘어가 버린다. 사랑과 결혼을 별개로 여기기 때문이다. 사랑은 하지만 결혼은 별개로 여기기도 하고 사랑이 없어도 결혼할 수 있다는 의식 때문이다. 연애와 결혼을 별도로 여기는 풍조 때문이다.

성관계는 단지 즐기기 위한 수단에 불과하고 결혼은 현실적 수단으로 이해하고 있다. 이는 세상이 변해서 지극히 현실적이라고 말할 수 있지만 애정과 관계없는 상태에서 결혼을 한다는 면에서 그만큼 인간성이 차가와 졌다고 말할 수 있다.

남녀가 상대방 부모로부터 청혼 승낙을 받은 이후에는 어떻게 해야 하는가?

이때는 반드시 서약이 필요하다. 스위스의 상담자 폴 투르니에는 "결혼 서약은 완전하고 결정적이고 무조건적이고 개인적이며 변할 수 없는 약속이다."고 말했다.

서약은 확인과 증명을 의미한다.

약혼식은 귀찮게 여겨서 넘겨버리는 경우가 많다. 그러나 어떤 형태로든 친구나 친척을 모아놓고 함께 하겠다는 다짐을 받는 것은 필요하다. 서약은 당신이 나를 사랑한다면 증표를 주십시요 라는 표시이다.

이때는 반지와 같은 예물로써 서약을 확인하는 일이 남는다. 서약은 사랑의 가시적인 증거이고 기념이다. 서약은 남녀가 애정을 가지고 하는 첫번째 약속이므로 어떤 선물보다 소중하다.

청혼 승락 뒤에 예물을 주고 받는 것은 고대로부터 내려온 관습이다. 예물을 주고 받은 이후에는 신랑 신부가 되었음을 공포한다. 예물은 약혼 전에는 혼인 승락의 확증이고 결혼 예식 후에는 하나됨의 확증이다.

## 청혼과 약혼 이후에는 무엇을 준비해야 하는가?

사실 이 부분이 가장 중요하다. 결혼식에 들어가기 전에 자신의 마음가짐을 새롭게 할 필요가 있다. 결혼 생활은 마음과 마음의 연합이기 때문이다.

**첫째, 부부 사랑을 준비해야 한다.**

그러기 위해서는 마음의 개방이 필요하고 성숙의 목표를 가져야 한다. 성숙하지 않으면 부부될 자격이 없다. 그래서 신부가 되기 위해 신부 수업을 받는 것이고 신랑이 되기 위해 준비를 해야 한다.

혼인을 소중하게 여기는 사람은 마음의 결합이 우선이고 육체의 결합은 나중이다.

사랑은 상대방을 위해 헌신이며 배우자와 하나됨을 사모함이다. 즉, 의지적 작업이다.

하나됨의 증가는 마음을 활기있게 할 뿐 아니라 소망을 가져다 준다. 그러나 결혼을 두고 육체의 결합만을 생각하는 사람은 정욕으로 인해 신성한 부부됨을 모독시켜 버린다.

이들은 먼저 육체 관계를 하고 이미 엎질러진 물을 주어 담을 요량으로 서둘러 결혼하고는 이후 결혼 생활을 지옥같이 보낸다. 이렇게 하면 결혼의 질이 떨어질 것이 분명하다. 실제로 그런 이들이 많다. 현대 사회는 그런 일이 일상화 되었지만 그것이 순서가 아님을 인식해야 한다.

중요한 것은 결혼을 신성하게 여길수록 결혼 생활에 행복이 옴을 깨달아야 한다. 결혼을 하나의 겉치레로 여기는 자들은 이미 자체적으로 결혼을 모독한 것이다.

그러나 청년의 정욕으로 결혼을 시작했다고 할지라도 늦게라도 마음의 소중함을 깨닫고 새로운 마음으로 출발한다면 부부 연합의 깊이를 더 확장할 수 있다. 사랑의 깊이는 점차적으로 증가한다.

마음의 영역에는 높은 영역이 있는가 하면 낮은 영역이 있다. 초기 부부는 처음에는 수준 낮은 데서 출발했지만 더 높은 영역으로 나아가야 한다. 높은 영역은 선용이다.

선용의 단계 즉, 상대방에게 유익하게 하고자 하는 의도로 발전해야 한다. 다시 말해 부부는 행실을 바르게 하는 것 뿐만 아니라 배우자를 유익하게 하는 방향으로 발전해야 한다. 바르게 산다는 것은 깨끗한 양심으로 사는 것을 말한다.

부부 사랑을 보존하고 유지시키는 궁극적인 힘은 깨끗한 양심이다. 서로 양심을 지킨다면 최상의 부부이다.

고로 자신의 말과 행동이 배우자에게 양심적으로 걸린다면 스스로 돌이켜야 한다. 양심을 잃어버리고 상대방을 경멸하게 되고 태만이 시작되어 차가운 냉기가 흐르게 된다.

 결국 사랑은 높은 데로 전진하지 못하게 되면 결국 낮은 수준에서 빙빙 돌게 된다.

## 마음의 준비가 되었으면 무엇을 해야 하는가?

 혼인 예식이다. 예식은 반드시 있어야 한다.

 혼인 예식은 남자와 여자가 몸과 마음의 새로운 시작이다.

 마음은 섹스를 통해 육체에 전달되어 배우자의 상태를 옷 입게 된다. 고로 섹스는 마음이 전달되는 통로이다. 섹스는 마음이 하나 되게 하는 수단이다. 그래서 남녀는 섹스한 이후에 급속도로 가까워 진다.

 혼인 예식은 서로가 한 몸을 입겠다는 공개된 선포이다. 혼인 예식을 통해 서약을 하는데, 이로써 처녀가 아내가 되고 총각이 남편이 된다. 예식으로 새로운 상태 변화가 이루어진 것이다.

 혼인 예식은 신성할수록 좋다. 주례자는 종교적인 분들이 주례하는 편이 좋다. 혼인 예식을 종교인이 해야 하는 이유는 혼인은 하늘이 맺어준 인연으로 믿기 때문이다.

 혼인 예식을 통해서 일가 친척과 증인들 앞에서 서약하고 공포한다. 이는 결혼의 신성한 의무를 공개적으로 지키겠다는 서약이다. 이런 서약을 기초로 자녀를 낳을 권리가 합법화 된다.

 결혼식 이후에는 피로연이 따른다. 피로연에는 신랑과 신부,

하객들이 함께 모여 혼인의 기쁨을 만끽한다. 이때는 함께 음식을 나누면서 덕담을 나누고 축복해 준다.

피로연으로 마음의 기쁨을 하객들과 같이 나누고 혼인의 즐거움에 젖는다. 사랑은 가슴에서 시작되어 몸으로 흘러든다. 마음은 축하로 충만하고 그 기쁨에 흠뻑 취한다.

혼인 예식이 끝난 이후, 부부 관계를 통해 육체의 결합과 함께 마음으로 상대방을 사랑하는 것을 느끼게 된다.

몸은 마음의 명령을 수행하는 외적인 틀이다. 중요한 것은 마음이 육체의 주인이라는 것이다. 그러므로 혼인을 소중하게 여기고 순수한 마음으로 순결함을 유지하면 육체도 같이 깨끗해진다. 마음이 불결하면 외적 행위가 불결해지기 때문이다.

마음이 정결 할수록 부부 사랑은 더 강렬해지고 마음이 불결할수록 그나마 초기에 가졌던 사랑마저 박탈된다.

사랑의 온기는 순결과 비례적으로 진전하기 때문이다.

부부 사랑의 방식은 어떤 형태로든 계속 진전한다. 목적은 원인을 거쳐 결과에 이른다. 목적이 잘못되면 결과도 그와 같다. 진정 배우자를 마음으로 사랑하는 목적을 갖고 있다면 그에 따른 결과는 선용이다. 하지만 사랑의 목적없이 단지 결혼 자체가 목적이라면 그 결과는 사랑 상실로 서로 지치고 말 것이다.

이때 부부 사랑은 마음을 황폐하게 만들고 정신적 기근을 가져와 바짝 마른 황폐한 논두렁과 같이 된다. 그 처절한 비극적 결말을 당해본 자는 이미 경험해 보았을 것이다. 이같은 현상은 남자와 여자가 혼인의 질서 즉, 마음의 연합을 무시하고 감각적이고 쾌락적인 데 목적을 두고 집착했기 때문이다.

고로 건강한 부부 생활을 하고자 한다면 스스로 자문해야 한다. "나는 진정 무슨 목적을 가지고 결혼 했는가?"

이성을 잃어버리고 쾌락을 목적으로 혼인 관계가 시작 된다면 부부 상호 간에 마음의 결합은 사라지고 결국 껍데기만 남은 무미 건조한 상태가 되고 만다. 이는 사랑이 고갈되었기 때문이다.

## 혼인의 질서는 하나의 상태를 만들어낸다.

인간은 언제나 궁극적인 상태를 만들어 내는 존재이다.

씨나 묘목은 나무가 되어 간다. 사람은 살면서 지혜가 쌓이고 정치가는 사리 분별이 쌓이고 학자는 학문, 종교인은 하나님을 바라 보고 그에 맞는 신앙이 형성되고 아이는 성인이 되어 간다.

부부가 만나서 오랜기간 동안 살아가면서 매순간마다 상태를 이루는데, 그 상태는 인격이라고 말할 수 있다.

부부는 인격으로 인해 고성과 싸움이 오고 가는데, 미움이 극에 달한 경우에는 한 방에서 함께 숨 쉬고 있다는 사실조차 견디지 못해서 파국에 이른다.

부부는 상태의 품질이 형성된다.

각 부부의 상태는 신혼, 중년, 노년 시기를 거치면서 각 시기마다 달라진다. 상태는 곧 인격의 품질이다.

신혼 시기에는 열정적 애정의 단계이다. 중년 시기에는 애정의 단계를 지나서 협상 단계에 도달한다. 노년 시기에는 우정의 시기로 이어 진다. 부부의 여정은 애정으로부터 시작해서 우정으로 결말을 맺는다. 이를 끈끈한 정이라고 표현한다. 애정에서 우정으로 이어지지만 친밀감은 더욱 깊어져 간다.

부부는 발달 단계에 따라 인격의 질이 달라진다. 삶이 계속되면서 그때마다 맺는 열매가 있다. 중요한 것은 상태는 진화하지만 어떤 인격인가 하는 것은 본인의 책임이다. 고로 자신 스스로 인격을 만들어 나감을 알아야 한다. 내 인격은 나의 것이기 때문이다. 타인에게 영향을 받지만 자신이 가꾸어야 한다.

심리학자 구스타프 칼 융은 "인생의 전반기는 에너지가 외부 세계로 향하게 되고 후반기는 이 에너지가 내면으로 향하게 되어 정신적인 가치와 영적인 가치를 추구하게 된다" 고 했다.

시간이 흐르면서 내면의 정신적 가치를 소중하게 여기게 된다는 말이다. 부부 사이도 마찬가지이다. 부부 간에 마음의 소중함을 알게 되면서 점차적으로 성숙하게 된다. 부부 사이의 열매는 마음에서 결과된다. 결론적으로 부부는 상태를 만들어 낸다.

# 부부의 필요

 사랑에는 열정과 헌신, 친밀감이 들어 있다. 사랑은 나무가 자라고 성장하는 것같이 성장하고 확장된다. 사랑은 결과가 아니라 끊임없는 과정이다. 그 과정은 도대체 알 수 없는 과정이다.
 동화책에 등장하는 말처럼 "그 후로 왕자와 공주는 행복하게 살았더라"와 같은 해피 앤딩은 없다.
 결혼식은 시작에 불과하다. "신랑 신부 출발" 이라는 구호와 함께 둘은 사랑을 안고 새로운 인생 길로 나아간다. 그 길은 장미꽃잎이 깔려 있는 길이 아니다. 험한 계곡 길이다. 신랑은 망원경을 보면서 길을 안내하고 신부는 신랑에게 먹을 것을 공급하면서 그들은 그 길을 나서야 한다.
 부부는 도착지가 없는 은하 철도 999 기차처럼 계속 달려가야 한다. 그 열차는 지속성이 있지만 결코 멈추지 않는다. 때로는 엑스타시를 경험하기도 하지만 많은 위기와 갈등을 겪기도 한다. 오랫동안 부부 열차를 타고 가다 보면 수많은 갈등이라는 정거장을 통과하면서 갈등 협상 능력이 키워지기도 한다.

갈등 없이는 협상도 해결도 없다.

이 과정에서 부부는 서로를 책임지려는 자세가 필요하다. 그렇지 않으면 미숙한 부부일 수 밖에 없다. 책임의 한계는 성숙과 미숙을 재는 잣대이다. 미숙한 어린아이들은 자신의 행위를 책임지지 않는다. 하지만 어른이라면 자신의 한 일에 대해 책임을 진다.

책임을 지고자 하는 자세에서 사랑이 발전한다. 사랑에는 운명적인 몸부림이 있고 예기치 않았던 순간이 있으며 때로 배신도 있고 눈물 골짜기를 지나기도 하고 성장을 위한 고통의 시간도 있다. 상상하는 사랑이 이루어지는 예는 없다. 누구나 그런 기대를 하면서 사랑하지만 시간이 지나고 보면 결코 그렇지 않다는 것을 배우게 된다.

예일대학교 로버트 스턴버그는 부부에게 필요한 세 가지 사랑의 삼각형 모델을 말했다. 그것은 열정, 친밀감, 헌신이다. 그러나 한가지 빠진 것이 있다. 나는 여기에 용서를 포함하고 싶다.

## 용서

용서는 부부 관계를 회복시키는 만병 통치약이다. 어떤 상처와 고통도 용서의 힘 앞에서는 맥없이 무너지고 만다. 그만큼 용서의 힘이 강력하다. 용서는 부부 사이에 벌어지는 아픔을 치유하는 약이다. 부부가 갈라설 위험에 처했다면 상대방에게 다가가서 용서를 빌어보라. 그러면 막혔던 부부간의 원망과 실망을 깨끗하게 치유해 줄 것이다. 당신이 용서를 베풀었다면 당신도 용서받을 기회를 저축하는 것이다.

용서는 부부 사이를 세우는 강하고 안정된 힘이다. 용서는 피해자가 가해자에게 베푸는 은혜이다. 가해자는 용서할 자격이 없다. 피해자가 용서하지 않으면 오히려 피해자에게 불안, 불면증, 분노, 우울, 울화통, 절망감이 찾아오게 되어 더욱 피해를 증폭시킨다. 용서하는 길만이 자신이 살 수 있는 길임을 인정해야 한다.

용서의 정의는 무엇인가? 용서는 상대방과 화해하는 것이 아니다. 또 상대방이 자신에게 엎드려 잘못을 비는 것도 아니다. 용서는 상대방의 의도와는 관계없이 "상대방을 미워하지 않고 잘되기를 바라는 것이다." 그러므로 용서는 상대방 없이도 가능하다. 비록 상대방에 찾아와 잘못을 빌지 않더라도 용서할 수 있다. 어렵지만 해 보라. 그러면 모든 얽혀진 결박에서 풀려남을 느낄 것이다. 용서만이 자유하게 해준다. 부부에게는 반드시 용서할 준비가 필요하다.

## 열정

열정은 감각을 부추기는 타오르는 불길과 같다. 사랑의 열정을 가질 때 감각이 살아난다. 사랑의 열정은 목소리가 높아지고 온몸이 짜릿 달아오르고 꿈꾸는 것 같은 기분이고 세상이 달라져 보이고 마치 하늘이라도 날아오를 것 같다. 열정이 가득할 때는 기분이 흥분되어 노래와 시를 읊조린다. 열정은 감각이 달아올라 숨이라도 막힐 것 같은 느낌이 차오르게 되어 환상 세계 속에서 사는 것 같은 느낌을 가져다 준다.

 열정이 있으면 상대방에게 뭔가를 도와주고 싶은 강렬한 욕망이 올라온다. 특히 남자들은 자신의 수고한 댓가로 받은 돈을 주고 싶어 한다. 여자는 배우자의 아이를 낳고 싶다든지 따뜻한 음식을 해주고 싶은 마음이 생긴다. 이때는 약간의 자극에도 성적으로 강렬한 욕구가 느껴지고 신체는 매우 육감적이 된다. 그래서 두 사람을 몰두하게 만든다. 이때는 서로에 대한 매력에 빠져서 황홀감을 느낀다.

 그러나 자칫하면 경계선을 넘어설 수 있는 가능성이 있다. 열정은 자칫 무작정 덤비게 되어 어리석은 실수를 범한다. 열정만으로는 미숙한 사랑에 머물게 된다.

 그러므로 열정이 무모하게 진행되지 않게 하려면 규칙이 있어야 한다. 열정을 갖되 규칙이 함께 해야 한다. 규칙은 다음과 같은 것이 있다.

첫째, 부부가 토론하여 정한 행동 규칙이다.

 식사 준비, 자녀 양육, 학원, 집안 청소, 세금 납부, 가사 분담 등을 서로 분담하여 정하는 것이다.

둘째, 특별히 정해진 규칙없이 사는 경우이다.

 주로 필요할 경우에 아내가 부탁해서 남편이 움직이는 경우이다. 부부가 솔선 수범할 경우에는 좋은 관계를 유지할 수 있다.

그러나 둘 다 직장 생활을 하기 때문에 가사에 신경을 쓸 겨를이 없을 경우는 둘 다 미루어 버리게 된다. 그러면 한쪽은 규칙에는 없지만 눈에 보이는 대로 처리해야 한다. 이때는 열정과 함께 수고를 해야 한다. 그렇지 않으면 한쪽이 매우 혼란스러워하며 심지어 손해 본다는 느낌이 들 수 있다.

대부분 규칙 없이 살아가는 경우에는 솔선 수범하지 않으면 안 된다. 둘 중 하나라도 게으르면 기울어진 운동장처럼 한쪽이 손해 본다는 느낌이 들 수 있다.

세 번째, 그러면 누가 규칙을 만드는가?

주로 "이렇게 합시다. 이 일은 당신이 하고 저 일은 내가 할게"라고 규칙을 만드는 쪽이 아내인 경우가 많다. 규칙은 범위를 정하는 것이다. 그 범위를 규정 한다고 해서 지배 당하는 것은 아니다. 관계의 범위를 정하는 것은 가사 일을 합리적으로 하자는 의견이다. 배우자를 지배하는 것과 다르다.

이것은 "어디까지는 내 영역이고 어디까지는 당신의 영역이예요"라고 말하는 것이다.

## 친밀감

가족은 친밀감에 기초한다. 친밀감은 매우 가깝게 느끼도록 만들어 준다. 부부에게 친밀감은 결혼 생활에 친절함과 따뜻함을 채워준다. 친밀감은 서로를 이해하고 포용하는 능력이다. 어떤 문제를 만나더라도 친밀감이 있으면 문제를 이길 수 있다. 친밀감이 없으니까 작은 일에도 화를 내고 확대 해석하여 상대방을 미워하거나 이혼하겠다는 말을 꺼내게 된다. 부부 사랑의 방해물은 친밀감의 결핍이다. 사랑에 친밀감이 없다면 불장난에 불과하다. 친밀감이 없으면 한 지붕아래 살지만 각자 인생을 사는 것과 같다.

존 브래드 쇼(John Bradshaw)는 '창조적인 사랑' 에서 다음과 같은 친밀감을 말했다. 성적인 친밀감 (에로틱한 친밀감이나 오르가즘적인 친밀감), 정서적 친밀감 (공감, 경청), 지적인 친밀감 (아이디어를 나눔), 심미적 친밀감 (아름다움의 경험 공유), 창조적 친밀감 (같이 창조하는 경험을 공유), 오락적 친밀감 (같이 재미있는 일을 공유), 일 친밀감 (공통의 과제 수행), 위기에 있어 친밀감 (문제나 고통에 직면하기), 갈등에 있어 친밀감 (차이에 대해 직면하고 투쟁하는 것), 헌신에 있어 친밀감 (공공의 이익을 위한 상호적인 노력), 영적 친밀감 (궁극적 관심사 공유), 의사소통에 있어 친밀감 (모든 친밀감의 기초가 됨) 이다.

## 어떻게 부부가 친밀감을 쌓을 수 있는가?

우선 친밀감을 위해서는 부부가 시간 활용과 대화를 많이 해야 한다. 시간은 친밀감과 비례한다. 부부간에 시간 활용을 아까워 하지 말라. 부부가 된다는 것은 시간을 같이 하겠다는 의미이다. 또 공통 취미 생활을 하므로 친밀감을 높일 수 있다.

집에 와서는 피곤하다고 소파에 눕거나 T.V에만 고정하지 않아야 한다. 친밀감은 부부가 함께 하므로 높아진다는 점을 인식하라.

 부부가 친밀감이 떨어졌다고 생각하면 잠시 부부가 여행을 다녀오는 것도 좋은 방법이다. 여행하면서 새로운 경험을 공유하면서 대화한다면 친밀감은 더욱 높아질 것이다.

## 헌신

 헌신은 사랑의 의지적인 차원이다. 직접적으로 희생하고자 하는 결단이다. 헌신은 배우자와 결합하고자 하는 작업이다.

 헌신은 결단에서 시작된다. 헌신은 열정의 불이 꺼질 때에도 사랑을 더욱 확고하게 만든다. 만약 헌신 없는 사랑은 맹목적 사랑에 빠질 위험성이 있다.

 헌신은 배우자가 사랑을 표현하는 방법이다. 이는 다른 사람에게 가지 않고 배우자와 일생을 함께 하겠다는 약속을 행동으로 보여주는 것이다.

 존 브래드 쇼는 '창조적인 사랑' 에서 배우자에 대한 헌신에 대해 다음과 같은 결단이 필요하다고 말했다.

· 부부 생활에서 자신은 계속 배우고 성장할 것과 배우자의 성장을 지지할 것

· 상대방을 인정해주고 인내하며 용서하고 갈등에 대해 협상할 것

· 둘 사이의 관계에 있어 역할과 규칙을 만들고 준수할 것

· 배우자가 병들었을 때나 건강할 때나 혹은 좋을 때나 나쁠 때 지켜줄 것

· 둘 중의 하나가 정신적으로 건강하지 못해서 전문가의 도움을 요청하면서까지 문제를 해결하기 위해 실제적인 노력을 기울였는데도 불가능하다면 둘의 관계를 정리하기 위해 협상할 것

· 자녀는 갖거나 입양할 것

· 자녀의 발달적 의존 욕구를 보이는 시기에 일어나는 갈등을 다루기 위해 시간과 노력을 투자할 것

· 자녀가 부부 문제로 인해 극심한 어려움을 겪는 경우에만 이혼할 것

우리가 알아야할 사실은 이 중 한 가지를 잘 실천한다고 해서 헌신을 잘 한다고는 할 수 없다.

## 부부 사랑에는

부부는 언제나 배우자로부터 사랑을 확인받고 싶어 한다. 그러나 말로 사랑한다는 표현하기를 쑥스러워하는 부부가 많다. 그래서 상대방이 과연 나를 사랑하는가? 하는 의구심이 들 때도 있다. 그러나 만일 배우자가 뭔가를 주고자 한다면 사랑이라고 믿는 편이 좋다. 예컨대, 남자들은 돈을 위해 삶의 현장에서 뛰고 있다. 그래서 아내에게 돈을 속이지 않고 준다면 그것은 아내를 사랑한다는 증거로 받아들이는 편이 좋다. 남편이 아내에

게 돈을 가져다 주는 것은 헌신이다.

 아내가 남편에게 "당신은 왜 사랑한다는 말이 없냐?" 고 불평하고 있다면 그말을 들은 남편은 아내가 자신을 의심하는 것 아닌가 하는 마음이 들 수도 있다. 그래서 남편들은 말한다.

 "그것을 꼭 말로 해야되나? 이제 사랑 타령은 그만 좀 하지 피곤하니까"

 고로 상대방이 짜증나지 않도록 조심할 필요가 있다. 오히려 작은 성의에 감동을 받도록 하는 것이 좋다. 예컨대, 상대방이 작은 일에 애쓰는 수고가 너무 고맙고 감사해서 "사랑한다" 소리가 저절로 나오도록 하는 편이 낫다.

 열정, 친밀감 헌신을 분석해 보자.

 친밀감과 열정이 있는데 헌신이 없다면 낭만적인 사랑에만 그친다. 헌신이 없으면 철없는 부부라는 말을 들을 것이다.

 열정과 헌신은 있는데 친밀감이 없다면 어리석은 사랑에 머물 것이다. 이는 무작정 덤비는 사랑이고 미성숙한 사랑이다

 친밀감과 헌신은 있는데 열정이 없다면 무덤덤한 정에 그칠 수 있다. 과거 먹고 살아가기 힘든 시대에는 배우자에게 열정 쏟는 것을 부끄러워했다.

 그러므로 우리는 열정, 친밀감, 헌신과 함께 용서를 배분하도록 하자.

## 필요 충족하기

126

▷ 열정 채우기

※ 의미 있는 스킨십을 자주하라.

※ 가슴으로 안아주라.

※ 새로운 경험(여행, 데이트 등)을 계획하라

※ 배우자를 매일 칭찬과 격려해 주라


▷ 친밀감을 키우기

※ 시간을 함께 보내라

※ 배우자의 감정을 반영하라

※ 수용과 용납을 실천하라

※ 공통되는 점을 찾고 맞장구를 쳐주라.


▷헌신하는 법

※ 헌신의 높은 가치를 생각하라

 비록 부부가 엄청난 일을 경험했더라도 이혼 하겠다는 생각
보다 그럴지라도 끝까지 지속 하겠다는 각오가 더 중요하다.

※ 배우자의 스트레스와 긴장을 풀어주도록 하라.

 배우자의 잘못 때문에 이혼하기 보다 끊임없는 비난으로 더 이
상 견디지 못하고 이혼 한다는 사실을 알라. 이혼은 어떤 사건
보다 그것을 풀어나가는 과정이 더 위험하다는 것을 인식하라.

# 용서하기

이제 부부가 되어 새 출발을 하였다면 마음에 깊이 새겨야 할 덕목이 있다. 그것은 어떠한 형편과 사정에도 상대방을 '용서' 하겠다는 결심이다.

용서는 부부에게 선택 사항이 아니고 필수 임을 기억하라. 그래야만 부부가 죽음에 이르는 순간까지 이어질 수 있다. 상대방을 용서하지 못하고 중도에서 헤어지는 부부가 얼마나 많은가? 그만큼 용서가 어려운 것이다. 하지만 용서는 작은 일이든 큰일이든 부부 생활에서 반드시 가져야 할 중대한 사안이다.

우리는 상대방을 용서하기 전까지는 늘 원망과 분노 속에서 살아야 함을 알아야 한다. 그 원망과 분노는 평화를 깨뜨리고 결국 자신을 망가뜨리는 일이기도 하다. 용서는 모든 병을 치유하는 만병통치 약이다. 진실로 그러하다.

미국 테네시 대학(The University of Tennessee)에서는 부모나 사랑하는 연인에게 상처를 받은 107명을 대상으로 인터뷰했다. 상처받은 기억을 되살려 보고는 혈압과 맥박, 근육 긴장,

땀 분비량을 측정했다. 용서한 사람은 그렇지 못한 사람에 비해 혈압, 근육 긴장, 맥박이 낮아졌다고 보고 하였다. 만일 부부 사이에 상대방을 용서하지 못하면 모든 문제의 원인을 상대방에게 돌린다. "저 인간 때문에 내 신세가 이렇게 되었다"고 한탄한다.

그리고 한탄과 함께 분노가 머리끝까지 차오른다. 그리고 매일같이 그것을 떠올리며 비관하면서 인생을 살아간다. 그렇게 아까운 시간을 허비한다.

그러므로 우리는 용서를 선택하고 평안을 유지하면서 살아가든지 용서를 버리고 원망과 불평속에서 살아가든지 둘 중 하나를 선택해야 한다.

위스콘신 대학교 메디슨(University of Wisconsin-Madison)은 "개인이 용서했다고 느끼는 양과 앓고 있는 병의 양은 정비례한다. 용서한 자는 그렇지 못한 사람에 비해 병리 현상을 훨씬 적게 경험하며 만성적 질병도 적다고 하였다."

## 용서해야 하는 필요

흔히 우리는 "부부 간에 용서 못할 일이 어디 있나?"라는 말을 듣는다. 그 말을 들을 때 피해자들은 이렇게 대답한다.

"본인이라면 용서하겠는가?"이다. 그만큼 용서가 어렵다는 반증이다.

그 이유 중의 하나는 용서는 피해자가 가해자를 향해서 베푸는 은혜이기 때문이다. 고로 용서는 피해자를 위한 것이다.

가해자는 용서를 비는 것이지 용서하는 것은 아니다. 용서받을 권리는 존재하지 않는다. 용서받을 만하다면 용서받을 필요가 없다. 용서는 결코 가해자를 위한 것이 아니다.

가끔 용서를 말하면 "그런다고 저질러진 과거가 본래대로 가겠느냐?"는 말을 한다. 그 말은 맞다. 용서한다고 과거를 바꿀 수는 없다.

고로 용서하는 자는 그것을 인정해야 한다. 이미 벌어진 과거를 바꿀 수 없음을 인정해야 한다. 그러나 과거 그대로 돌려받지는 못해도 그보다 미래 성숙한 인생을 받을 수는 있다. 만일 당신이 용서하지 않는다면 당신에게 되돌아 올 수 있다. 사대방도 당신을 용서하지 않을 것이다. 그것은 당신에게 매우 위험한 일이다.

용서는 과거에 매이기보다는 미래를 위해서 현재를 새롭게 시작하는 것이다. 즉, "나의 과거는 망가졌지만 오늘과 미래는 파괴할 수 없다는 자기 선언이다"

또한 용서한다고 기분이 좋아지거나 갑자기 없던 것이 생기는 것도 아니다. 용서한다고 갑작스럽게 감정이 좋아지지 않는다. 하지만 용서해야 하는 이유는 본인 자신이 살기 위해서 라는 사실을 이해하라. 용서가 좋아서 하는 것이라기 보다 용서하지 않으면 본인 자신이 구렁텅이에서 헤어나지 못함으로 하라는 말이다.

실제로 우리는 용서할 수 없는 끔찍한 일에 대해서 용서한 자들이 마음의 평화를 되찾았다는 말을 듣는다. 그 말은 용서하기까지는 고통으로 힘들었지만 일단 용서한다면 그에 따른 보상이 있다는 뜻이다. 즉, 내적인 위로와 평화가 온다. 그러나 용서하지 않는다면 그에 따라 또 다른 피해를 겪게 되어 이중적인 고통을 겪는다. 그러나 용서하기란 말만큼 쉽지 않다. 왜냐하면 용서는 지극히 현실적이기 때문이다. 용서는 그냥 참는 것이 아니고 결단이 필요하다.

우리는 용서를 배우기 전에 확실하게 알아야 할 사실은 "내 마음은 나의 것"이라는 사실이다. 마음의 주인은 바로 나이다. 고로 내 마음은 내가 조종해야 한다. 내 마음의 기분을 가해자의 뜻대로 내맡기지 말라.

이것은 오히려 가해자에게 피해 당했음에도 가해자의 처신을 기다리는 꼴이다. 그래서 용서가 더욱 어려운 일이다.

용서는 본인이 자발적으로 용서하려는 마음을 먹어야만 해결될 수 있다.

본인이 마음먹지 않으면 절대로 용서는 찾아오지 않는다. 그런 면에서 용서는 선택이다. 용서하겠다는 마음의 선택이다.

우리는 용서는 특별한 이들만 할 수 있는 것이라고 착각하기 쉽다. 하지만 그렇지 않다. 용서는 누구나 할 수 있는 것이며 이는 자신을 치유하고자 하는 열망과 함께 억지로 라도 실행에 옮길 수 있어야만 한다.

## 이해되지 않더라도

 용서는 논리적으로 이해가 되어서 용서하는 것이 아니다. 이해되지 않기 때문에 용서하는 것이다. 만일 이해가 된다면 그것은 협상에 불과하다. 도저히 이해 불가한 일이 있는가? 그렇다면 이제 용서만 남았다고 생각하라. "아직도 혼란스럽고 도저히 이해되지 못했는데 어떻게 용서해요?" 말할 수 있다. 아마 그것은 사는 날 동안 영영 이해되지 않을 수도 있다.

 지금 당장 이런 일을 왜 당해야만 하는지 알 수 없다면 앞으로도 이해되지 않을 것이다. 우리가 이해 되어야만 용서할 수 있는 게 아니다. 이해는 용서한 이후에 찾아오는 손님과 같다.

 만일 이해할 면을 찾으려고 한다면 질문만 하다가 끝날 것이다. 곧 지쳐 버리고 말 것이다.

## 용서하지 않는 이유

 왜 부부간에 용서하지 못하는가? 부부가 용서하지 못하는 이유는 고개를 숙이는 것이 싫은 이유에서 이다. 즉, 자존심이다.

 그들은 이렇게 말한다. "피해 당한 것은 바로 나인데 왜 내가 저 사람에게 고개를 숙여야 해요? 저 사람이 잘못 했잖아요. 잘못한 것은 저 사람인데 왜 내가 용서를 해야 해요? 만약 내가 용서해 주면 오히려 큰소리 칠거예요. 나는 그 꼴을 보고 싶지 않아요. 저 사람이 꼴 사납게 당당하게 나오는 것을 눈뜨고 도저히 볼 수 없어요."

만일 상대방을 용서하면 자신이 더 비참한 느낌이 들기 때문이다. 저 사람이 문제인데 왜 내가 낮아져야 해! 하는 마음이다.

한마디로 자존심이 무너지는 느낌이다. 이런 생각은 마음속에 "상대방이 잘못했다(You are wrong)"는 판단과 정죄감이 있기 때문이다.

**첫째 내가 너보다는 낮다는 생각이다.**

상대방을 인정하지 못하겠다는 인식이다. 차라리 상대방이 폭삭 망하는 것을 보고 싶은 것이다.

상대방이 망하면 속이 시원하겠다는 좁은 생각에서 이다. 과연 그럴까? 부부는 이미 본인이 원치 않아도 한 몸이 되었다. 그것을 잘라내는 것은 이혼 밖에는 없다. 아직 부부인데 상대방이 망하는 것을 보고 싶은가? 그러면 자신은 어떨 것 같은가? 과연 속이 후련할까?

**둘째는 상대방을 믿지 못함이다.**

"이제 당신이 콩으로 메주를 쑨다고 해도 못 믿겠다. 당신은 이미 신뢰를 잃어버렸어. 그러니 이제 나보고 어쩌라고..나는 더 이상 당신을 믿지 못해"

이 말은 상대방을 믿지 않기로 작정한 듯 보인다. 하지만 우리의 일생을 돌아보면 과연 자신은 그렇게 옳은가? 하는 물음이다. 지난 날들을 돌아보면 우리는 그동안 누군가에게 상처를 입혔고 나 때문에 가슴 아파 하면서 울었던 이들도 있다.

부모, 형제가 그랬고 앞으로도 나로 인해 가슴 아파할 사람들도 있을 수도 있다. 우리는 단지 그들이 말을 하지 않았기 때문에 모르는 것 뿐이다. 그러니까 언제 무슨 일이 닥칠지 모른다. 지난 날들이 그렇게 순조롭게 살아온 것 만은 아니다. 이제까지의 우리 삶이 실수 투성이였음을 스스로 깨달아야 한다.

**셋째 용서하면 나만 손해 보는 것이라는 생각이다.**

"나는 용서할 수 없어. 내가 용서하면 저 사람만 이익이지 나만 손해 볼 수는 없잖아. 그럴 수 없어."

과연 그러한가? 부부는 한 곳을 바라보면 한쪽 발을 묶어서 발 맞추어 걸어가는 삼각끈 경기와 같다. 부부는 그렇게 살아간다. 한쪽 발이 아프면 다른 한쪽도 제대로 걷지 못하고 절룩거린다는 점을 이해하라. 그 발에 묶인 끈을 풀 수 없다면 결국 발을 맞추어야 한다. 다른 길은 없다. 용서하는 수 밖에 없다.

그러니 용서가 얼마나 중요한가? 그래서 용서는 선택 사항이 아니다.

## 용서의 정의

Enright와 Educational Psychology Study Group은 용서란 '피해를 준 사람에 대한 부정적인 감정과 판단을 극복하는 것으로 이는 이러한 판단과 감정을 가질 권리를 부인하는 것이 아니라 상대방이 그럴만한 자격이 없음에도 불구하고 상대를 자비, 동정심, 심지어 사랑으로 대하려고 노력하는 인지, 정의, 행동적 반응의 복합체'라고 이해하였다.

Enright 등의 정의에 의하면 용서에는 상대에 대한 부정적 정서(분노, 미움, 증오, 원한, 슬픔 등), 판단(비난, 비판 등), 행동(복수, 처벌 등)이 사라지고 긍정적 정서(부정적 감정의 소멸, 동정심, 사랑 등), 판단(비판단적, 상대가 잘되기를 바람 등), 행동(도움을 주고자 함, 화해하고자 함 등)이 나타나는 반응이 포함된다.

이러한 관점에서 볼 때 용서는 상처를 준 사람에 대해 갖는 부정적 판단, 감정, 행동 반응이 사라지고 상대에 대해 긍정적 사고, 감정, 행동 반응을 하는 것으로 정의할 수 있다

이 말은 용서는 과거의 상처를 지워 버리는 것이 아니고 잘못의 결과와 더불어 살기로 결정하는 것이다. 용서하든 하지 않든 더불어 같이 살아가야 한다.

우리가 알아야 할 사실은 용서는 피해자의 선택이라는 점이다. 그러니까 용서는 피해자의 손에 달려 있다. 그리고 선택은 당신 자유이다.

## 용서 선택의 유익함

첫째, 용서를 통해 얻는 가장 큰 유익은 마음에 평정심을 찾는 것이다. 이전과는 다른 새로운 삶을 돌려 받게 된다. 더 이상 과거에 얽매이지 않는다.

둘째, 용서를 통해 이제는 다른 사람을 도울 수 있다.

자신처럼 마음 아파하고 고통당하는 이들에게 위로와 조언을 해줄 수 있다. 당신의 고통을 이겨낸 과정을 이야기해 주면 그로 인해 많은 사람이 힘을 얻는다. 그것으로 타인에게 사랑과 배려를 선사할 수 있다. 하지만 과거 상처에 묶여 있으면 그로 인해 주변인들이 더 고통스러워 한다. 고통받는 건 나에게 상처 입힌 사람이 아니라 나를 지성으로 돌보는 사람이다.

예를 들어, 부모와 형제, 친구들이다. 만약 상처를 질질 끌고 간다면 피해는 누가 입을까 생각하라.

셋째, 용서를 통해 자신이 얼마나 강한 존재인지를 확인받는다. 용서는 강한 자만이 할 수 있는 행위이다. 자기 마음이 그렇게 상했지만 그것에 눌리지 않는다.

## 용서 기술의 일곱 가지 방법

제니스 A. 스프링은 '용서의 기술'이라는 책에서 다음과 같이 7가지 방법을 말했다.

### 1. 천천히 용서한다.

용서에는 시간이 필요하다. 하루 아침에 결과 되지 않는다. 상처가 깊을수록 용서하는 데 오랜 시간이 필요하다. 이제부터 용서의 씨앗을 심는 것이라고 여겨야 한다. 중요한 것은 시간보다 용서하고자 하는 목적이다.

과연 말로만이 아니라 진정으로 용서하고자 하는 의도가 있다면 그 방법과 결과는 자연스럽게 주어질 것이다.

상대방이 잘못을 비는 것을 받아야 한다는 위험에 빠지지 말라. 상대방을 다시 보지 않더라도 얼마든지 용서할 수 있다.

 상대방이 끝까지 자신이 잘했다고 우겨도 용서할 수 있다. 용서는 마음으로 부터 시작된다. 본인이 어떤 어려움이 있더라도 용서를 베풀고자 하는 의도를 갖는 것이 제일 중요하다.

## 2. 약간의 이해심으로 접근한다.

 당신을 아프게 한 사람을 조금이라도 이해한다면 용서의 가능성은 그만큼 높아진다. 약간의 이해력이다. 한꺼번에 많은 것을 요구하지 않는다. 처음에는 이것 마저도 어려울 수 있다. 그러나 자신이 상대방으로부터 약간의 도움이라도 받았다면 약간의 이해력을 수용하는 것이다. 이렇게 조금씩 전진하라.

## 3. 혼란을 감수하면서 용서한다.

 상처를 견디기 어려운 것은 엄청난 혼란스러움이 찾아 온다는 것이다. "내게 어쩌다 이런 일이 생겼나?" 세상에는 용서에 숙달된 자는 없다. 혼란을 겪지만 그럼에도 불구하고 용서에 접근할 수는 있다.

## 4. 분노의 감정이 있더라도 용서한다.

 마음에 분노가 남아 있더라도 충분히 용서할 수 있다. 분노가 있기 때문에 용서가 불가능한 것은 아니다. 분노는 용서하는 데 방해가 될 뿐이다. 분노를 상대방에게 표출하기보다는 자신 스스로 해결하도록 하라.

## 5. 한번에 조금씩 용서한다.

만일 한꺼번에 모두 다 용서하려고 한다면 결국 하나도 못하고 말 것이다. 천리 길도 한걸음부터 이다. 용서가 저절로 되어지는 것이 아님을 인정하라.

 이를 위해서는 당신의 의지가 필요하다. 단 한번이라도 좋다. 과거는 이미 지난 시간이고 없어진 시간이다. 과거 사건은 단지 기억에 남아 있을 뿐이다. 기억에 남아 있지만 기억 변두리에 옮겨 놓으라. 그 기억은 점점 멀어진다.

 우리는 지금 현재 이 자리에서 살아가고 있다. 현재를 위한 걸음 그것이 용서의 첫걸음이다.

## 6. 용서는 자유이다.

 그 누구도 당신의 자유를 파괴하지 못한다. 억지는 없다. 용서는 당신의 선택에 의해서 하는 것이다. 아무도 용서를 강요하지 않는다. 오로지 당신의 자유로운 선택에 달려 있다.

 용서를 하는 이유는 당신과 가정이 살 길을 찾기 위해서이다. 만일 당신이 용서를 베푼다면 당신은 용서의 빚을 주는 것이다. 그리고 언젠가 당신에게 용서가 필요할 때 되돌려 받을 것이다.

## 7. 기본적으로 자신을 돌아보라.

 자신을 돌아보지 않으면 절대로 남을 용서해줄 수 없다. 당신은 실수로부터 용서받은 적이 있는가? 그 때 당신은 어떤 느낌이 들었는가? 당신도 용서받은 기억이 있다면 용서를 친구삼아야 하지 않겠는가?

# 재혼

　재혼은 한쪽 배우자의 사별, 이혼 혹은 그 밖의 경우에 의해서 혼자가 되어 새로운 배우자를 찾아서 가정을 이루고자 하는 경우이다.

　재혼하는 이유는 많다. 자녀를 돌봐줄 어머니가 필요한 경우, 배우자 없이는 살 수 없다는 생각, 외로움, 경제적인 이유 등이다. 그러나 실제적으로 재혼은 초혼보다 매우 어렵고 힘들다. 그 이유는 혼인에 대한 인식 때문이다. 결혼에 대해 순수한 마음이 줄어 들었고 이미 결혼에 대한 고정 관념을 갖고 있기 때문이다.

　초혼 때는 미숙하지만 순수한 상태에서 결혼 생활을 시작했다. 하지만 재혼은 이미 초혼의 생활 패턴이 어느 정도 굳어졌다.

　그래서 이미 혼인에 대한 굳어진 생각에서 재혼하기 때문에 기존의 관념을 버리기가 힘들다.

　재혼은 전 배우자에 대한 사랑 정도에 따라 재혼하려는 경향이 단축되거나 확대된다. 부부 사랑이 지극했던 부부는 상대를 잃은 슬픔과 두려움이 자리 잡았기 때문에 재혼하고자 하는 마음이 그만큼 약하다.

즉, 전 배우자를 그리워하는 마음이 크다. 전 배우자의 말과 행동을 기억하고 그것을 그리워 하면서 되새기는 경우이다. 심지어는 음식을 끊어 버리고 죽는 경우도 있다.

반면에 부부 사랑이 약한 경우, 마음이 이전 배우자와 분리가 되었기 때문에 새로운 상대를 찾아 결합하기가 쉽다. 이전 배우자에 대한 이미지가 사라져 버린 것이다. 과거 배우자와 있었던 일을 빨리 잊고자 새로운 상대를 찾아서 새로운 출발을 하기도 한다.

또 마음의 결합없이 육체적 관계에만 의존했던 부부는 이혼 후에 본질적인 것이 존재하지 않기 때문에 재혼을 가로 막을 것은 없다. 육체적인 필요와 이익을 위해 결혼했기 때문에 어떤 상대방이라도 어렵지 않게 결혼할 수 있다. 부부 관계를 단지 육체적,정서적 필요에 의존한 경우이다.

이들은 재혼을 단지 성 관계를 자유롭게 할 수 있거나 경제적 필요 정도로만 여긴다. 이런 경우는 재혼 하더라도 또 다시 헤어질 가능성을 안고 있다. 마음의 결합 없이 부부 관계를 유지할 수 있지만 이는 본질적 결합이 아니기 때문이다.

마음의 결합이 없는 부부 생활은 겉보기에는 금슬이 좋은 것처럼 보이지만 이혼 후에 곧 마음이 분해되고 만다. 연애 기간에는 상대방의 지위나 지식, 재정, 외모에 반했지만 시간이 지나면서 퇴색된다.

홀로된 여성이 재혼하는 이유는 경제적 필요, 의존의 대상, 삶을 헤쳐 나가기 어렵다는 이유, 사랑을 찾기 위해서 등이다.

이런 경우는 여성이 세상을 살기 위해 남성의 돌봄과 조언, 지혜, 신중함 등이 필요하기 때문이다. 남자 없이 여성 혼자 살아간다는 것이 주위의 시선이 느껴지거나 또는 전에 못해본 사랑을 열렬하게 해보고 싶은 마음에서 이다.

재혼하기 어렵다고 느끼는 이유는 이혼의 상처로 인해 신뢰가 떨어져서 이다. 그래서 말하기를 "그놈이 그놈이지. 어디 특별한 사람 있겠어?"라는 말을 한다. 또 이혼이나 결별할 것에 대한 두려움 때문이다. 혹은 주변에 재혼한 부부들이 함께 만나서 행복하게 살아가는 모습을 못 보았기 때문이다.

## 재혼 부부가 살기 힘든 이유

**첫째, 배우자를 순수하게 보지 않기 때문이다.**

이미 초혼 시절에 배우자를 순수하게 보던 인식이 떨어졌다. 순수는 사랑의 씨앗이 자라게 하는 토양이다. 부부에게 순수는 필수 과목이다. 순수한 만큼 부부 사랑이 성장할 가능성이 크지만 순수하지 않으면 사랑이 축소될 가능성은 그만큼 높다. 사실 재혼하기 위해서는 자신을 돌아 보면서 이런 질문을 해야 한다. "나는 왜 재혼을 하고자 하는가? 과연 나는 초혼 때 가졌던 배우자에 대한 순수함을 갖고 있는가?"

물론 초혼 때의 순수함은 갖지 못했다고 할지라도 어느 정도 순수함은 있어야만 한다.

순수는 테이프의 접착력과 같다. 순수는 마음과 마음을 결합하는 접착제이다. 순수가 있는 만큼 접착 강도는 세다.

그러나 순수가 떨어지면 접착력이 약해져서 문제가 발생했을 때 곧 금이 간다. 순수가 떨어진 만큼 부부 결합이 약해진다.

우선 순수가 떨어지면 상대방의 말을 듣지 않고 말할 때 고개를 돌려 버린다. 이는 무슨 말을 해도 듣지 않겠다는 표시이다.

부부의 생명은 결합이다. 결합은 순수에서 시작된다. 순수함 없이 이익만을 생각하고 결혼한다면 초기에는 견딜 수 있을지 몰라도 시간이 지나면서 결합의 끈이 끊어져 버린다. 그러므로 재혼하고자 하면 순수한 마음을 가지고 상대방을 사랑하고 있는 지를 먼저 확인해야 한다.

**둘째, 불신감 때문이다.**

만일 전 배우자와 신뢰 관계를 유지했다면 불신감은 걱정할 필요가 없다. 전 배우자에 대한 신뢰가 있었다면 재혼에도 신뢰가 계속될 가능성이 높다. 부부 관계는 신뢰에서 시작된다.

하지만 이혼 과정에서 극심한 갈등을 경험했던 이들에게는 어느새 불신이 자리 잡는다.

그들은 신뢰감이 무너졌고 불신이 마음속에 들어와 활동한다.

마치 애벌레가 배추잎을 갉아 먹듯이 푸릇하게 올라오는 잎사귀가 어느새 반쯤 사라져 버리고 마는 것과 같다.

불신은 결혼 생활의 기초를 세우는 것과 같다. 불신은 상대방에 대한 희망 없음이 되어 절망감으로 이끈다.

고로 마음에 이런 것이 있다면 상대방에 대한 기대감도 역시 사라져 버린다. 그로 인해 무의미가 찾아와서 모든 것이 쓸데없다는 생각을 갖게 된다. 작은 일 하나에도 귀찮아지게 되어 결국 자신을 비하 하는 데 익숙하게 된다.

그리고 자신에 대해 처량하다는 느낌이 어느새 깊숙하게 자리 잡는다. 그러면서 더욱 자신을 비참하게 만든다. 그런 식으로 불신은 부부 관계를 침륜으로 빠져 들게 만든다. 그것이 불신의 악영향이다. 재혼 부부생활이 어려운 이유는 자신도 모르는 불신이 마음 밑바닥에 웅크리고 있기 때문이다. 대개 불신은 돈 문제에서 드러난다. 재혼 부부 사이에 돈 문제에 대해 갈등이 생기게 되면 돈을 뺏긴다는 생각이 들어 자기 몫을 챙기려한다. 그래서 집을 공동으로 소유하고자 하든지 퇴직금을 모두 달라고 하든지 등이다. 그러므로 재혼하기 전에 경제적인 문제를 확실하게 짚어갈 필요가 있다.

그러므로 재혼하고자 하는 이들은 "나는 과연 상대방 배우자를 진실로 신뢰하고 있는 가?"를 살펴보라. 그가 무슨 말과 일을 하여도 끝까지 믿을 수 있는가?

**셋째, 환경에 대한 적응 때문이다.**

재혼은 어차피 또 다른 환경을 마주쳐야 한다. 이전에 살아온 방식과 전혀 다른 세계를 만나게 된다. 여기에는 종교, 가치관, 생활 습관, 새로운 자녀 등과 맞딱뜨리게 된다. 만일 전 배우자와 살면서 환경에 적응하지 못하였다면 새로운 환경에 대한 적응에 문제가 올 것이 분명하다.

배우자 일가 친척과 관계, 배우자의 자녀와 관계 등 또 다른 낯선 환경을 만난다. 그래서 조금이라도 불편하다고 느껴지면 "내가 왜 이렇게 살아야 하지. 이렇게 하자고 내가 재혼했나? 차라리 혼자 사는 게 편하지 않아?"라는 생각을 한다.

또 배우자 부모, 전배우자 자녀에게 용돈 주는 것을 못마땅하게 여기는 경우가 있어서 싸움으로 이어지기도 한다. 이는 매우 심각한 문제이다.

배우자의 성격도 또 다른 환경이 될 수 있다. 고로 성격을 이해하기 위해서 노력해야 한다. 취미 생활도 다를 수 있다. 이에 대해 새로운 공통 분모를 찾아야 한다. 서로 비슷한 줄 알고 결혼했는데 그것이 아닐 때 속았다는 느낌이 들 수 있다.

환경에 맞추어 살기를 원하는데 그러기에는 뭔가 아쉬운 점이 남는다. 그래서 매우 힘겨워 한다. 이럴 때는 자신의 환경 적응력을 점검해야 한다. 또 자신이 배우자를 사랑하고 있는지를 의심할 필요도 있다. 사실 서로에 대해 사랑하는 마음이 있다면 적응 못할 것은 전혀 없기 때문이다.

**넷째, 무언가 끼어 맞춰지지 않는 듯한 느낌이다.**

이것은 단지 느낌에 불과하다. 하지만 뭔가 맞지 않는 듯한 느낌이 든다면 먼저 자신을 성찰해야 한다. 자신의 정체성과 연관되기 때문이다. 이런 경우는 종교가 맞지 않는다든지 혹은 자신이 목적하는 바와 상대방의 원하는 바가 다르다고 느끼는 때이다. 이때는 인생의 목적이 다를 수 있다는 점을 고려해야 한다. 종교는 인생의 원리를 제공하기 때문에 종교가 달라도 이런 느낌이 들 수 있다. 상대방과 추구하는 바가 달라서 찾아온 부분이다. 초기에는 모든 것이 문제 없는 줄 알았거나 넘어갈 수 있을 거라 여겼던 부분이 마음에 걸려서 넘어가지 않는다.

목적이 다르면 끊임없이 무언가 잘못되었다는 느낌이 멈추지 않는다. 중요한 사실은 삶의 목적이 다르면 자꾸만 어긋난다는 사실이다. 이때에도 스스로 질문해야 한다. "나는 인생에서 무슨 목적을 가지고 있는가?" 배우자와 같은 목적을 찾는다는 것은 삶의 원리의 공통 분모를 찾고자 하는 것이다.

그러기 위해서는 함께 같은 종교를 가지는 것이 필요하다. 종교는 삶의 원리를 제공한다.

**다섯째, 만성적인 목마름이다.**

인간은 만성적인 마음의 고통을 없앨 수만 있다면 어떤 값을 지불하고서 라도 그것을 우선한다. 비참한 기분을 바꾸려고 무슨 짓이든 한다. 고로 마음이 고통스럽다고 느끼면 고통으로부터 벗어나고자 외부에서 무언가를 찾는다.

이는 목이 마르면 구정물도 마시는 것과 같다. 고통에서 벗어나고자 누군가에게 의존하거나 아니면 술과 같은 물질에 기댄다. 어떻게 해서든 기분을 전환해서 해결의 실마리를 얻고자 한다. 누군가 이 끔찍한 고통에서 자신의 기분을 바꾸어 주기를 기대한다.

하지만 그 누구는 진정 자신을 위해 존재하는 사람이 아니다. 그는 당신이 요구하는 것보다 더 많은 것을 요구한다.

고로 당장 목이 마르다고 덥석 마시면 그것이 배탈나게 만드는 구정물일 수도 있음을 알아야 한다. 하지만 마음이 허전한 자들은 너무나 목마른 나머지 타인으로부터 칭찬이나 인정을 끊임없이 얻고자 한다.

그는 당신의 기분을 잠깐동안 전환시켜 줄 수는 있지만 지속적으로 당신의 기분을 맞춰주지는 못한다. 그러면 그때마다 더 매달리고 집착하게 된다. 당신의 집착으로 그는 멀리 도망가게 되면 당신은 배신감과 실망감을 느낀다. 하염없이 깊은 수렁에 빠지고 만다.

그것은 구멍난 항아리에 물을 붓는 격이다. 결코 목마름이 채워지지 않는다.

그러므로 사람에게 기대서 정서적 목마름을 채우려고 하기 보다는 의지적인 노력으로 정서적 결핍을 채워야 한다.

다음은 상상력을 이용한 최면 치유자 '밀턴 에릭슨'의 임상 사례이다. 미국 밀워키에 있던 한 여성은 9개월 동안 우울증을 앓아온 여성이었다. 이 여인은 부자였지만 외로운 사람이었다.

에릭슨은 그녀가 집으로 방문해 달라는 요청을 받고는 동의하고 그녀의 집으로 갔다. 집을 돌아보면서 그녀가 부자이면서 제비꽃 화분을 키우고 있었고 혼자 게으르게 사는 여인임을 알았다.

에릭슨은 그 여성에게 선물용 화분을 많이 사라고 이야기 해주었다. 그리고 지역에서 있는 세례식, 약혼식, 결혼식, 아픈 사람, 장례식장, 바자회에 제비꽃 화분을 보내라고 숙제를 주었다. 6개월이 채 못되어 이 여인은 '밀워키의 제비꽃 여왕'이라는 제목으로 신문 기사에 대서 특필로 나오게 되었다.

이유는 이렇다. 그녀가 제비꽃 화분을 선물하다 보니 많은 분들의 전화를 받게 되었고 그들과 교제하게 되면서 우울증이 사라지게 되었다.

화분을 선물하므로 친구들을 사귀게 되었고 정서적 문제가 해결되었다. 즉, 의지가 정서를 채워주게 되었다. 선한 일은 선한 결과를 가져오게 되었다.

재혼하고자 하는 대상은 당신의 목마름을 충족하는 존재가 아니다. 단지 함께 현실을 극복해 나가야 하는 배우자이다.

상대방도 부족한 면이 있고 모자른 부분도 있다. 그를 마치 배우자가 아닌 아버지나 어머니같은 존재로 여겨서 그에게 채워달라고 보챈다면 그는 더 이상 당신 곁에 머물 수 없을 것이다.

# 자녀

우주 만물에는 출산과 보호의 기운이 존재한다. 동물들은 새 끼를 출산하고 보호한다. 이는 식물과 광물도 동일하다. 식물 은 땅에서 수액을 통해 영양분을 끌어올려서 성장하며 겉껍질 에 의해 보호 받는다. 광물은 암석에 의해 보석을 보호한다.

자기 보존은 생명있는 만물의 경우 지워질 수 없는 본능이다. 이는 사람도 마찬가지이다. 부모에게는 자녀 보호의 본능이 있 다. 부부는 출산과 보호를 통해 사랑이 더욱 증폭된다. 자녀를 출산하기 위해서는 먼저 사랑이 선행되기 때문이다.

## 부모의 보호본능

결혼의 첫째 목적은 출산이다. 부부가 사랑하는 이유 중의 하 나는 출산을 위해서이다.

대체적으로 부부 사랑과 비례하여 자녀를 사랑한다. 하지만 그렇지 않은 경우도 있다. 부부 사랑은 좋지 않은 데 자녀를 끔 찍하게 사랑하는 경우도 있기 때문이다. 이런 경우는 자칫하면 집착으로 이어질 수 있다. 이는 특별한 경우라고 말할 수 있다. 부부는 촉감을 통해 사랑의 교감이 이루어진다. 피부 접촉으로 황홀한 느낌을 얻게 되면서 마음과 육체가 결속된다.

아이는 세상에 나오면 갓난아이 상태이며 스스로 자신을 보호할 수 없다. 이때 부부는 아이를 사랑의 마음으로 돌보아 준다. 이런 행위는 신이 부여한 특별한 본능이다. 결코 우연한 현상이 아니다. 부모는 자녀를 사랑하며 보호하는 본능적 사랑을 가지고 있다. 하지만 이런 본능은 짐승에게도 있다. 아무리 악한 부모라고 할지라도 자녀를 보호하는 일에는 희생을 마다 하지 않는다. 보호 본능의 시작은 어머니이고 둘째는 아버지이다.

애정은 여자에 의해 시작되고 여자를 통해서 남자에게 전가된다. 고로 남자들은 어려서는 어머니를 통해서 사랑을 전수받고 어른이 되어서는 아내에게서 애정을 전수받는다. 여자는 애정의 산실이기 때문이다. 애정은 여자에게서 시작된다.

아내에게서 애정을 받지 못한 남자는 메마르고 삭막한 남자가 된다. 어려서 남자는 어머니의 사랑에 의해 길러진다. 어른이 되어서 남자는 아내의 애정을 얻기 위해 자신이 번 돈과 수고의 댓가를 아내에게 준다. 그러면 아내는 남편의 수고를 칭찬해 주고 격려한다. 그러면 남자는 자신에게 애정이 오는 것을 확인하면서 고생을 고생이라 여기지 않는다. 남자의 경우 일을 통해 번 돈을 애정과 교환 한다고 여기면 맞다. 부부 관계는 이렇게 give and take 즉, 주고 받는 관계이다.

## 부모의 애정

애정이 여자의 전유물이라고 하는 근거는 여자와 남자의 발달 심리적 상태를 보면 알 수 있다.

어려서 여자 아이들은 인형 놀이를 하면서 인형에게 옷 입히고 입을 맞추고 가슴에 안고 다닌다. 인형 놀이를 통해 모성적 보호 본능을 작동하고 보호의 기능을 연습한다.

그리고 어머니가 되어서는 임신과 출산의 고통을 겪는다. 아이에게 젖을 물림으로 갓난아이와 하나가 되고 자신의 생명을 자녀와 공유한다. 이는 본래부터 자녀를 사랑했던 것처럼 보인다. 반면에 남자 아이들은 이런 애정이 없다. 남자 아이들은 경쟁하기를 즐기고 전쟁 놀이나 자동차 등과 같은 놀이 기구를 좋아 한다. 그리고 성장해서는 사회에 나가 다른 사람과 경쟁하여 돈을 벌어 들인다. 남자들에게는 직업이나 사회적 역할이 중요하다.

그러므로 보호의 기능으로 말하면 여자는 애정을 통해 자녀를 보호하고 남자는 경제적인 역할을 통해 가족의 울타리가 되어 보호한다. 이처럼 부모는 자녀를 보호하는 방식이 다르다.

## 아이는 어떻게 부모의 보호를 받는가?

아이들은 세상에 대해 무지하며 분별력이 없다. 이들은 무엇이든 부모에게 의존되어 있으며 자신을 높이거나 자랑하지 않는다. 이들은 부모로부터 받은 것을 선물로 알고 만족한다.

장래 일을 근심하지 않고 천진난만하게 놀며 소꿉 동무를 사랑한다. 이것이 아이의 순진무구함이다. 아이의 순수함은 부모에게 전이된다. 부모는 아이의 순수함을 받아 들인다. 서로 교감을 이루기 위해서는 동질이 되어야 한다. 부모와 아이는 순수를 근거로 서로 접촉하고 교감하면서 하나가 된다.

 어머니는 아이를 품에 안고 손으로 쓰다듬고 수유하며 또 맨살을 만지고 목욕을 씻기고 옷을 입히는 과정을 통해서 하나가 된다. 시각으로 보고 청각으로 듣고 후각으로 향기를 맡고 촉각을 느끼므로 마음에 황홀한 기쁨이 가득하다.

 육체적 촉감을 통해서 부모와 자녀 간에 순수가 이루어진다. 순수가 둘 사이를 하나 되게 만든다. 부모와 아이는 촉감을 통해서 서로 결합한다.

 그러나 아이들이 자라면서 부모와 접촉이 약해지면서 그만큼 순수가 감소되고 그 정도에 따라 결속력이 약해지며 결국 분리에 이른다. 그리고 아이들의 자아가 커지면서 또래들과 어울리면서 순수가 감소하게 되고 부모로부터 점점 멀어져 간다. 이런 식으로 진행하면서 자녀는 부모로 부터 독립한다.

 부모와 아이가 하나가 되어야만 아이는 부모로부터 보호받을 수 있다. 그렇지 않으면 부모의 관심을 끌 수 없기 때문에 버림당할 수도 있다. 어린 아이들의 얼굴을 보면 순수함이 드러나 있다. 그들은 선과 악, 옳바름과 거짓을 모른다.

## 부모와 자녀는 어떤 상태가 존재하는가?

어린아이들이 싸웠다가도 금새 웃으면서 손을 잡고 걸어가는 모습을 보라. 순수는 언제나 평화와 손잡는다.

부모와 자녀가 접촉으로 인해 순수를 가졌다면 평화의 상태가 존재한다. 왜냐하면 아이들은 부모 외에는 아무도 모르기 때문이다. 아이는 부모를 못할 것이 없는 최고의 존재로 여긴다.

아이가 갖는 부모에 대한 존경심은 둘 사이의 평화를 불러온다. 그러나 이런 상태는 아이가 배우면서 부모에게도 나약함이 있음을 알게 되면서 점차적으로 소멸된다.

아이는 무지 때문에 스스로 자신을 보호할 수 없다. 그래서 부모는 본능적으로 아이의 순수함을 보고 보살펴 준다. 이런 마음은 천래적 마음이다. 인간에게는 이런 자녀 돌봄의 의지가 있으므로 자녀는 안정적으로 성장한다. 이것이 부모에게 주어진 자녀를 부양하고 선용하는 능력이다.

하지만 부모가 자녀를 제 소유물로 여기고 아이에 대해 학대나 폭력을 가한다면 평화는 깨지고 아이의 분노를 조장하고 자녀의 순수를 파괴하는 결과를 가져온다. 고로 아무 것도 요구하지 않는 순수 돌봄이 필요하다. 부모는 자녀에게 모든 요구를 포기하고 돌보는 희생적 사랑이 있어야만 평화가 존재한다.

## 그러면 자녀에 대한 돌봄은 언제까지 이어지는가?

부모의 자녀 사랑은 아들과 딸, 손자와 손녀에게 대를 이어 내려 간다. 이것을 내리 사랑이라고 한다. 내리 사랑의 원인은 자손 번식을 위한 목적을 위해서 이다. 내리 사랑은 아이를 생산하며 인류가 번성하는 결과를 가져왔다.

내리 사랑의 증대는 인류의 번성을 돕는다. 부모는 점점 늙어 가지만 내리 사랑으로 성숙한 부모가 되어 간다.

## 자녀 사랑은 어떤 목표를 가져야 하는가?

그것은 선용이다. 부부는 자녀에게 선용하고자 하는 의지를 갖는다. 자녀에 대한 선용의 의지가 없으면 자녀에 대한 관심이 멀어지고 부모의 책임과 의무를 던져 버리고 말 것이다.

사랑의 수준은 천차만별이다. 순수한 마음으로 자녀를 사랑하는 부부는 마음과 성의를 다한다. 이런 부부는 지혜를 가지고 자녀를 어떻게 사랑해야 할지 그 방법을 터득한다.

하지만 자기 중심적 부부가 있다. 이들은 선용의 의지가 없고 순수하지 못하게 자녀를 돌본다. 자녀를 소유물 정도로 여기고 자신의 욕망을 충족시키고자 자녀를 이용하려고 한다.

또한 자신의 못 다 이룬 한을 자녀를 통해서 이루고자 한다. 이것은 선용이 아니다.

이러한 마음은 자녀가 사춘기에 이르게 되면서 기대가 무너진다. 왜냐하면 청소년기에 갖는 반항으로 인해 자녀와 충돌이 발생하기 때문이다.

이때 부모는 자신의 욕망 충족을 위한 기대를 내려 놓아야 한다. 욕망은 주로 물질적이고 세상에서 출세와 같은 것들이다.

 부모는 자녀가 진정 무엇을 원하는 지를 찾아서 적성에 맞는 일을 하도록 도와 주어야 한다. 어리석은 부모는 자녀를 사랑하는 것이 아니다. 자신이 이루지 못한 욕망을 자녀들을 통해 대리 만족으로 얻고자 할 뿐이다. 이때 자녀는 부모의 기대감에 볼모잡혀 있다.

 간혹 자녀들에게 한달에 얼마를 요구하는 부모도 있다고 한다. 그 액수로 자녀들의 가치를 평가한다. 이들의 자녀 사랑은 곧 자기 만족적이고 외적인 면에 집착되어 있다.

 하지만 지혜로운 부모는 자녀가 돈을 잘 벌기보다 인격적으로 성숙되기를 기대한다. 이 땅에서 자녀가 건강하고 행복하면 만족한다. 그것으로 인생에 보람을 느낀다. 우리가 인생 살면서 남는 것은 자녀와 가졌던 즐겁고 행복한 추억뿐이다. 그래서 이 땅에서 자녀와 좋은 관계 맺은 것으로 만족한다. 그들은 자녀에게 이렇게 말한다. "나는 너희들이 하늘과 땅에 부끄럼 없이 사는 존재가 되기를 바래."

 이런 부모는 자녀에게 상처를 주지 않으려고 애를 쓴다.

# 부부는 선용하는 관계이다

 사실상 초혼이든 재혼이든 결혼의 목적은 선용에 있다. 부부
는 자녀를 생산하여 양육할 뿐 아니라 부부 상호 간에 정신적,
육체적으로 건강하도록 돕기 때문이다.
 그러므로 남편과 아내는 선용의 목적을 위해서 자신의 것을 내
어줄 수 있어야 한다. 또한 남편과 아내 각자가 가족을 위해서
고통을 감수하고 가족 구성원들의 안전과 평안을 원해야 한다.
 그래서 부부는 서로를 속박한다. 남편과 아내는 사랑 할수록
배우자를 속박한다. 여기서 속박의 이유는 선용을 위해서 이다.
다른 목적이 아니다. 이는 상대방을 지켜주기 위함이다.
 사랑하는 자가 서로에게 속박당하기를 원하는 이유는 상대방
이 자신을 더 자세하게 알게 하므로 험한 세상에서 보호받기 위
함이다. 그렇지 않으면 자신도 모르게 타인으로부터 사기와 속
임을 당해서 잘못된 구렁텅이에 빠질 수 있기 때문이다.
 사랑하는 사이는 그것을 속박으로 여기지 않는다. 오히려 상
대방에게 속박당하기를 원한다. "나는 당신의 사랑의 포로입

니다.”라는 노래 가사처럼 되기 원한다.

만일 선용을 위한 속박을 두고 자유를 침해당했다고 말한다면
이미 사랑이 소멸되었음을 의미한다.

또 자녀를 생산하고 양육하는 것도 선용이다.

자녀가 성장하도록 돌봄으로 자녀가 사회에서 제 역할을 담당
할 뿐만 아니라 타인에게 유익을 끼치는 일꾼이 되기를 원한다.
즉, 선용하는 자가 되도록 한다.

만일 부부 중 한쪽이라도 자신의 욕망과 만족을 위해 살아 간
다면 가족은 반드시 희생을 당하게 된다. 그 자녀는 제대로 돌
봄을 받지 못한다. 선용은 이타적 삶이라고 한다면 자기 만족
적 삶은 오로지 자신만을 위한 삶이다. 자기 만족적 삶은 타인
을 희생시키고 자기 만족을 위한 수단으로 이용한다. 이런 자
들의 마음에는 욕심과 함께 미움이 가득하다.

## 선용은 무엇인가?

선용은 타인을 위한 선한 행위이다. 선용은 자연 만물에도 드
러나 있다. 식물이 꽃을 피우고 열매를 맺는 것이 선용이고 동
물이 짝짓기를 통해 새끼를 생산하고 보호하는 것이 선용이다.
태양은 빛과 열기를 대기에 발산하므로 식물은 탄소동화 작용
을 일으키어 생성한다. 식물은 곡식 열매를 맺어서 사람에게 먹
거리를 제공한다. 또한 태양과 비는 동물에게 번식하도록 돕는
다. 이렇게 자연은 사람에게 살 수 있는 환경을 제공한다. 여기

서 태양, 빛, 공기, 만물은 선용을 위한 수단이다. 태양의 빛과 열기가 자연 만물과 결합하는 원리는 곧 선용의 원리이다. 그러므로 선용은 만물이 살아 움직이게 하는 근원이다.

## 번식

동물과 식물이 번성하는 것은 씨에 의해서이다. 동물은 짝짓기를 통해 씨를 착상시켜 새끼를 낳는다. 식물은 화분이 암술머리와 결합하므로 열매를 맺고 씨를 퍼트린다. 그리고 씨앗이 발아되어 잎과 줄기가 자라난다. 땅속에 있는 씨앗은 햇빛을 받아서 발아한다.

사람은 남자의 정자가 여자의 자궁에 착상하여 임신한다. 그리고 정자에 몸을 입혀서 태아가 생성된다. 인간과 동식물의 이런 생식 능력은 선용의 능력이다. 즉, 결합을 통해 선용을 생성한다.

## 에너지 공급

사람은 어디에서 생존의 에너지를 얻는가? 채소 혹은 고기로 인해 영양 보충을 공급받는다.

예컨대, 식물은 사람과 동물을 위한 영양분을 공급한다. 동물은 식물 혹은 고기를 통해서 에너지를 공급받는다. 식물은 열매를 맺음으로 인간과 동물들에게 에너지를 공급한다. 식물은 인간과 동물에게 선용하고 있다.

식물의 열매를 동물이 섭취하고 죽으면 땅의 거름이 되고 그것은 또 식물이 살아가는데 필요한 거름이 된다. 이는 마치 연어가 멀리 바다에 나갔다가 다시 고향의 냇가로 되돌아와서는 새끼를 낳고 죽는 원리이다.

## 진정한 선용

자신에게 돌아올 보상을 계산하지 않고 선행하는 자들이 있다. 그가 세상에서 돈을 버는 이유는 타인을 위해 봉사하고 선용하기 위함이다. 자신의 사회적 지위를 사용하여 사회에 유익을 끼치는 자들이 있다. 그들에게 권력은 봉사하기 위한 수단일 뿐이다. 이들에게 권력과 재물은 선용을 위한 수단이다.

## 선용은 생태계를 조절한다

자연은 동식물 각자가 생태계를 조절하는 기능을 한다. 우리가 산이나 들에 뱀이 기어 다니는 모습을 보면 소스라치게 놀란다. 만약 뱀을 모두 다 없애 버린다면 쥐들이 너무 많아져서 오히려 밭 농사에 해가 될 것이다.

벌은 꿀을 채집하여 사람들에게 꿀을 제공하므로 건강에 이롭게 한다. 또 꽃마다 날아다니면서 꽃가루를 옮겨 주거나 해충을 없애주는 유용한 역할을 한다.

사마귀라는 곤충은 수컷과 암컷의 교미가 끝나면 암컷이 수컷을 먹어 치워 버린다. 암컷이 수컷을 먹음으로 새끼에게 영양분을 공급한다.

지렁이는 땅속에 살면서 부패한 생물체를 먹는다. 지렁이가 그것을 먹을 때 많은 양의 흙, 모래, 미세한 자갈도 함께 섭취하는데 매일 음식과 흙을 먹고 내보낸다. 이렇게 해서 땅을 기름지게 만든다. 누에는 입에서 실을 토하여 고치를 만든다. 고치는 사람들에게 옷을 만들어 입게 해준다.

자연은 자신 만을 위해 홀로 사는 법이 없다. 땅은 식물이 자라도록 자신을 내어주고 식물은 열매를 새나 인간들이 따먹도록 내어 주고 동물들은 죽어서 다른 짐승이나 인간에게 단백질을 제공한다. 이렇게 해서 자연의 순환이 이루어진다. 이것이 생태계를 조절하는 자연의 선용이다.

한 곤충학자가 개미를 대상으로 실험했다. 그는 개미들이 집단으로 모여 사는 곳에 나무젓가락을 넣고는 그곳에 불을 붙였다. 불이 났을 경우 개미들이 어떻게 대처하는지를 연구하기 위해서 였다. 처음 불을 발견한 개미는 몸을 불 속으로 내던졌고 다음 개미들도 마찬가지로 불 속으로 뛰어들었다. 그러자 불꽃이 점점 약해졌다. 개미의 몸을 이루고 있는 키틴질이 불에 타면서 불 꽃을 줄이는 소화 물질로 변했기 때문이다. 개미들은 자기 몸을 희생해서 불을 껐다.

# 외도

외도는 부부가 아닌 타인과 사랑에 빠진 것을 말한다.

간통은 배우자가 없는 이성과 맺는 정욕적 관계를 뜻한다. 다른 사람의 배우자와 정욕에 빠진 것을 간음이라고 한다.

간음과 간통은 순결과 불결의 차이를 모르면 제대로 알 수 없다. 왜냐하면 우리나라가 간통법이 폐지된 지금의 현시점에서 간통이 죄될 것은 없다고 말하기 때문이다. 하지만 간통은 가정을 파괴시키는 주범이다.

외도는 간음과 간통을 합친 것을 포함해서 말한다. 크게 말해서 외도는 부부 사랑을 경멸하고 파괴시키는 총체적인 모든 것을 말한다. 그래서 불결하다고 말하는 것이다. 외도를 알고자 하면 먼저 그 반대되는 개념인 부부 사랑을 알아야만 한다. 마치 빛을 알아야 어둠을 알 수 있고 선을 알아야만 악을 알 수 있는 논리와 같다. 아름다움을 알게 되면 자연스럽게 추함을 알고 예의 범절을 알면 무례를 알게 된다. 빛의 반대는 어두움이고 따뜻함의 반대는 차가움이다.

낮과 밤, 여름과 겨울, 즐거움과 슬픔, 기쁨과 우울은 정반대되는 개념이다. 마찬가지로 부부 사랑의 반대는 외도이다. 그러므로 진정한 부부 사랑을 알면 외도를 파악할 수 있다.

외도는 겉으로는 부부 사랑을 닮았다. 그 이유는 쾌락 때문이다. 쾌락은 즐거움을 주기 때문에 겉으로 보기에는 부부 사랑보다 더 크게 느껴지기도 하고 부부 사랑인 것처럼 보이기도 한다. 그러기에 도덕성이 부족한 사람의 눈에는 자신의 외도를 합리화하게 된다. 그들은 말하기를 "우리는 전생에 부부였던 것 같아요" 라고 말하기도 한다. 이렇게 외도는 당사자가 본래 부부였던 것처럼 느끼게 한다. 그래서 외도가 현재 부부 관계를 부정하고 외도하는 커플을 오히려 진정한 부부라고 확신한다.

그래서 부부간에 대화를 하지 않고 외도 상대자와만 대화한다. 그의 마음에는 외도자에 대한 생각이 가득하다. 마치 비둘기가 콩 밭에만 관심이 있듯이 이미 그의 마음은 이미 그 쪽으로 가버린 상태이다.

## 부부 사랑과 외도의 차이

부부 사랑은 내적 사랑인 것에 비해 외도는 정욕적이다. 내적 사랑에는 선용 의도가 있다. 그러나 외도는 정욕만 가득하다. 이런 정욕은 내적 사랑을 파괴한다. 외도는 겉으로는 사랑의 즐거움이 있는 것처럼 보이지만 실제로는 정욕뿐이다.

외도 속에는 거짓, 정욕, 호색, 간통이 있기 때문에 드러내지 못하고 변명으로 포장하고 순결과 겸손은 없다.

  그들은 이렇게 하는 것이 매우 정당하고 자신은 이렇게 할 수 있는 권리가 특별하게 주어진 것인 양 말한다. 또는 배우자가 정서적인 욕구를 충족해 주지 않았기 때문이라고 변명한다.

  그러나 바르게 살기를 바라는 사람은 자신과 타인을 속이지 않는다.

 **부부 사랑과 외도는 차이는 이렇다.**

 외도는 도덕적인 사람이 되지 못하고 감각과 쾌락으로 유도한다. 하지만 부부 사랑은 내적으로 성숙한 사람을 만든다. 부부 사랑은 현명하게 이끌며 도덕성을 유지하지만 외도자는 도덕성을 가볍게 여기고 점점 수렁으로 빠져 들어간다.

 자연 세계에는 부부 사랑과 외도, 대립되는 두개의 기운이 존재한다. 부부 사랑의 기운은 사랑과 지혜에서 나오지만 외도는 감각적 만족을 목적한다.

 고로 둘은 결속될 수 없다. 고로 우리는 둘 중 하나를 선택해야 한다. 옳고 그름 사이에서 합리적 판단으로 선택해야 한다.

 현명한 선택은 합리적 판단에 의해서 이다. 올바른 길에는 평안과 기쁨이 있지만 그릇된 길에는 불안과 쾌락이 있다.

 진정한 기쁨이 있는 자는 정욕이 어떤 것인지 보이지만 이미 쾌락에 몰입된 자는 진정한 기쁨을 모른다. 그 이유는 기쁨과 쾌락에는 공통점이 없기 때문이다.

## 외도를 버리고 진정한 부부 사랑하려면 어떻게 해야 하는가?

첫째, 외도가 부부 사랑을 파괴하는 것임을 인정하고 둘째, 정욕적이고 호색적인 쾌락을 버려야 하며 셋째, 불결한 것이라고 인정하고 싸워야 한다. 여기에는 의지적인 노력이 필요하다.

이것을 시인하는 정도에 따라 진정한 부부 사랑이 주어진다.

이를 집으로 비유하자면 부부 사랑은 금으로 덮은 찬란한 빛으로 둘려 있고 내실은 보석으로 치장되어 있는 집과 같다. 그 안에는 온화한 기운과 따뜻한 온기가 있다.

반면에 외도는 겉으로는 아름답게 치장하였더라도 속에는 온갖 더러운 것이 가득한 쓰레기 더미에 불과하다. 그 안에는 차가운 냉기가 흐르고 있고 보이지 않는 욕심이 가득하다.

결론적으로 사랑하는 부부는 가정에서 평화로운 기쁨을 누리지만 외도하는 자는 유혹에 몸을 맡겨 대책없이 떠밀려갈 뿐이다.

# 간음

어느 날, 저세상에서 천사가 혼인과 간음의 차이를 질문하였다. 그러자 사람들은 혼인과 간음은 사랑 했다는 면에서는 같고 간음은 단지 법을 위반한 것 뿐이라고 대답하였다. 천사는 또 다시 물었다. "그러면 혼인과 간음 안에 선과 악의 차이가 있느냐?"고 물었다. 그러자 그들은 결혼과 간음 사이에는 선악의 차이는 없고 둘은 같은 행위일 뿐이라고 대답하였다.

천사들은 이들에게 간음은 죄라고 말했다. 그러자 그 말을 들은 사람들은 모두 비웃으며 말하기를 다른 사람의 아내를 사랑하는 것이 형벌 받을만한 이유가 있습니까? 하고 반문하였다고 한다.

간음을 단지 육체적 행위 정도로만 여기는 자는 간음이 악이라는 사실을 깨닫지 못한다. 그러나 간음은 육체적 행위에만 국한되지 않고 마음과 깊숙한 관련이 있다. 육체적 행위는 마음에서 비롯되었기 때문이다.

간음의 종류는 단순 간음, 더블 간음, 삼중 간음이 있다.

**첫째, 단순 간음은 미혼 남자와 유부녀, 미혼 여자와 유부남의 관계를 말한다.**

이는 혼인 서약을 깨뜨리고 부부 사랑을 무너뜨린다.

간음은 신성한 결혼에 위반한 것이며 혼인을 더럽히고 이성의 빛에 거스른다. 이것이 진실이기 때문에 간음자들은 본인의 행위에 대해 깊이 뉘우쳐야 한다.

중요한 사실은 남에게 대접 받고자 하는 대로 남을 대접해야 한다는 사실이다. 다른 사람이 자신의 배우자와 접촉을 원치 않는다면 자신도 하지 않아야 한다. 이것이 도덕의 원리이다. 이는 부부간에 지켜야 할 예의이다.

**둘째, 더블 간음은 유부남과 유부녀의 관계이다.**

간음은 부부 사랑의 흐름을 가로막는다. 만일 부부간에 사랑이 단절되면 순수함이 사라지고 냉기가 흐른다. 습관적으로 간음하는 자가 있다. 습관적 간음은 이미 중증이다. 마치 시커먼 개가 하얀 분칠을 하면서 포장하고는 정욕에 헐떡거리는 모습을 하는 격이다. 그는 자신의 간음 행위에 방해되는 말과 행동을 보이는 자에게 으르렁거리며 갈기갈기 찢어놓는다. 그는 자신의 행위를 미화시키고 정당화 한다. 이처럼 간음하는 자의 마음은 간악하다.

**셋째로, 삼중 간음이다.**

이는 근친 상간, 가까운 친척과의 관계이다. 이는 심각한 범죄 행위이다. 사람의 인격을 버리고 짐승처럼 된 것이다.

**간음에는 등차가 있다.**

**첫째는 무지에 의한 간음이다.**

 이는 지적 수준이 낮거나 이해력이 둔한 사람에 의해 저질러지는 간음이다. 판단력이 부족하거나 미성숙한 소년과 소녀, 만취 상태, 정신 착란에 의해 간음을 범할 수 있다.

**둘째는 충동적인 간음이다.**

 충동적 간음은 정욕에 의한 것이다. 부부 사랑과 간음은 언제나 긴장 관계에 있다. 부부 사랑이 커지면 정욕에 압도 당한다. 정욕이 일어나면 부부 사랑은 약해진다. 그래서 달콤한 분위기와 유혹에 의해 흥분하여 충동적인 간음을 범한다. 이런 충동은 간음을 가볍게 여기게 만든다. 이런 간음은 이해의 수준에 따라 다르다. 충동적 간음은 시간이 지나면서 후회하고 스스로 깨닫게 되거나 반성하면서 버리게 된다. 고로 자주 이런 습관에 빠진다면 이성으로 자신의 마음을 다스려야 한다.

**셋째는 간음을 정당화하는 경우이다.**

 이들은 간음을 잘못으로 여기지 않는다. 그리고 타당한 이유를 제시하면서 책임을 회피한다. 또한 이것을 진정한 행복이라고 여긴다. 자신에게만 특별히 허락된 관계라고 믿는다. 그러면서 타인이 하면 불륜이고 자신이 하면 사랑이라고 여긴다.

 이때는 시간과 장소 관계 없이 물불 가리지 않는다. 그만큼 열정이 타오르기 때문이다. 하지만 시간이 지나면서 열정적 불도 꺼지고 결과는 참담한 후회만 남는다.

*166*

**간음은 두 종류로 분류할 수 있다.**

하나는 이해적 간음이고 다른 하나는 의지적 간음이다.

이해는 지적이고 의지는 목적적이다. 그러므로 의지적 간음은 이해적 간음보다 중증이다. 더 책임이 크고 무겁다.

이해적 간음은 확신 정도에 따라 다르다. 어떤 신념을 확신하면 곧바로 의지에 영향을 미친다. 성경에 여자를 보고 음욕을 품는 자는 이미 간음했다는 말이 있다. 이 구절은 아마 모르는 사람이 없을 정도로 알고 있는 유명한 구절이다.

이 구절은 이해와 의지를 모르면 알 수 없는 대목이다. 여자를 보고 음욕을 품는다는 말은 음란한 이해력을 의미하고 이미 간음했다는 말은 의지가 작동했다는 뜻이다. 한마디로 정욕적 이해를 가지면 의지에게 영향을 미치게 된다는 뜻이다.

그런 면에서 의지적 간음은 좀 더 심각하다. 사람은 본질적으로 의지 자체이기 때문이다. 의지는 목표를 갖는다. 간음은 의지의 수준에 따라 그 정도를 구분할 수 있다.

그러므로 바른 이해를 가져야 한다. 바른 이해를 통해 지혜에 이르면 의지는 간음으로 달려가지 않는다. 정욕으로부터 해방된다. 그러므로 포르노 사이트, 외도에 대한 유튜브 등을 거절하고 옳바른 생각을 갖도록 노력해야 한다.

누구든지 바른 삶을 살고자 하면 간음을 버린다. 자신에게 물어야 한다. 또 마음의 목적이 무엇인지를 항상 체크해야 한다. 이것이 이 책의 서문에 기록한 '자신을 성찰하는 작업' 이다.

**☞ 부부가 인격적 적응을 하기 위한 조언**

① 친절한 태도를 가지라.

② 자기중심에서 벗어나라.

③ 언제나 성급하지 말고 화를 내지말라.

④ 지나치게 예민하게 반응하지 말라.

⑤ 비교하지 말라. 부부는 경쟁 관계가 아니다.

⑥ 충고를 귀찮게 생각하지 말라.

⑦ 함께 하는 유쾌한 기회를 가지라.

⑧ 어려운 사람들을 보면 함께 나서서 도와주라.

⑨ 근면하며 책임감을 가져라.

⑩ 성 도덕을 귀하게 여기라.

# 제2부

# 부부가 살아가는
# 삶의 방식

### -짐승을 통해서 본-

# 부부가 살아가는 삶의 방식

2부에서는 짐승들의 행동과 사람의 성격이 특별한 연관성이 있으며 하나하나의 짐승들의 생존 방식은 인간의 성격과 유사점이 있음에 기인한다. 고로 동물의 생존 방식을 보면서 부부가 어떻게 살아가야 할지를 배우려고 한다.

고대인들은 사람을 부를 때 사람에게 짐승의 이름을 붙이는 것을 즐겨 사용했다. 사람의 어떤 성격을 말할 때도 짐승과 비유해서 인용했다. 이는 고대인의 지혜라고 할 수 있다. 짐승의 행동을 보면서 사람답게 사는 방법을 얻었던 것이다.

그들은 자연을 교과서로 이해했던 것이다. 흔히 쓰는 말로 어떤 사람을 평가하거나 분류할 때 "개같은 놈, 여우같은 년"이라는 특징을 대표해서 말하였다. 그 사람이 개라는 표현은 개가 상징하는 성품의 유형과 같은 의미이다.

인간은 짐승의 행동 방식의 어떤 부분을 취하고 있다. 예를 들면 사나운 개의 행위를 사람도 한다. 개의 사나운 부분과 사람의 사나운 부분은 목적이 다르지만 그러나 그것을 성품으로 볼 때 같은 것이다. 사납다는 성품은 같은 종류라고 볼 수 있다.

2부는 그런 관점으로 부부의 삶과 비교하여 기록하였다.

결국 사납다는 개의 성품은 사람의 마음의 세계에 있는 것이다. 그리고 그 성품을 의인화한 것이다. 그러나 사람과 짐승이 다른 점은 사람은 자신의 성격을 선택할 수 있지만 짐승은 본능적으로 정해진 길을 따라 살아간다는 점이다.

 짐승은 자기들의 먹이를 식성에 맞게 찾아 다닌다. 짐승은 본능에 의한 삶의 방식을 가지고 있다. 가축과 새들은 태어날 때부터 무엇을 먹으며 어떻게 먹어야할지 혹은 어떻게 둥지를 틀며 결합하는 지를 기본적으로 알고 있다. 벌들은 온갖 종류의 꽃에서 먹을거리를 어떻게 찾는지를 알고 먹이를 저장하는 방법을 안다. 이런 능력은 후천적 지식이 아니고 본능적 지식이다. 태어날 때부터 가지고 나온 것이다.

 하지만 사람은 본능에 의해 움직이지 않고 이성과 양심에 의해 살아간다. 특히 사람이 되고자 한다면 이성과 양심은 살면서 터득해야할 주요 과제이다.

 짐승은 본능으로만 산다. 이성과 양심은 없다. 이성과 양심은 사람에게만 있다. 하지만 사람에게도 짐승과 같은 요소인 본성이 있다. 짐승처럼 인간에게도 오감이 있기 때문이다. 그럼에도 불구하고 사람은 보고 듣고 느끼는 데 만족하지 않고 오감을 내려다 볼 수 있는 더 높은 눈을 가지고 있다. 부부는 이런 눈을 가지고 본성적으로만 살지 않아야 한다. 왜냐하면 자녀들이 보고 배우기 때문이다. 짐승의 유형과 부부의 유형의 유사점을 찾아보고 좀 더 성숙한 부부 관계를 유지하도록 하는 데 목적을 두고 있다.

# 사자에게 배움

　사자는 동물의 제왕이다. 사자의 용맹성은 목소리에서 드러난다. 사자의 목소리는 톤이 굵고 강한 무게감이 실려 있으며 요란스러움이나 시끌벅적함이 없다. 사자의 목소리는 마치 천둥소리처럼 우렁차고 위엄이 있다. 사자는 다른 짐승이 울타리 내에 침입하거나 새끼를 위협하면 달려가서 맞서 싸운다. 비겁하게 물러서거나 도망치지 않는다.

## 사자처럼 용맹하게 위기를 극복하는 부부

　현실에 대해 매우 담대하고 용맹스러운 부부가 있다. 이들은 어떤 위기를 만나든지 굴하지 않고 담대하게 행동한다. 일단 가정과 자녀와 배우자를 위한 일이라고 여기면 어떤 위협에도 굴하지 않고 담대하게 맞서서 살아간다. 이 일이 가장 유익한 일이라는 확신이 서면 사자같이 두려워할 줄 모르는 용기가 필요하다. 오히려 자기에게 피해가 올까봐 말 한마디 못하고 비겁하게 돌아서 버리는 자들이 얼마나 많은가?

사소한 일에도 심적으로 나약해져 울먹거리는 인간들이 있다. 가까운 이에게 비난을 당하고 삶의 고통스런 현실 앞에서 좌절하며 술로 인생을 원망하며 살아가는 이들도 있다.

 이들의 나약하게 죽어가는 소리를 듣게 되면 바로 저 사람은 사자에게 가서 보고 배우라고 조언하고 싶다. 부부는 가정을 지키고자 하는 용기가 필요하기 때문이다.

 사자의 용기는 미래에 대한 불확실함을 받아들이지 못하고 있는 인간들에게 필요하다. 부부 중에 살 길이 막막하다는 생각으로 미래의 불확실함을 느끼고 있다면 스스로에게 이렇게 말하자.

 "그래, 어차피 인생이란 불확실하고 불투명한거야! 그렇지만 그것을 받아들이고 살아가야 해!" 사자의 용기를 배우자. 삶의 용기와 자신감을 잃지 않도록 노력하자."

 누구든지 세상에 살면서 인간들로부터 상처를 안 받을 수는 없다. 다만 정도의 차이이고 또한 상처를 극복하고자 하는 의지와 힘의 문제이다. 그런 의지가 있다면 사자에게 가서 용기를 배우라.


## 현실 앞에서 애통함

 당신은 사자의 울부짖는 소리를 들어 보았는가? 그 울음소리를 어떻게 들었는가? 사자의 울부짖는 소리는 마치 천둥이 치는 듯하다. 새끼를 잃은 사자의 울부짖음은 온 정글이 떠나가도록 쩌렁쩌렁하게 들린다.

 사자의 울부짖음에 모든 짐승들이 귀를 세우고 긴장한다. 사자의 출현이 짐승들에게는 어떤 일이 일어날 것인지 모르기 때문에 긴장감을 갖게 한다. 사자의 애통하는 목소리에는 간담이 서늘해질 정도의 힘과 기운이 서려 있다.

 이것은 무엇을 의미하는가? 정글이 떠나갈 듯이 외치는 사자의 울부짖는 소리는 새끼가 강탈 당했을 때 울부짖는 어미의 애통하는 목소리이다.

 부부가 살면서 안타깝고 억울한 일을 경험했을 때 혹은 자녀가 어려움에 처했을 때 현실을 보면서 사자같이 울부짖는다.

 가난한 현실, 속고 속이는 현실, 권력 앞에 낮아질 수밖에 없는 현실, 참으로 날 강도같은 자들을 보면서 실로 미약한 자신을 본다. 그러나 아픔과 고통이 클수록 벗어 나고자 하는 의지도 함께 동반 된다.

 자녀가 잘못된 길에 넘어지는 현실을 보면서 혹은 배우자가 어둠의 구렁텅이에 휩쓸려 넘어갈 때 깊은 슬픔으로 울부짖어야 한다. 이런 울부짖음은 가족에 대한 순수한 연민과 비애, 사랑의 절규, 깊은 탄식의 눈물이다.


## 주눅 들지 않는 부부

 멀리서 사자를 보면 동물의 제왕다운 위엄이 느껴진다. 사자는 보는 내내 위엄을 느끼게 만든다. 어떤 문제가 다가와도 전혀 겁내지 않는 당당함이다. 사자는 어떤 짐승이든 겁내지 않는다. 어마어마하게 큰 코끼리를 상대로 사냥하는 사자들을 보라. 경이롭기까지 하다.

그래서 어떤 이는 사자의 몸에 독수리의 날개를 달린 그림을 그리기도 하였다. 땅의 제왕과 하늘의 제왕을 함께 섞어 놓은 것이다. 독수리의 날개를 가진 사자, 하늘과 땅에 위엄이 서린 당당함을 표현한다.

부부여! 마음이 심약하여 사자처럼 당당하지 못하고 자기 주장을 표현하지 못하고 매번 매순간 주눅이 들었다면 사자를 보고 배우라. 세상이 두려운가? 자기 스스로 불쌍한 신세라고 신세 한탄만 하고 있지는 않는가? 어려움을 당할 때마다 한 숨을 쉬며 외로움과 괴로움으로 고민하지 않는가? 사자를 보고 당당함을 배우라. 자신감이 넘치는 권위를 배우라.

"거울을 보고 자신에게 매력적인 그 이상의 모습을 찾으라. 다른 사람에게 없는 자신의 매력을 보라. 자신이 세상에서 유일한 존재임을 믿으라. 그간에는 그런 모습이 잘 드러나지 않았을 뿐이다. 이제라도 거울을 들여다보면서 자신만의 독특한 아름다움을 보라. 당신의 자신감에서 올라오는 매력은 얼굴에 나타날 것이다. 사자의 위엄과 같은 내적인 힘이 드러날 것이다."

## 부정적인 면

## 은밀하게 공격하는 부부

 사자는 풀숲과 같은 은밀한 곳에 숨어 있다가 쏜살같이 달려가 짐승을 사냥한다. 이런 식으로 갑작스럽게 공격하는 자가 있다. 부부는 신뢰하는 관계이기 때문에 우선 안심해야할 사이이다. 직장에서 긴장했더라도 가정에 돌아오면 무장 해제하고 마음 편하게 지내야 한다.

 그런데 가정에 편안하게 쉬고 있는데 배우자가 무서운 얼굴로 갑작스럽게 괴성을 지르며 비난과 폭행을 해댄다면 어찌하겠는가? 상대방은 그 일을 사전에 대처하지 못해 혼비백산하고 도망하는 신세가 되거나 절망과 슬픔에 빠지게 된다.

 사자같이 은밀하게 공격하는 자는 상대방이 약하게 보이면 더욱 찢고 뜯어서 삼켜 버리는 짓을 감행하여 위세를 부린다. 언제나 상대방의 약점을 이용한다. 이런 경험을 하게 될 때 당사자는 낙심하며 매우 고통스러워 한다. 그의 마음은 상처로 인해 엉망진창으로 망가지게 되고 갈기갈기 찢겨진다. 이런 일을 겪게 되었을 때 은밀하게 공격 준비를 하지 않는가?

 만일 그렇다면 공격을 하기 위해 살아가는 부부가 되어 버린다. 은밀하고 갑작스런 공격은 사전에 대비하지 못한 사람의 마음을 갈기갈기 헤집어 놓기 때문에 큰 상처를 남긴다.

 그 일을 당한 사람은 마음의 상처로 정신은 혼미해지고 당황하고 두려움과 공포가 밀려와서 두근거리는 가슴을 진정하지 못하고 잠을 이루지 못한다. 심지어 꿈에서까지 악몽을 꾸게 된다. 그럼에도 불구하고 이미 낙심하여 쓰러져 가는 배우자에게 동정하기 보다는 심한 폭행을 하고자 혈안이 되어 있다. 이 때는 누구도 그의 편이 되주는 자는 없다. 자녀도 부모도 도움이 안된다. 그저 혀만 찰 뿐이다. 배우자가 사자처럼 으르렁대고 입을 벌리고 있는데 주변을 살펴보니 아무도 그를 건져줄 자가 없다.

## 잔인한 부부

만일 사자에게 공격의 대상이 되는 짐승이 있다면 그저 도망하는 수밖에는 없다. 사자에게 노출되어 잡혔다고 한다면 그 힘에 눌려 잔인하게 찢겨져서 사자의 밥이 되고 말기 때문이다.

간혹 이런 사자의 잔인함을 즐기고자 싸우는 자들이 있다.

부부 싸움하는데 한쪽이 지치고 힘들어서 사정을 하면서 "이제 그만하자. 나는 이미 지쳤다. 더 이상 소리 지르지 말아달라. 내가 도저히 견딜 수없을 만큼 힘들다" 고 애원을 하지만 그 말을 무시하고 감정에 겪혀서 조금도 멈추지 않는다. 이럴 경우에 배우자는 더 이상 싸움을 감당할 수 없어서 별거를 시도한다. 그는 살기위한 수단으로 별거를 선택한 것이다.

만약 가정에서 이렇게 잔인한 자가 통제권을 가졌다고 한다면 온 집안 식구 전체를 짓밟아 버리게 된다. 그리고 잔인하게 짓밟고는 더욱 사나운 기세를 드러낸다.

그러면 부부가 왜 이렇게 잔인하게 되었는가?

그 이유는 자기 인식이 없기 때문이다. 사람은 자신의 내면과 긴밀한 연결이 되어 있지 않으면 잔인해질 수 있다. 그런 자는 마치 키 없는 배 혹은 뿌리 뽑힌 나무와 같다. 자신의 마음을 못 보기 때문이다. 그런 자는 밖에서 만족을 찾는 자이다.

자신의 마음을 들여다 보지 못하면 불면증에 시달리거나 스스로 절망에 빠지거나 술이나 마약 같은 대용물을 찾는다. 그런 것으로 만족을 채우고자 한다. 결국 자기가 파놓은 구덩이에 떨어지게 된다. 그러므로 부부 싸움하는데 잔인함을 드러내는 자가 있다면 제3의 눈을 가지고 자기 성찰을 해야 한다.

자기 인식을 통해 겸손함을 얻지 못하면 잔인한 성격으로 돌변할 수 있음을 기억해야 한다.

## 서로의 것을 약탈하는 부부

사자 중에는 떠돌이로 다니면서 남의 울타리에 쳐들어가 수컷과 싸워 이기고는 새끼를 죽이고 암컷을 점령하는 무리가 있다. 이들은 약탈자이다. 이런 류는 항상 먹잇감을 찾고 있다.

부부 싸움하는 이들 중에는 잔인하게 약탈자 성격을 가지고 상대방을 짓밟고 탈취하는 경우가 있다. 수단과 방법을 가리지 않고 배우자를 약탈하므로 가정의 안락함을 헤집어 놓는다.

상대방이 배우자라고 하더라도 그것을 가리지 않는다. 이들은 배우자를 약탈하기 위해 결혼한 것처럼 보인다. 그는 배우자가 쌓은 돈과 명예를 뺏기 위해 혈안이 되었다. 어려움이 있더라도 배우자와 살아나갈 궁리를 하기보다는 배우자가 가지고 있는 것을 몽땅 털어버리고 자기 것으로 만들어야 직성이 풀린다. 함께 살기 위해 결혼한 것이 아니다. 이들이 쓰는 방법은 배우자의 직장이나 사업장을 자신이 차고 들어가서 배우자를 밀어낸다든지 주머니를 뒤져서 돈을 빼낸다든지 통장이나 카드를 몰래 빼내서 자신의 지갑에 채워야 만족한다.

이들의 마음속에 약탈하는 짐승이 도사리는 것처럼 배우자가 몸부림 침에도 불구하고 사정없이 배우자의 것을 빼앗는다. 그것이 자신이 할 일이다. 그리고 승리의 노래를 부른다.

그리고는 친구들 앞에 영웅담을 자랑하고 싶어 못견딘다.

"내가 이렇게 해서 남편, 아내의 것을 빼앗았다. 나는 정말 대단해 그치?" 이 말이 이해가 되지 않겠지만 실제이다. 그는 한쪽 배우자가 거지처럼 울면서 돌아다녀도 아랑곳하지 않는다.

실제로 이런 부부가 있다. 피해자는 그저 드러내 놓고 말하지 못해서 속만 태운다.

이런 자의 포악성은 이미 입가에 피가 가득함에도 배부른 줄 모르고 잔인하게 약탈할 것을 찾으러 다닌다. 이런 유형은 최소한의 양심이 무너져 있음을 본다. 인간의 기본적 양심조차 무너졌기 때문에 극단적으로 위험한 자이다. 그러므로 이들이 올바른 삶을 살기 위해서는 양심을 찾아야 한다.

# 소를 통해 배움

소는 충성심이 강해서 주인이 이끄는 대로 일한다. 겉으로 보기에는 덩치가 커서 우직하고 투박하지만 매우 온순한 짐승이다. 사람들은 오래전부터 소를 길들여서 농사를 짓거나 짐을 나르는 일에 유용하게 사용했다. 소의 특징은 온순하고 순종적이기 때문에 사람들이 길들이기 좋았다. 소는 물건을 운반하거나 농사를 짓는데 또는 고기나 젖을 제공해 줌으로 사람들에게 유용한 짐승이다.

## 선용하는 부부

소의 유용함을 부부로 말한다면 선용하는 삶이라고 할 수 있다. 부부는 서로 힘을 합해서 배우자와 자녀들에게 도움을 주고자 노력하기 때문이다. 이 땅에 살아가는 동안에 최고의 삶이 있다면 선용의 삶이다. 만일 부부가 악용을 행한다면 그 가정은 곧 무너지고 말 것이다.

부부가 선용하기 위해서는 먼저 마음 상태가 선해야 한다. 선한 마음에서 선용하는 행위가 나오기 때문이다.

남녀가 만나서 부부가 되는 과정은 다음과 같다. 성인이 된 남자들은 씨를 뿌리기 위해 준비되어 있고 또한 성인이 된 여자들은 씨를 받을 준비가 되어 있다. 둘은 씨를 뿌리고 씨를 받기 위해 준비되어 있으며 서로 원하는 상태가 되었을 때 비로소 부부가 된다. 부부는 서로 결합하여 자녀를 낳고 키우는 과정을 반복한다. 이는 조상적부터 계속되어 왔던 전통이며 그 일은 앞으로도 영원히 계속될 것이다. 이를 선용이라고 한다. 선용은 배우자와 자녀에게 좋은 일을 하는 것이다.

부부의 선용은 자녀를 낳아서 아이를 양육하고 성장하도록 돕는다. 남편은 아내가 잘되기를 바라고 아내 또한 남편이 건강하기를 원한다면 이는 선용의 자세이다.

부부의 목적은 서로에게 선용하는 삶이다. 서로를 위해 정신적이고 육체적인 성장을 하도록 협력하는 생산 작업이다. 이를 지속적이고 반복적으로 이루어지도록 노력하는 것이다.

자연 만물은 다음과 같은 원리를 유지하고 있다. 동물들은 암컷과 수컷이 자연스럽게 짝짓기를 하고 식물들도 역시 그런 과정을 거쳐 씨를 퍼트리고 재생산의 과정을 거친다. 이것이 자연의 원리이다.

부부가 선용하기 위해서는 소의 습성을 배워야 한다.

소는 부부에게 어떻게 선용하면서 살아야할 것인지를 가르쳐주고 있다. 소가 인간에게 힘과 고기를 제공해 주듯이 부부도 자신의 것을 나눠주어야 한다. 그러면 일상적인 삶에서 기쁨을 누리게 될 것이다.

## 반성하는 부부 자세

 소는 먹이를 먹고 틈이 나면 비스듬히 앉아서 되새김을 한다. 되새김은 이미 먹은 먹이를 토하고 그것을 다시 갈아서 소화를 시키는 것을 말한다.

 소의 이런 습성을 보면서 사람들은 소의 되새김을 배우라고 말한다. 왜냐하면 되새김은 자기 반성을 의미하기 때문이다. 되새김은 일상에서 일어난 일을 곰곰하게 반성하면서 살아가는 자세이다. 이는 부부가 배워야할 덕목이다.

 부부가 서로 다투다가도 자신의 말과 행동을 반성해야 한다. 실수를 깨달았다면 잠자리에 들기 전에 사과하고 화해하는 것이 필요하다. 그렇지 않고 끝까지 잘못을 인정하지 않고 고집을 피운다면 관계는 더욱 악화되고 만다.

## 부정적인 면

## 뒷발로 걷어 차거나 뿔로 들이받는 부부

 부부간에 마치 소가 뿔로 들이 받듯이 싸우는 경우가 있다. 자신의 욕심과 뜻에 맞지 않으면 어느날 갑자기 미친듯이 돌변하여 사정없이 욕을 해대고 물건을 집어 던지기도 한다. 마치 소가 뿔로 들이 받는 것처럼 충격을 준다. 상대방의 아킬레스를 건드려서 충격의 강도를 높이면 그로인해 상대방은 소스라치게 놀란다. 세상에 늘 말이 없고 순종적일 줄 알았는데 "저사람에게 저런 면이 있었나?" 하면서 놀란다. 그러나 사실 그는 그렇게 온순한 사람은 아니었다.

눈치를 보면서 온순한 척 했던 것이다. 그는 언제 어느 때든지 자신의 뿔로 들이받을 준비가 되어 있다.

예컨대, 어느 날 갑자기 돈을 가지고 사라진다든지, 다른 사람과 살림을 차리고 흔적없이 사라지는 경우도 있다. 배우자가 모르게 외도나 사채를 빌려서 결국 큰 일이 터져서 들통이 드러난 경우도 있다. 이런 유형은 어려서부터 혹은 결혼 전부터 가졌던 습관이다. 알아야 할 사실은 결혼 했다고 이전의 습성이 달라지지 않는다. 부부가 둘다 평소에는 조용하다가 소처럼 들이받듯이 싸움을 한다면 큰 상처만 남게 된다. 갑작스럽게 돌변해서 들이받는 것을 자주 사용한다면 심각하게 자신의 태도를 돌아보아야 한다. 하지만 이런 자들은 자신은 본래 온순했는데 배우자 때문에 이렇게 되었노라 고 탓을 한다.

인간은 행동에 일관성이 있고 예측가능해야 상대방이 안전하다고 여기고 상대방을 신뢰할 수 있다. 하지만 언제 어디에서 터질지 모른다면 얼마나 불안하겠는가? 움직이는 시한 폭탄처럼 위기가 감돌고 잠시라도 긴장의 끈을 놓치 못할 것이다.

# 개를 보고 배움

 개는 오랫동안 사람들과 함께 해왔다. 사람들은 개와 함께 하면서 외로움을 달랬다. 사람들은 개를 곁에 두기를 좋아한다. 맹수에게 물러나지 않는 진도 개, 추운 북극의 날씨에도 주인의 썰매를 모는 에스키모의 개, 곰이나 멧돼지를 사냥하는 사냥개, 양몰이를 잘하는 양치기 개 등이 있다.
 하지만 개는 주인을 떠나면 곧 사납게 돌변하고 순간 변덕스러운 것이 특징이다. 우리는 부부 싸움 중에 개같이 싸우는 모습을 생각해 볼 수 있다.

## 서로에게 충성하는 부부
 개는 주인에게 충성스러운 짐승이다. 개는 사람들과 함께 하는 것을 통해서 사람들에게 사랑을 받아왔다. 개는 사람과 가까이 하면서 성격이 결정되기 때문에 개는 홀로 떠돌이로 사는 것보다 학대를 받을지라도 주인과 함께 사는 편이 낫다는 말이 있다. 사람들은 개를 데리고 산책 하거나 안거나 하기를 좋아

*185*

한다. 그만큼 개는 사람들과 친숙한 짐승이다. 개는 주인을 닮는다고 한다. 사냥꾼의 개, 농부의 개, 노인의 개, 숙녀의 개를 보면 주인의 기호를 익혀서 개들도 그대로 따르고 있음을 알 수 있다. 부자의 개는 거지를 보면 사납게 짖어대지만 신사나 귀부인 앞에서는 꼬리를 흔든다. 사냥꾼의 개는 목숨을 걸고 곰이나 멧돼지를 뒤좇거나 공격한다. 이렇게 개는 주인에 따라서 성품이 결정된다.

 개는 충성스러운 면모가 있다. 개가 충성스러운 것은 훈련으로 만들어진 것이지 처음부터 타고난 것은 아니다. 양치기 개나 소경을 인도하는 인도견의 경우, 그에 걸맞게 훈련이 되어서 충성스럽게 주인의 의도대로 따라준다.

 부부는 서로에게 충성하는 관계이다. 이미 결혼 서약을 했듯이 아플 때이든 병들었을 때이든 어떤 때이든지 간에 서로를 살피고 그의 곁에 있는 것이다. 부부중에는 서로에게 충성하는 부부가 있지만 그렇지 못하고 배우자에게 자신에게 충성하라고 요구하는 자도 있다.

## 부정적인 면

### 분별력 없이 사는 부부

 현실을 망각하고 분별력 없이 막가파 식으로 싸우는 부부가 있다. 그래서 부부 싸움에는 일정한 규칙이 있어야 한다. 실제로 규칙을 정해 놓고 싸우는 부부는 없다. 하지만 부부 싸움에서 규칙없이 싸우다 보면 극단적인 문제가 발생한다.

예를 들어 몇가지 금기 사항을 제정해 놓아야 한다. 시댁과 처가에 대해 욕하지 말기, 상대방의 인격을 모독하지 말기, 절대 폭력이나 칼과 같은 위험한 물건은 잡지 말기, 집안의 물건은 집어 던지는 일은 하지 말기, 부모님이나 아이들이 있을 때는 큰 소리를 내지 말기 등이다. 이것이 부부 싸움 규칙이다. 규칙은 부부에게 맞게 상의해서 만들 수 있다. 만약 축구 경기를 하는데 규칙이 없다면 어떻게 될 것인가를 상상해 보자.

개는 무분별을 상징한다. 개는 더러운 것과 깨끗한 것을 구별하지 못한다. 오히려 썩은 것에 더 관심을 보인다.

이렇게 분별력이 없는 이유는 욕심 때문이다. 마치 개들은 하루 종일 쓰레기 통을 뒤져가며 먹을 것을 찾아다닌다. 눈에 보이는 욕심을 찾으며 자기 만족을 채울 거리를 찾는다. 지금 당장의 이익을 위해 움켜 쥐거나 삼키고 본다.

그러면 욕심대로 살면 어떻게 되는가? 누군가에게 이용당하게 되는 경우가 많다. 사기꾼이나 혹은 범죄자에게 덜컥 걸리고 만다. 그들은 상대방의 욕심을 이용해서 구덩이에 빠지게 만든다. 많은 인간들이 사기꾼의 계략에 빠져서 큰 손해를 당하고 재물을 잃어버리고 처절하게 밑바닥에 떨어진 후에 울면서 하소연한다. 사기꾼의 계획적이고 조직적 술수에 미혹되어서 결국 가산을 탕진하고 만다. 그들은 계획적으로 어리석은 자의 욕심을 이용해서 탐욕 있는 자들을 유혹하는 것이다.

누구든지 욕심이 많을수록 그만큼 사리분별은 어렵다. 욕심 장애물에 눈이 어두워져서 욕심에 의한 성급한 결정을 하기 때문이다. 욕심으로 망한 인간들을 보지 않았는가? 얼마나 그들의 인생이 바닥으로 떨어졌는지를 살펴보라. 욕심은 한마디로 바닥에 구멍이 뚫린 항아리와 같다. 아무리 쏟아 부어도 채워지지 않는다.

욕심에 의해 인생을 사는 자들을 보면 상식이나 윤리, 도덕은 의미가 없다. 그들의 삶의 기준은 욕심일 뿐이다. 인생을 이런 식으로 살기 때문에 이들은 최소한의 정의의 기준선마저 무너지고 만다. 욕심이 이끄는 대로 사는 인생인데 무슨 정의가 필요하겠는가? 욕심이 가득한 미련한 자의 모습이다.

개는 도둑이 던져주는 고기 덩어리에 미혹해서 도둑과 친구가 된다. 욕심을 가진 자는 이런 종류의 사람들이다. 이런 사람은 최소한의 도덕적 분별이 되지 않는다. 가까이 해야할 사람과 멀리해야할 사람을 구분하지 못한다. 다시말해서 삶의 경계선 설정을 못한다. 그래서 이들의 무분별한 판단으로 정말 가까운 가족, 친구들이 상처를 입고 멀리 떠나게 된다.

가깝게 대해야할 사람을 멀리하고 오히려 멀리 해야할 사람을 가깝게 대함으로 일관성이 없어져서 인생이 파탄나는 지경에 떨어지게 된다. 결국 유혹에 빠져서 분별력을 잃어버림으로 자신과 가족이 버림을 당하는 모습이다.

## 말꼬리를 붙들고 싸우는 부부

 개의 눈은 색맹이다. 그래서 물체를 구분하지 못한다. 단지 냄새로 구분할 뿐이다. 눈 앞에 있는 적을 인식하지 못하고 고기덩어리의 향기로운 냄새에 혹해서 넘어가 버린다. 상대방의 정확한 의도를 알아차리지 못한다는 말이다.

 눈앞에 있는 이익에 눈이 멀어서 제대로 의도를 파악하지 못하고 앞날을 망쳐버리는 어리석은 인간을 두고 개 같다고 표현한다. 당장의 유혹과 이익에 눈이 멀어서 멀리 내다보지 못하고 큰 일을 망쳐 버리거나 가까운 가족의 안전까지 위협 받게 된다.

  부부가 상대방의 의도와는 관계없이 말꼬리 만을 붙들고 싸우는 경우가 있다. 말꼬리 싸움은 무엇 때문에 싸움의 발단이 되었는 지를 알 수 없게 만든다. 정확한 의도를 파악하지 못한다. 고로 상대방의 말을 들어 보고 의도를 정확하게 파악해야 한다. 그리고 그후에 천천히 응답해야 한다. 당장 응답하지 않아도 된다. 될 수 있으면 천천히.. 천천히 하라.


## 반복적으로 욕심 부리는 부부

 싸움이 반복되고 끊이지 않는 부부가 있다. 이런 속담이 있다. "제 버릇 개 못 준다" 여기서 말하는 버릇은 욕심에 젖은 오래된 습성을 말한다. 이것은 아무리 노력해도 고칠 수 없다는 옛 사람들의 말이다. 욕심이 반복되면 하나의 습관이 되어서 더 이상 고치기 어렵다는 그런 의미이다.

이렇게 반복적으로 사리분별을 하지 못하고 욕심을 부리면 결국 파국에 떨어짐에도 불구하고 욕심을 왜 버리지 못할까?

그 이유는 이렇다. 반복해서 욕심을 내는 것은 다른 방법을 알지 못하기 때문이다. 욕심에 눈이 어둡게 되면 제대로 구분을 못한다. 이들의 목표는 오로지 순간적 만족이다. 순간적 만족은 잠깐동안 욕심을 채우는 듯 보이지만 결국 주릴 뿐이다.

그리고 아주 잠깐이라도 본인이 잘못 되었음을 반성하는 듯 보이지만 시간이 지나면 언제 그런 일이 있었는가 하고 다시 원점으로 되돌아간다. 이런 식으로 부부 싸움의 패턴이 반복되면 남는 것은 상처 뿐이다. 하지만 더 이상 고쳐지지 않고 습관적으로 반복된다. 이런 습관은 결국 자신을 망하게 만드는 지름길이다.

이들이 취약한 것은 달콤한 유혹이다. 사실 그 유혹도 알고 보면 오랫동안 젖어온 유혹이다. 그는 항상 그 유혹에 빠져 왔다. 그것이 주는 재미와 쾌락이 너무 커서 쉽게 빠져 나오지 못하고 있다. 그것은 결국 개가 도둑이 주는 고기 덩어리를 보고 도둑과 친구가 되는 것과 같다. 결국 가정에 대한 자신의 본분을 잃어버리는 것이다.

욕심이 반복되면 그 욕심은 점점 커진다. 욕심이 크면 현실을 올바로 인식하거나 판단하지 못한다. 욕심대로 행동하면 자기에게 이익이 될 것처럼 보이지만 오히려 자신에게 큰 타격을 준다. 우리는 흔하게 그런 경우를 많이 본다.

 욕심이 가득한 자들은 언제나 욕심을 중심으로 일을 꾸려나간다. 고로 부부는 자신의 욕심을 줄여야 한다. 가족 전체를 생각해야 한다. 욕심에 이끄는 대로 따라가다보면 그만 쾌락에 도취되어 정신 줄을 놓아버리고 말기 때문이다.

 자만도 이런 반복적인 패턴을 보인다. 자신만만하게 큰 소리치면서 행동하는 자만심은 결국 큰 해가 되어 자신에게 되돌아온다. 이런 식이 반복되면 가정에서 왕따 신세로 전락하고 만다.

## 과도한 방어를 하는 부부

 개는 겁이 많은 짐승이다. 그래서 주인이 아닌 타인을 보면 크게 짖어대는 것이 특징이다. 작은 개 일수록 더 크게 잘 짖어댄다. 개가 이렇게 짖어대는 이유는 자기를 방어하기 위해서 이다. 인간으로 말하면 자신에게 피해가 올 것 같아서 소리를 질러대거나 과도하게 자기를 방어하는 경우이다.

 배우자가 옆에 있을 때 장소에 관계없이 거리에서 소리를 고래고래 지르기도 한다. 소리를 고래고래 질러 대거나 세상이 무너질 것처럼 괴성을 질러 주위의 이목을 끈다. 공원이든 할 것 없이 체면을 불문하고 소리를 질러대는 자가 있다. 그 목적은 옆에 있는 배우자의 얼굴에 재를 뿌리기 위해서 이다. 옆의 배우자가 본인을 이렇게 소리지를 수 밖에 없도록 만든 장본인 임을 온 동네에 알리고자 하는 것이다. 그래서 주위 사람들로 하여금 놀라게 만들고 의문을 품게 만든다. 그 이유는 자기가 피해자라고 알리고자 하는 목적에서 이다.

 마치 개가 짖어대는 것처럼 그런 식으로 자기를 알리는 방식이다. 이런 식으로 매사에 방어적으로 과도하게 자기를 표현한다면 결국 그와 함께 할 사람은 없을 것이다. 이런 자들은 대개 과거에 상처받은 것이 현재의 사건으로 재연, 증폭된 경우가 많다.

 이들은 오로지 자신을 방어하기 위해 살아가는 자이다. 고로 자신도 모르게 과대 방어하는 습관을 가지고 부부 싸움을 반복하고 있다면 부드러운 말을 훈련하도록 하라.

 부드러운 말은 상대방을 편안함으로 이끈다. 그것이 자기를 방어하는 최선의 방법이다. 그렇다고 절대적으로 상냥하게 말하는 것을 의미하지는 않는다.

 부드러운 말은 상대방을 편안하게 만들고 안전에 대해 확신을 제공한다. 부드러운 말은 방어적인 마음을 허물고 친근감과 안전을 신뢰하도록 도와준다. 부드러움의 정도는 억양과 톤의 강도를 유순하게 해야 한다. 상대방이 편안하게 들을 수 있도록 말해야 한다.

 예컨대, "밥줘!"라고 말하기 보다는 "밥을 주시겠어요?" 라고 말하는 것이 좀 더 부드럽게 말하는 것이다. 목소리의 톤을 낮추고 짜증나는 투로 말하지 말고 상대방에게 긍정적인 마음을 갖고 있다는 느낌이 들도록 말하라.

그리고 중요한 것은 의도의 문제이다. 선하고 순수하고 좋은 마음으로 말하는 것이다. 의도는 목적이다. 자신이 선한 의도를 가지고 말하는지를 스스로 분별해야 한다.

 자신의 의도를 찾기 위해서는 진실한 자신과 대면해야 한다. 인간은 어려서부터 스스로 자신을 보호하기 위한 자아를 만들어 내었다. 그래서 방어적으로 말하는데 습관이 되었다. 하지만 성숙하기 위해서는 방어적 자아를 직면해야 된다.

 우리는 방어적 자아 뒤의 진실된 자신을 접촉해야만 한다. 과거의 방어하던 습성에서 빠져나와 편안한 마음으로 진솔하게 표현해야 한다. 성숙한 자는 방어적 태도에서 빠져 나와서 진실된 태도를 가진 자이다.

 부부가 벌이는 방어적 패턴은 그 종류가 무수하고 방법도 무궁무진하다. 예를 들어 사람들에게 자신을 좋은 사람으로 보여주고자 하는 자가 있었다. 그는 착한 이미지를 보여 주면서 칭찬받기를 원했다. 겸손 그 자체보다도 겸손하게 보이는 것이 더 급급했다. 하지만 이런 패턴으로 진행하면 정작 필요한 선택을 해야 할 때 제대로 하지 못하고 후회 한다.

 있는 그대로 자신의 모습보다 타인에게 인정 받고자 했던 과대 포장된 모습에 불과하다. 다른 사람을 기쁘게 하여 자신의 착한 이미지를 드러내기를 원한다. 열등한 부분을 그런 식으로 보상 받는다. 그것은 열등하거나 수치스러운 면을 그런 식으로 이미지를 살려서 보상 받고자 하는 방어적 자아에 불과하다.

자신의 약한 면을 커버하기 위해서 과대 표현 방식을 사용한 것이다.

그러나 진실된 참 자신은 겉으로 꾸미는 이미지가 아니라 진정한 의도를 가진 자신의 모습이다. 부부는 이런 마음을 가지고 만나야 한다. 내가 아닌 즉, 방어하는 나가 아니라 진정한 참 자신을 가지고 관계를 유지해야 한다.

## 약간의 빈틈이 생기면 튀는 부부

개는 주인이 잠깐이라도 비워 있으면 안된다. 늘 곁에 있어야 한다. 조금이라도 빈틈이나 여유를 주면 쓰레기 통을 뒤지거나 다른 개와 싸우는 특성이 있다.

부부간에도 한시라도 곁에 붙어있지 않으면 사고를 치거나 문제를 일으키는 불안한 성품을 가진 자가 있다.

한쪽 배우자가 잠시 다른 데 정신을 팔면 그 순간을 이용해서 타인과 긴밀하게 연락하여 즐거움을 찾는다. 남편이나 아내가 없는 틈을 이용해서 외도하는 경우이다. 직장 일에 바쁘다고 말하거나 또는 친정, 시댁에 간다고 핑계를 대고는 자기가 하고 싶은 짓을 하거나 배우자가 싫어하는 짓을 한다.

이것은 마치 개가 주인의 빈틈을 이용해서 사방을 다니며 쓰레기통을 뒤지는 것과 같다. 이런 일은 비일비재하다. 이런 일로 인해 부부는 신뢰를 잃어버리고 싸움이 반복된다.

# 반성하지 않는 부부

 중요한 사실은 습관적으로 부부 싸움을 하는 자들은 반성하지 않는다는 사실이다. 실컷 싸우다가 반성하지 않고 시간이 지나면서 그 일은 없었던 일로 넘어갈 뿐이다. 그러니 싸우는 일이 반복되고 싸움은 잠재되어 있다.

 개가 반성하겠는가? 흔히 사람들은 자신의 한 일에 대해 반성하지 않는 자를 두고 개 같다고 말한다. 반성할 줄 모른다는 것은 곧 자기 인식이 안 되는 것을 의미한다.

 자기 인식이 안된다는 것은 곧 자신의 행위를 보지 못하고 타인에 대해서만 비난하거나 공격하는 것을 말한다. 그것이 바로 반성할 줄 모르는 개의 습성이다.

 개가 도둑의 꾀임에 빠지는 것은 분별이 안 되는 무지 때문이다. 그러니까 자신의 무분별로 인해 배우자에게 큰 고통을 주었다는 사실을 안다면 매우 다행한 일이다. 하지만 자신의 한 짓을 돌아보지 않고 변명하거나 아무 일이 없었다는 듯이 반성하지 않는다면 바로 이것이 개와 같은 성품이라고 말할 수 있다.

 다시말해서 큰 잘못을 저질러 놓고서 반성할 기미를 보이지 않으면 흔히 "개 같은 인간"이라고 욕을 먹는다. 자신의 행동에 대해 변명거리를 만드는 일이 얼마나 피곤하고 고통스러운 일인가? 차라리 그 힘과 에너지로 반성하는 것이 오히려 간편할 것이다.

## 가치없는 부부

사람들은 보통 다투거나 싸움을 할 때 상대방을 두고 이렇게 욕을 한다. "에그 저걸 그냥! 내가 개 값을 치루기 싫어서 너를 그만 내버려 둔다."

개 값이 뭔가? 개의 가격이 싸서 개 값이라고 말하는가? 아니면 다른 의미가 있는 말인가?

개 값은 개처럼 더럽고 불결하게 살아온 인생의 가치를 두고 하는 말이다. 저급하게 가치를 평가한 경우이다. 술과 외도에 혈안이 되어서 윤리 도덕을 내팽개쳐 버린 인생, 무책임에 빠진 인생, 몰상식한 인생, 타인에게 피해를 주는 인생, 타락한 인생을 두고 하는 말이다.

사람으로 보기에는 너무나 하찮고 무가치한 모습으로 살아갈 때 개 값이라고 말한다. 상식과 양심이 무너진 인생을 두고 개 값이라고 말한다. 개 값 인생을 살아가는 인간들이 있다.

무책임하게 가정을 내 팽개쳐 버린다면 사람으로써 최소한의 가치를 잃어버린 자이다. 진정 가치있게 인생을 살지 못하는 불쌍한 존재들이다. 자신의 삶을 돌이켜 보자.

자신의 가치를 높이는 일에 대해 소홀히 하면서 살아왔던 지난 날을 살펴보자. 진정 가치 있는 인간이 되고자 한다면 먼저 자신의 행실을 돌아보라. 그리고 외모, 대인 관계 능력, 성격 스타일, 나에 대한 타인의 시각, 일상 대처 능력, 지적인 능력, 사물과 사건에 대한 깨달음 등을 보면서 스스로 가치를 높이자.

## 본능에 몰두한 부부

 먹는 것, 입는 것, 즐기는 것 등 온통 감각에만 집중되어 있는 부부가 있다. 이렇게 사는 것이 최고의 삶이고 행복이라고 여긴다. 마치 하루 온종일 먹을 것을 찾아 다니는 개처럼 살아간다. 개는 감각에 몰입해서 살아가는 짐승이다. 부부가 본능적 감각에만 몰입되면 관능적 쾌락에 빠진다.

 먹을 것에만 관심을 두는 개처럼 내적 가치를 잃어버리고 물질적 욕심에 빠져 살아가는 부부이다. 그렇게 살면서 이것이 가장 올바른 인생이라고 외치면서 타인의 목소리를 잠재운다. 하지만 양심 없는 감각적 인생은 몸으로 말하자면 나쁜 피가 혈액을 타고 돌아 다니는 것과 같다. 그래서 혈액이 응고되거나 피떡이 되어 몸에 이상이 생긴다. 이런 식으로 나쁜 피가 돌아다니면 결국 몸에 이상이 생겨서 큰 병에 걸릴 수 밖에 없다. 한마디로 불결한 삶이다.

 감각적 원리는 올바른 삶을 살지 못하게 한다. 이런 삶의 특징은 내적인 면은 없고 뭐든지 위선과 껍데기로 치장한다. 이들은 머릿속에 생각나는 대로 움직인다.

 우리는 머릿속에 생각이 나는 것이 모두가 다 자기 생각은 아니라는 것을 알아야 한다. 스치면서 들었던 말들이 기억에서 떠오르기도 하고 이미지가 강박적으로 되풀이 할 수도 있다. 그렇게 말도 안되는 무분별한 생각이 얼마나 많은가?

 그럼에도 사람들은 그것이 다 자기 생각이라고 믿고 있다. 우리가 알아야 할 사실은 외부에서 들어온 말, 심상이 전부 다 자신의 것이 아니라는 것이다. 그런 쓰레기 같은 생각을 다 좇아 가면 극단적 위험에 빠지고 만다.

하지만 감각적인 자들은 그것을 판단할 만한 이성적 능력이 없다. 심사숙고 하지 않기 때문이다. 그저 할 일 없이 집을 나서서 백화점이나 사창가를 돌아 다닐 궁리만 하는 자와 같다. 그들은 스스로 이성적인 판단을 하려고 노력하지 않는다. 그것 조차도 무거운 짐으로 여긴다.

마치 개가 주인이 던져주는 고기를 기다리는 것처럼 타인이 자신의 감각을 어루만져 주기를 기다린다. 이는 마치 굶주린 개가 먹을 것을 찾아 온 동네를 헤집고 돌아다는 것과 같다. 이들은 타인의 결정에 의해 살아가는 자들이다.

감각적인 자들은 인생을 신중하게 살지 못한다. 감각이 주인 노릇을 하기 때문이다. 문제는 자신의 감각적 생각을 이성적 판단으로 착각 한다는 데 있다.

그래서 감각에 도취된 자들의 삶을 바로 잡기 어렵다. 그러므로 스스로 판단하라. 이 생각의 목적이 무엇인가?

"나는 무엇을 얻고자 이런 생각을 하고 있는가" 를 성찰하라.

진정 성숙한 부부가 되려면 감각이 아니라 이성과 양심이다.

# 나귀에게 배움

나귀는 기억력이 좋고 힘이 세고 몸이 튼튼해서 무거운 짐을 지고 험한 길과 산이나 비탈진 언덕을 잘 다닌다. 고대로부터 나귀는 거친 길을 잘 다니기에 우수한 짐승으로 평가받았다. 나귀는 주인의 명령에 따라 인내하면서 길을 걷는 습성이 있다. 험한 길을 묵묵하게 걸어가는 나귀는 기억력과 인내의 상징이다.

## 인내하는 부부

나귀는 땅을 묵묵하게 보면서 인내하면서 길을 걷는 습성이 있다. 주인의 명령에 따라 험한 길을 묵묵하게 걸어가는 나귀는 우리에게 인내심이 무엇인지를 가르쳐 준다. 나귀는 인내의 상징이다. 부부에게 필요한 것은 인내심이다. 사랑은 오래 참는다고 하였다. 오래 참는 훈련은 부부 관계를 더욱 성숙하게 만든다.

## 겸손한 부부

 사람들은 무거운 짐을 지고 묵묵하게 걸어가는 나귀의 모습을 겸손의 상징으로 보았다. 나귀는 언제든 주인이 부리기에 좋은 자세를 하고 있다.

 나귀는 항상 시키는 대로 움직일 자세를 취한다. 손님을 맞이할 준비를 하고 일단 손님을 모시면 땅만 보고 묵묵하게 길을 걸어간다. 그저 주인이 시키는 대로 움직이는 나귀의 모습이다.

 사람들은 이런 나귀를 보면서 겸손을 떠올린다. 사람의 경우도 마찬가지이다. 겸손은 상대방을 자신보다 더 낮게 여기는 것이다. 자신을 낮추는 마음에서 나온다.

 나귀처럼 겸손하게 인생 길을 걷고 있는가?

 부부가 진정으로 추구해야 할 것은 사랑이다. 사랑은 올바른 질서 안에 있다. 질서를 떠나서 배우자를 사랑한다고 말할 수 있는가? 나귀가 주인을 태우고 묵묵하게 걸어가듯이 부부는 사랑을 모시고 인내심을 가지고 걸어가야 한다. 인내심과 겸손이 합쳐져서 긍정적인 미래를 만들 수 있다.

<br>

부정적인 면

<br>

## 상처받은 기억을 되씹는 부부

 나귀는 기억력이 좋은 짐승으로 평가받는다. 그래서 한번 다녀온 길을 잊지 않는다. 우리는 흔히 기억력이 좋은 사람을 두고 머리가 좋다고 말한다.

기억력은 대인 관계에서도 필요하다. 상대방의 이름, 전화 번호, 주소 등을 기억하고 있으면 쉽게 대화가 통하고 일을 수월하게 처리하는 데 장점이다.

기억은 삶에서 일어나는 모든 경험들을 오감(시각, 청각, 촉각, 미각, 후각)을 통해 뇌 속에 저장하는 기능이다. 인간이 보통 80년 내지 90년을 사는데, 그간 삶의 경험에서 수집된 사건에 대한 기억이 얼마나 많은가? 사건에 대한 메모리 보다 기억된 사건을 어떻게 해석하느냐 가 매우 중요하다.

부부 중에 지난 과거 상처 받은 일을 잊지 않고 기억하는 자들이 있다. 그래서 그 기억 때문에 늘 우울해 하거나 과거 얘기를 주변의 친구나 친지에게 말하면서 위로를 받는다.

또는 원망과 분노에 사로잡혀 기억의 구덩이에서 헤어 나오지 못하기도 한다. 그들은 끊임없이 과거 상처를 끄집어 내면서 분노와 절망을 반복한다. 그들의 말을 듣다보면 언제까지 이런 이야기를 들어야 하나 하는 의구심과 함께 또 상처난 기억에서 언제 벗어날까 하는 생각이 든다. 이들은 형제, 부부, 부모에게 느껴지는 상처를 안고 평생을 원망하면서 원수처럼 살아간다.

또는 어느 부부는 사소한 말을 하다가 과거 기억을 끄집어 내어서 싸움을 시작한다. 그러면 상대 배우자는 "또 옛날 이야기야? 또 시작이군" 하면서 화를 낸다. 그러면서 싸움의 발단이 시작된다.

*201*

기억을 반복하는 것은 기억을 모시는 것과 같다.

기억에 따라 생각의 품질이 결정된다. 우리는 인생에서 기억에 따라서 삶의 품질이 결정됨을 알아야 한다. 과거 상처난 기억을 모실 것인가 아니면 행복했던 사건을 기억하며 살 것인가?

우리가 알아야 할 사실은 과거는 이미 흘러간 시간이다. 과거로 되돌아 갈 수는 없다. 과거 사건은 존재하지 않는다. 단지 기억에 남아있을 뿐이다.

기억은 기억에 대한 해석이 더 중요함을 알라. 그 과거를 어떻게 해석하느냐가 달려 있다. 과거가 힘들었다고 하더라도 배우자가 과거로 인해 오늘 더 성장했다면 현재에 감사해야 한다. 과거는 과거 기억일 뿐이다. 과거 상처난 기억이 현재에 영향을 미치도록 만들어서는 안된다.

우리는 과거 사건을 좋은 방향과 긍정적으로 해석하는 것만이 문제를 해결할 수 있다. 그 기억을 현실에 맞게 새로운 관점으로 이해하도록 노력하라. 만일 당신의 삶의 일대기가 영화로 상영된다면 어느 장면을 바꾸고 싶은가? 바로 그 부분을 긍정적으로 해석하여 각본을 고치라. 어렵지만 시도해 보라. 인생의 전환점이 될 것이다.

## 예민하지 못한 부부

나귀는 예민하지 못한 짐승이다. 어려서 부모의 부부 싸움을 보면서 자란 아이들이 있다. 아이는 부모의 고성과 난투극과 파멸적인 대화가 오고가는 모습이 두려웠다. 그래서 그 아이가 자기를 보호하는 방법은 무감각하게 되는 길이었다. 그는 부모의 싸움에 전혀 신경쓰지 않았고 말릴 생각도 없었다. 그 이후로 그는 어떤 문제든 문제로 보지 않고 전혀 심각함을 느끼지 못하였다.

자신도 모르게 고통을 고통으로 느끼지 못하고 스스로 무감각하게 만들게 된 것이다. 미국의 시인 에밀리 디킨스(Emily Elizabeth Dickinson)는 이렇게 노래했다.

> 너무나 처절한 고통이 있었네
> 고통은 모든 것을 삼켜버리지
> 모든 것을 최면으로 덮어버리네.
> 모든 기억이 그 고통을 지나
> 그 고통 위를 지나듯이
> 무감각에 빠진 그는 안전하다고 느끼며 살아간다네.
> 눈은 뜬 채 서서히 쓰러져가면서

만약 감각이 무뎌지면 감정을 느끼지 못한 채 고통의 순간을 무감각으로 견딘다. 그리고는 무감각해지는 것이 고통스러우면 감정을 끌어올리도록 도와 주는 처방전을 찾으려고 할 것이다. 알코올, 마약이나 환각적 약물과 같은 것들이다.

중독은 슬픔과 외로움, 두려움을 느끼지 않게 해 준다. 이런 회피성 중독에는 성 중독, 도박 중독, 일 중독, 섭식 중독이 포함된다. 이런 것으로 고통스런 감정을 먹어 버린다.

부부 간에도 문제를 문제로 보지 않는 무감각의 상태에 빠진 부부가 있다. 이들은 싸우지 않는 평화로움이 아니라 단지 상대방에 대해 전혀 신경쓰지 않고 싶은 것 뿐이다. 상대방이 어떤 상태에 있든 전혀 신경쓰지 않는다. 그러다 보니 부부는 소 닭보듯이 살며 그간에 쌓아두었던 좋은 감정까지 놓쳐 버린다.

서로에 대해 예민하지 못하면 서로에 대해 사랑할 기회를 놓쳐 버린다. 그러면 편협한 시각을 갖게 된다. 가족 전체를 보는 시야가 좁아진다. 부정적 혹은 치우친 생각으로 살아간다.

또 다른 사람의 기쁨과 슬픔에 대해 동참하지 않는다. 세상이 전쟁이 일어나든지 말든지 아무런 신경을 쓰지 않는다. 남들은 이런 자를 보며 말이 없는 조용한 성품이라고 생각한다. 천만에 절대 그렇지 않다. 이들은 자신을 숨기고 있을 뿐이다. 사실 이들의 무관심은 조용함이 아니라 내적인 굶주림이다. 자신안에서 정서적 만족이 없는 허탈한 상태이다. 그들에게 관심있는 것은 이 정서적 굶주림을 해결하는 길이다. 자신 안에서는 굶주린 짐승이 끊임없이 먹을 것을 달라고 외쳐대고 있다. 그리고 그 짐승은 언제든 튀쳐나올 기회만을 엿보고 있다. 마치 용수철처럼 기회만 되면 순식간에 튀쳐나와 쾌락과 만족이 주어지면 무엇이든 삼킬 기세이다. 이런 식으로 항상 처절한 갈증과 긴장 속에서 살아간다. 참으로 불쌍한 인생이다.

# 염소에게 배움

## 일상적 지식을 배우며 살아가는 부부

 염소는 양과 생김새가 흡사하다. 사람들은 염소가 호기심 어린 눈으로 뚫어지게 쳐다보는 모습을 두고 염소에게서 지성적인 면을 찾는다. 염소의 상징성은 전문적이거나 수준 높은 지성을 의미하는 것은 아니라 세상 살아가는 데 필요한 일상적 지식이라고 할 수 있다.

 지성은 상식적 행위를 의미한다. 지성은 자신이나 타인에게 유익한 일을 할 수 있는 재료이다. 건강한 사람은 신체적 힘과 함께 상식이 있는 자이다. 그러나 만일 자신의 지성을 우상화한다면 그는 자만하여 자신 스스로 묶는 꼴이 된다.

 염소는 좋은 의미에서 지성을 의미하지만 나쁜 의미로는 지적인 변덕을 의미 한다.

 우리는 인생에 대해 개인적인 철학을 수립하면서 살아간다. 나름대로의 통찰력으로 철학을 세워가면서 살아가는데, 그러기 위해서는 지성이 필요하다.

*205*

## 호기심을 채워나가는 부부

 염소는 호기심이 많고 장난치기를 좋아하는 짐승이다.

 전문가들이 자기 영역에 폭넓은 지식과 탁월함을 발휘할 수 있는 이유는 특정 영역에 호기심을 가지고 아주 사소한 것이라도 열정적으로 관심을 보이기 때문이다. 어떤 일에 성취를 이루거나 전문가가 되기까지는 호기심을 잃지 않고 많은 시간을 할애하고 집중적으로 연습했기 때문이다. 그들은 하루라도 연습하지 않으면 굳어감을 발견한다. 그래서 끊임없이 자신을 통제하고 노력하기를 그치지 않는다.

 아이들은 호기심의 기반 위에서 꾸준하게 세상을 탐색한다. 플라톤(Platon)은 의구심을 갖는 것에서 부터 철학이 시작된다고 말했다. 사람은 어려서 사물에 대한 호기심에서 출발한다. 호기심으로 자연 만물을 탐색하면서 용기와 상상력을 동원한다. 이런 호기심은 세상을 살아가는 원동력이다.

 호기심은 인간이 가진 놀라운 힘이다. 호기심과 의구심은 배움의 기초가 된다. 호기심은 새로운 정보에 대해 탐험을 하도록 하고 몰랐던 사실을 배울 수 있도록 해준다.

## 부정적인 면

## 항상 고집부리는 부부

 염소는 성급하고 고집스런 면이 있다. 그래서 염소는 독단적으로 행동하는 사람들의 모습을 연상케 한다. 그래서 사람들은 고집스러운 사람을 보고 염소 고집이라고 말한다. 또 염소를 그릴 때 익살스럽게 염소의 수염을 그려서 고집스러운 사람의 얼굴 모습을 빗대어 그리기도 한다.

 염소에게는 뿔이 있다. 뿔이 있다는 것은 상대방을 공격하는 무기가 있는 셈이다. 뿔로 들이 받을 수 있기 때문이다. 뿔은 힘을 상징한다. 부부 중에는 자신의 잘못을 시인하지 않고 고집으로 밀어 부치는 자들이 있다. 그는 스스로 말하기를 "나는 고집으로 망해도 끝까지 갈거야" 라고 말한다. 상대방은 고집을 깨부수고자 잔소리와 험한 말을 되풀이 한다.

 한쪽은 고집, 다른 한쪽은 잔소리가 패턴이 되어 버렸다.

 고집은 사람들의 사고 능력을 차단시킨다. 사고 능력이 차단되면 정신적 폐쇄 현상이 일어난다. 정신적 폐쇄가 찾아오면 지혜는 사라지고 멍청한 사람처럼 혼란스럽게 된다.

 이런 자는 현실적인 생각 자체를 하지 않게 되고 자신을 잃어버린다. 정신적 폐쇄 현상은 멀리 내다보지 못하며 근시안적인 삶의 방식 만을 가지고 살아가게 만든다. 결국 짐승처럼 심사숙고하는 자세를 잃어 버린다.

 타인의 눈치를 보면서 비현실적인 삶을 사는 사람들이 이런 부류이다. 이들은 "무작정 고집을 피우든지 무조건 남의 말을 따르든지" 하는 생각으로 무조건 순응하거나 무조건 불복한다.

 한마디로 누구와도 협상을 하지 못하고 대인 관계에 구멍이 뚫리고 만다.

또한 고집은 깨달음없이 자란 사람들의 특징이다. 고집 부린다는 것은 자기 생각을 꺾지 않겠다는 뜻이다. 아무리 좋은 지혜가 있어도 듣지 않으려는 신념이 자리 잡는다.

하지만 이런 사람들은 자발적인 선택을 잃어버렸기 때문에 자신을 받아주거나 조금이라도 자신을 이해해주는 사람이 나타났다 하면 목숨이라도 아끼지 않고 충성한다. 생각이 짧고 깊이가 없기 때문에 당장 만족을 주는 사람에게 이용 당하기 십상이다.

한쪽 배우자가 상대방의 말을 거절하고 이런 식으로 살고 있다면 사기꾼들에게 이용당하기 십상이다. 그러면 자신도 불행에 빠지지만 가족 전체를 불행하게 만든다는 사실을 알라.

생각없이 행동하는 것은 공들이지 않고 결과를 얻고자 하는 것이다. 그런 식으로는 결코 좋은 결과를 얻을 수 없다.

또 재물과 권력을 믿고 독단적인 아집과 편견을 부리는 자가 있다. 이런 부부도 위험하다. 그에게 돈과 권력이 있을 때는 사람들이 찾아오지만 그에게 어려움이 닥칠 때에는 아무도 그를 반겨 맞아주지 않는다.

간혹 성급하고 조급함을 갖는 부부가 있다. 하지만 너무 성급하다보면 큰 실수를 저지른다. 성급하다보면 큰 낭패를 자초하게 된다.

예를 들어, 부부 싸움을 했다고 치자. 그러면 세상이 무너질 것처럼 호들갑을 떨고 배우자의 허물을 친구, 친척, 평소 부부를 잘 아는 자들에게 메일, 카톡, 문자 등으로 옮긴다. 그래서 배우자의 대안 관계에 흠집을 낸다. 당시에는 그것이 화가 나서 한 행동이지만 그로인해 겪는 후폭풍은 생각하지 못한다. 결국 이런 성급함이 상대방 뿐 아니라 자신의 삶까지도 망가 뜨린다.

 우리가 나이가 들면서 걷는 것이나 말이 느려지는 것은 그만큼 여유를 가지고 천천히 사고하는 버릇을 가지라는 의미이다. 차를 운전하면서 길을 가다가 고장이 나면 잠시 차를 세워두고 주변을 살펴보는 여유를 가져보라. 새로운 공기를 마시고 심호흡을 하면서 천천히 생각해 보라. 어떤 좋은 방법이 떠오를 수 있다. 고로 여유를 누리자. 인생을 성급하게 살지말고 웃고 즐기면서 여유있게 살아가자.

 노만 커즌스(Norman Cousins)는 1964년 당시 의학으로는 고칠 수없는 온몸 마비 상태에서 고통을 잊기 위해 코미디 프로그램을 보면서 웃어 대기 시작하였다. 그러자 그에게 건강이 주어지기 시작하는데, 그로 인해 웃음 치료학을 체계화하였고 미국 U.C.L.A 의과대학 수업 과목으로 채택되었다고 한다.

 그는 말하기를 "나는 10분간의 폭소가 고통없이 2시간 동안 편히 잘수 있는 마취 효과가 있음을 발견하였다. 웃음의 효과가 사라졌을 때 영화 영사기를 다시 바꿔 돌렸다. 그러자 또다시 고통없이 잠자는 시간을 만들 수 있었다"

# 말에게 배움

 사람들은 말의 민첩함을 보면서 지식을 향해 신속하게 달려가는 총명함을 상징하고 있다고 여겼다.

 나귀는 거친 길을 천천히 걸어가기 때문에 단지 기억 수준에 머무르지만 말은 목표를 향해 신속하게 달리기 때문에 총명함을 상징하는 동물로 보았다.

 인류는 매년 크리스마스가 되면 말구유를 만들고 말구유에 오신 구세주를 찬미한다. 사람들은 매년 크리스마스 때가 되면 말구유에 요람을 깔고 아기 예수께서 탄생하셨음을 기념하는 모형을 만들고 축하한다. 말구유는 말의 여물통을 말한다. 구세주께서 말이 먹는 밥 그릇에서 탄생하셨다는 의미이다. 이 말은 진리는 총명의 요람을 깔고 탄생하셨음을 의미한다.

## 매우 총명한 부부

 말은 초원을 빠르게 달리는 짐승이다. 또한 말은 사람들이 조종하는 것을 민감하게 반응하는 우수한 짐승이다. 그래서 사람들은 말과 친숙하게 지냈고 소중하게 여겼다. 사람에게 총명한 지식은 마음을 진보할 수 있게 해주는 훌륭한 수단이다.

소크라테스는 "너 자신을 알라!"고 말했다. 너무나도 유명한 말이다. 이 말은 '자기 인식'을 강조한 말이다. 다시말해서 자기 인식의 총명함이 필요하다는 말이다. 그것이 진정한 의미에서 지혜이기 때문이다.

# 부정적인 면

## 상대방을 의심하는 부부

총명한 부분의 어두운 그림자는 추론이다. 대부분 부부 싸움은 추론에서 나온다. 왜냐하면 추론은 사실에 근거한 것이 아니고 자신의 감정과 느낌에 의해 나온 말이기 때문이다. "아마 이 사람은 다른 여자와 놀러갔을거야?" ,"이 사람이 나를 안좋아하나봐", "아마 다른 누군가를 사랑하고 있나봐"

추론은 부부 싸움에서 빠지지 않는 요소이다. 추론이 많으면 그만큼 싸움이 더 많아질 수 밖에 없다. 지혜와 총명의 반대편에 있는 것이 추론이다. 추론은 하나의 상상력은 되지만 사실은 아니다.

말은 쏜살같이 달려가는 모습을 연상시키지만 말이 진흙에 빠지거나 물속에 빠지면 더 이상 달려가지 못한다. 이런 상태가 총명이 어두워진 상태 즉, 추론의 상태이다.

만일 부부간에 추론에 빠지면 상대방에 대해 허망한 말을 내뱉고 분노에 찬 행동을 하게 된다.

그리고 추론은 변질된 지식으로 추락할 수 있다. 추론을 믿고 의지해 왔던 부부는 결국 위기에 봉착했을 때 추론이 그들을 지켜주지 못함을 알게 된다. 오히려 추론으로 부부 관계를 망가뜨린다. 그것으로 인해 이혼의 요인이 되기도 한다.

부부가 추론으로 계속 싸움이 붙었을 때 진실은 사라지고 이럴 것이다 혹은 저럴 것이다 라는 추측만 난무하게 된다.

그러나 자신의 생각이 맞다고 생각했는데 상상력에 불과했음을 알게 되는 때는 추론이 위기에서 자신을 지켜주지 못함을 깨닫는다. 그렇게 깨닫게 되기까지 오랜 시간이 필요하다. 자신이 그야말로 미친 짓을 했다는 사실을 알기까지 얼마나 많은 시간과 에너지를 허비했는가? 하지만 가정은 극도의 혼란에 빠져 있게 된다. 정신이 깨어난 후에는 이렇게 말한다.

"내가 무슨 짓을 한거야. 내 생각이 분명히 맞다고 생각했는데 .. 이상하다. 이게 뭐지?"

부부 사이에 추론적 상상력이 든다면 상대방에게 사실을 물어보라. 자기 나름대로 추론에 빠지면 엉뚱한 생각에 파묻힌다. 부부는 대화하는 관계이다. 상대방의 의도를 정확하게 듣고난 이후에 판단하라.

미국의 정신과 의사 스캇 펙(Scott Peck)은 '거짓의 사람들' 이라는 책에서 이런 신념 즉, 추론을 두고 사탄이라고 정의를 내렸다. 그는 보통 인간들이 가지고 있는 거짓의 목록을 다음과 같이 말하고 있다.

첫째, 인간은 자력으로 살아야 하고 자신 외에는 아무도 의지해서는 안된다.

둘째, 이 세상은 힘(돈, 권력..)의 논리로만 설명이 가능하다

셋째, 죽음은 인생의 종국이며 그 뒤엔 아무 것도 없다.

넷째, 인간 행동의 동기는 돈이며 나머지는 위선에 불과하다.

다섯째, 돈을 위해 경쟁하며 사는 것이 가장 현명한 방법이다.

그는 이 책에서 사탄은 추론을 유지하도록 하기 위해 유혹, 아첨, 감언이설, 지적 논리. 계략을 주입한다고 말한다.

그는 "사탄의 첫째 무기는 공포이다" 고 강조하면서 사탄은 물질이 아니고 만질 수도 없으며 하나의 실존이라고 말한다.

추론을 두고 사탄이라고 말한 그의 논리가 놀랍다. 그만큼 상대방과 가정을 무너뜨리는 결과를 가져오기 때문이다.

"부부들이여 추론에서 벗어나라! 추론으로 당신의 가정이 무너질 수 있다. 사실에 근거한 이성적 논리와 양심을 찾아라. 그래야만 가정을 살릴 수 있다. 추론이 계속된다면 스톱하고 당신의 생각을 정지시키라."

# 늑대에게 배움

늑대는 개와 비슷한 동물이다. 늑대는 이리, 승냥이, 쟈칼로 부르기도 한다. 늑대는 주로 가축을 잡아먹는데 양이나 소를 키우는 유목민이나 목동들이 경계하는 동물이다. 늑대는 생김새가 섬뜩할 정도로 무섭게 생겼으며 날카로운 이빨을 드러내며 강렬한 눈빛을 반짝이며 으르렁거린다.

늑대는 목표를 위해서는 어떠한 방법이라도 다 사용하는 짐승으로 동화속에 등장하기도 한다. 늑대를 두고 양의 탈을 쓰고 접근하는 위장 전문가, 자기 배를 채우는 짐승으로 등장한다.

## 자녀에 대해 집착을 갖는 부부

늑대에게 찾아볼 수 있는 긍정적 요소가 있다면 자기 새끼를 끔찍하게 잘 돌본다는 것이다. 그러나 이것이 부정적이 되는 것은 자기 새끼를 위해서 다른 짐승을 잔인하게 죽이기 때문이다.

늑대가 자기 새끼를 움켜쥐는 상태는 긍정적이 되기도 하고 부정적이 되기도 한다. 다시말해서 자기 가족이라고 여길 때는 아껴주지만 타인이라고 여길 때는 배척하고 죽인다는 점이다.
 자기 편을 위해 끝까지 붙잡고 놓치지 않으려는 마음은 긍정적이지만 그렇다고 타인을 희생시킨다면 부정이 된다.
 움켜쥠이 좋은 의도로 사용된다면 책임감이라고 할 수 있지만 타인의 희생으로 자기 가족을 살린다면 약탈이 된다.

## 부정적인 면

### 서로 지배하려는 부부

 늑대는 정면으로 공격하여 먹이를 취하기보다는 몰래 숨어 있다가 조직적으로 습격하여 가축을 노린다. 늑대는 한마디로 말하면 지배욕을 상징한다.
 부부간에 배우자를 지배하고자 하는 자가 있다. 자신을 대단하고 특별한 존재로 여기고 말, 돈, 행동으로 배우자를 지배하는 것이 습관이 된 자이다. 그의 지배욕 때문이다. 그런 자들이 늑대같은 자들이다. 배우자가 고통을 당하든 절망을 하든 관계없다. 다만 상대방을 짓밟아서 이용하면 성공이라고 여긴다. 배우자의 고통에 대해 무감각한 자도 늑대같다고 말할 수 있다. 그만큼 잔인하기 때문이다. 수단과 방법을 가리지 않고 자기 만족을 위해서 죽어도 문제될 것이 없다고 여긴다.
 이런 지배욕을 가진 자들이 가정내에 숨어서 맹활약을 한다.

이들이 원하는 것은 자기가 높아지려는 것이다. 도저히 사람이라고 말할만한 가치가 없는 자이다. 늑대는 지배하는 원리이다.

## 길들여지지 않음

늑대는 개와 비슷하다. 개는 길들여지지만 늑대는 절대로 길들여질 수 없는 짐승이다. 개들은 적당하게 막대기로 좇아내면 도망가지만 늑대는 오히려 더 달겨들 뿐이다. 늑대는 무리지어 살면서 조직적으로 움직인다. 늑대가 떼를 지어 움직일 때는 먹잇감을 발견했을 때이다. 늑대는 시력이 좋고 청각, 후각이 뛰어나기 때문에 어떤 짐승이든 걸렸다하면 도망갈 방법이 없다. 그때는 늑대가 사나운 짐승으로 돌변해서 사냥하는 때이다.

늑대는 우두머리가 있어서 사냥할 때는 모이지만 사냥이 끝나고 나면 흩어진다. 이기적인 목적을 위해서는 연합하지만 그 일이 없어지면 흩어지는 것은 자신을 위해서만 살아가는 자들의 생리이다.

길들여지지 않은 부부가 있다. 앞에서는 온순한 것처럼 보이지만 뒤에서는 사악한 짓을 저지르는 이중적 인간이다. 이들은 자신이 길들여지지 않는 이유를 자신 스스로 의지나 노력 여하에 달려있다고 여기지 않는다. 오로지 남의 탓 만을 일삼는다. 자신의 모습은 자신의 문제가 아니고 타인이 나를 이 모양으로 만들었기 때문이라고 주장한다.

그래서 부모나 형제, 친구, 배우자에게 그 화살을 돌린다. 그리고는 마치 늑대처럼 누군가의 힘을 빌려서 그간 베풀어주었던 은혜를 망각하고 뒤통수를 치는 간악한 성품을 가지고 있다. 이들에게 피해를 입은 자들은 이들의 모습에 기겁을 할 정도이다. 그만큼 잔인하고 무서운 자들이기 때문이다. 길들여지지 않는 인간들은 결국 난폭하게 변하고 사악한 성품으로 이어진다. 이는 자기 인식이 없기 때문이다. 다만 세상 살아가면서 이런 이들을 만나지 않기를 기도할 뿐이다. 이는 길들여지지 않은 본성과 같다. 하지만 그 본성은 자신을 공격하는 적이 될 수 있음을 기억하라.

늑대는 잔인하고 난폭한 짐승이다. 하지만 덫에 걸리면 힘없이 쓰러지고 놀라서 스스로 죽기도 한다. 이런 성격의 소유자는 남을 짓밟을 때는 자신이 뭔가 있는 것처럼 보이지만 사실 연약하기 이를 데 없다. 악한 세력은 힘을 줄 때는 강성한 듯이 보이지만 결국 제 풀에 쓰러지고 만다는 이치이다.

늑대는 가죽 외에는 취할 것이 없는 짐승이다. 늑대의 잔인한 성격, 무서운 외모, 거친 음성, 역겨운 체취 모든 것이 쓸모없다. 늑대는 가죽밖에는 취할 것이 없다.

늑대같은 짓을 자행하는 자는 역겨운 인간이다. 늑대가 가죽밖에 쓸모가 없는 것처럼 외적으로 인생을 살아가는 자들은 그저 껍데기 외에는 남는 것이 없다. 다시 말해서 자기 인식이 되지 않는 인간들은 하나도 쓸모가 없다는 말이다. 이들은 버려야만 하는 쓰레기를 가지고 세상을 살아왔다. 한마디로 탐욕을 위해 타인을 희생시킨 자들이다. 그것이 늑대 인간 유형이다.

## 위장술

 늑대를 두고 양의 탈을 썼다고 표현하는데, 이는 위장술이 뛰어남을 말한다. 늑대가 위장하여 숨었을 때는 찾아내기 어렵다.
 그들은 겉보기에는 화려하고 아름답게 포장하면서 말하지만 말 속에는 온갖 술수와 거짓으로 가득차 있다. 늑대는 선을 가장하여 부드럽게 다가가서 거기에 속아 넘어가는 자들을 잔인하게 늑탈한다. 양의 탈을 쓴 늑대의 모습이다.
 늑대같은 인간에게 걸려들었을 때 그들은 먼저 주관적 생각이나 선한 면, 분별력 등을 먼저 제거시킨다. 그래야만 자기들이 이용하기 쉽기 때문이다. 선한 면과 분별력이 제거된 피해자는 그저 아무 생각없이 당하고 만다. 그리고는 남아 있던 양심마저 모두 분해시켜 버린다. 이들은 자신의 이기심을 위해서 잔인하게 모든 영역을 파괴해 버린다. 순식간에 모든 것을 털어서 황폐하게 만든다.
 어수룩하게 이런 자들의 말에 현혹되어 넘어가는 자의 모든 것을 갈취한다. 이런 자들은 파렴치하고 양심의 가책을 느끼지 못하는 자이다.  비록 배우자라고 하더라도 이들의 근본 목적은 상대방의 영혼을 파괴시키는 것이 목적이다.
 부부 중에도 늑대 역할을 하는 자가 있다. 배우자의 눈물과 고통을 보면서 자신이 이겼다고 승리의 미소를 짓는다. 절대로 배우자를 불쌍하게 생각하거나 동정하지 않는다. 이런 자의 특징은 매우 잔인하다는 데 있다.

오히려 자신이 승리한 자처럼 여기고 자신을 아는 자들에게 자랑한다. 배우자를 이겼다는 승리의 영웅담을 나눈다. 듣는 이들은 박수를 치면서 낄낄거린다.

처절하게 복수하고 난 이후에 승리의 보고를 나누는 것 같다. 하지만 부부간에 싸워 이긴 후에 남는 것이 무엇인가?

부부 싸움은 이겼다고 해서 절대 이긴 것이 아닌 것을 알아야 한다. 절대 이긴 것이 아니다. 오히려 그 결과 찾아오는 후유증은 서로가 담당해야 한다. 그로인해 경제적 핍절함, 자녀 문제, 어지러운 집안 살림, 고혈압, 두통, 뇌졸증, 협심증, 우울증 그 모든 피해는 함께 당해야 한다.

배우자가 우울증에 걸려서 잠을 못자거나 혹은 벽만 쳐다보고 있다면 온 가족은 밥을 굶어야 할 것이 아닌가?

배우자가 직장을 그만 두게 되어 집에만 앉아 있다면 돈은 누가 벌어 오는가? 그 고통을 가족 전체가 당할 수밖에 없다. 고로 부부 싸움은 이기고 지는 전쟁이 아니다.

하지만 늑탈자의 문제는 절대 이런 것을 생각하지 않는다는 데 있다.

# 돼지에게 배움

사람들은 끊임없이 꿀꿀거리며 먹을 것에 집착하는 돼지를 보면서 욕심이 사나운 짐승이라고 말한다. 그래서 욕심 부리는 인간을 두고 "돼지같은 놈"이라고 욕한다.

돼지는 먹을 것에 집착하는 짐승이다. 사람도 나누지 않고 욕심에 집착하는 자들이 있다. 돼지는 탐욕을 상징한다.

## 부정적인 면

### 소유해야 직성이 풀리는 부부

돼지는 그저 눈에 보이는 대로 삼켜 버린다. 부부간에도 배우자와 자녀를 생각하기 보다 자신만 배불리는 자가 있다. 이들은 자신이 만족하면 아무리 배우자와 자녀가 힘들다고 소리쳐도 전혀 개의치 않는다.

무엇이 되었든지 간에 자기 것으로 만드는 것이 중요하고 소유하는 것이 목적이다. 자신이 가져도 될 것인지 아닌지를 구분하지 않는다. 그저 눈에 보이는 대로 집어 삼킨다. 세상에는 이런 돼지같은 무리들이 많이 있다.

 예를 들면, 물건이나 음식을 잔뜩 쌓아두고는 결국 먹지도 못하거나 혹은 못쓰게 되어 버리거는 경우, 받지 말아야할 돈을 받아 허비하고는 결국 배우자가 책임을 져야 하는 경우 등이다. 이런 예를 들고자 하면 한도 끝도 없을 정도로 많다. 이들의 눈에는 소유할 것이 천지에 널려 있다. 동네 쓰레기통을 보면서 길가에 있는 좋은 것이 있으면 모두 다 줏어오는 습성이 있다.

 언제나 집안에 필요없는 물건이 가득하다. 옷장에는 입지 않는 옷이 수북하게 쌓여있다. 이들의 패물 보석은 이미 쌓였다. 보이는 대로 구입하였기 때문이다. 돈이 많아서 구입하는 것이 아니다. 쇼핑 중독도 같은 모습이다. 돼지 같은 탐욕이 그를 배불리고 있다. 하지만 그는 만족할 줄 모른다. 그는 배우자의 것을 빼앗으면 된다고 생각한다. 결국 그에게 배우자는 욕심을 채워주는 은행 창구인 셈이다.

## 심사숙고하지 않는 부부

 돼지는 먹은 음식을 새김질하지 못한다. 한번에 다 먹어 버리기 때문이다. 이 말은 반성이 없거나 심사숙고하지 않는다는 그런 말이다.

 돼지는 아무리 깨끗한 음식을 주어도 더럽게 죽탕을 만들어 버린다. 사람도 이런 사람을 두고 더러운 종자라고 표현한다.

깨끗하거나 더러운 것을 구분하는 안목이 없는 인간을 두고 돼지같다고 표현한다.

심사숙고하는 마음이 없이 그저 자기 하나 먹고 배부르면 만족한 것으로 여기는 자가 있다. 자녀 돌봄에 대해 고민하지 않는다. 그저 될대로 되라는 식이다. 이들에게 반성은 피곤하고 재미없는 일이다. 재물은 순간적인 만족을 주지만 반성은 마음만 아프게 할 뿐이다. 이만하면 됐다하는 마음이 없기 때문에 금, 은, 보화, 패물을 많이 가졌다 하더라도 늘 허기져 있다.

대부분 욕심이 많은 만큼 무절제하다. 욕심을 버려야만 절제가 가능하다. 욕심과 절제는 정 반대이다. 돼지같은 자는 절제없이 소유에 집착하며 살아가는 자이다.

다만 욕심에 절어서 스스로 배불릴 뿐이고 인생을 허비할 뿐이다. 순간의 환상적 즐거움을 위해 알코올에 절어 있거나 마약을 주사하거나 도박과 쾌락에 방탕한 생활을 이어가는 자들이다. 고로 도박과 마약은 돼지 성격을 가진 자들이 좋아하는 음식이라고 할 수 있다.

오늘날 그런 유혹에 빠지면 곧 무절제한 돼지가 되고 만다.

## 이기적인 일에 열정적인 부부

들판에 멧돼지들이 떼를 지어 다니는 광경을 본다. 돼지가 떼를 지어 들판을 헤집고 돌아다니면서 농부들이 애써 일구어 놓은 곡식을 하나도 남김없이 모두 삼켜 버린다.

한마디로 욕심이 떼를 지어 몰려다니는 상태이다. 돼지가 떼를 지어 몰려다니는 것은 욕심을 채우기 위해 다니는 것이라고 할 수 있다. 한마디로 이기적 열정의 대명사이다. 이런 열정은 찰라적, 감각적 만족에 온통 몰입된 상태이다. 제 좋을 대로 살아가는 상태이다.

 이렇게 돼지 떼는 열정이 떼를 지어 하나의 원리를 형성한 것이다. 탐욕적 열정에 빠진 인간들의 모습이 이와 같다.

 오늘 현대인들의 정신적 질환을 앓게 되는 원인 중의 하나는 이기적 열정에 몰두하여 절제있는 생활 규범을 이탈한 결과인 경우가 많다. 초기에는 순수했는데 이기적 열정에 심취하여 규모있는 삶을 망쳐 놓고 만 것이다.

 돼지는 살아있을 적에는 사람들에게 도움을 주지 못한다. 생전에는 별로 도움이 되지않는 그런 종류이다. 죽어서 남기는 것은 고기뿐이다.

 부부의 경우, 돼지처럼 살아가는 사람들의 특징은 살아 있는 동안에는 욕심에 젖어 있기 때문에 전혀 도움이 되지 못한다. 그러나 만일 그가 죽는다면 그가 숨겨놓은 재산이나 모아놓은 것을 타인에게 떠넘기고 갈 뿐이다. 자신이 그것을 위해 수단과 방법을 가리지 않고 모아 두었던 것이지만 하나도 가지고 가지 못한다. 타인이 소유할 뿐이다.

 일생을 욕심에 빠져서 자기 배만 채우면서 살았던 자들은 살아서는 좋은 일을 하지 못한다는 말이다.

이기적인 열정에 빠진 자는 곧 돼지의 삶이다. 이런 자의 정신은 늘 허전함에 시달리는데 이를 재물로 채우고자 한다. 하지만 욕심이 제거되지 않으면 결코 채워지지 않고 더욱 갈증만 느낄 뿐이다. 채워지지 않은 갈증과 허기짐을 채우고자 이기심에 허덕인다. 그래서 돼지처럼 살게 되는 것이다.

부부 중에 한쪽이 이기적 열정에 사로 잡혀서 정신을 차리지 못한다면 그 가정은 늘 고통에 휩싸이게 된다.

중요한 사실은 열정의 대상이다. 무엇에 대해 열정을 갖느냐가 중요하다. 욕심 충족을 위한 이기심에 젖은 열정이 아니라 배우자와 자녀를 위한 열정이라면 그 가정은 평화로운 가정이 될 것이다. 가정을 위한 열정을 위해 작은 몇가지를 실천해 보자.

첫째, 의미 있는 관계나 일을 찾으라. 둘째, 보람있는 일을 계획하라. 특히 자녀들에게 긍정적인 경험을 연상시키기 위해 연구하자. 셋째, 여행과 놀이는 시간이 갈수록 더욱 중요하다. 역사 탐방을 자녀들과 함께 하므로 위인들의 정신 세계를 배우라. 넷째, 대화 방법을 배우라. 부부의 대화는 자녀들에게 전수된다. 다섯째, 칭찬하는 법을 배우라. 사람은 고마움과 찬사의 대상이 되고 싶어한다. 칭찬은 주고 받는 좋은 선물이다. 이런 작은 실천에서 삶의 열정과 에너지가 솟아 오를 것이다.

# 원숭이에게 배움

원숭이는 흉내를 잘내는 짐승으로 알려져 있다. 이는 원숭이의 특성이다. 사람들은 원숭이의 흉내내는 모습을 무늬만 좋게 하는 위선으로 보았다. 위선은 내용없이 남의 것을 모방하지만 속은 텅비어 있는 경우를 말한다. 알맹이는 없이 무늬와 모양만 보여주는 인생이다.

## 쇼윈도우 부부

부부 중에는 거짓말과 핑계로 위장하는 자가 있다. 이들은 항상 위선과 가식으로 말하고 항상 보이는 외모에만 신경을 쓴다. 위선은 자신의 추악한 모습을 교묘하게 감추고 포장한다. 이런 자들은 끊임없이 거울을 쳐다보는 게 일상이다. 거울을 보는 이유는 자신의 외모를 스스로 자인하기 위해서이다.

최근 유행하는 용어로 '쇼윈도우 부부'라는 말이 있다. 남에게 아무 문제가 없으며 매우 행복하게 살아가는 모습을 보여주지만 이는 겉만 그럴 뿐 속은 그렇지 못한 경우이다.

부부가 친구, 친척 모임에서는 매우 친밀한 척 하지만 집에 와서는 왕짜증을 폭발시킨다. 졸혼도 그런 유형이다. 이혼하자니 남의 시선과 자녀가 마음에 걸리니까 차라리 내용적으로는 이혼했지만 겉으로는 부부인 척 하면서 살자는 시도이다.

쇼윈도우 부부는 "거짓된 부부 이미지"를 형성한다. 이런 이미지는 진실함이 없는 이미지이다. 그들은 자신들의 관계가 어떠한지 알고 있다고 생각한다. 하지만 그들은 실제로 자신들의 관계 정체성이 어떠한지 모르고 있는 사실을 알지 못한다.

미국의 정신과 의사 스캇 펙(Scott Peck)은 '거짓의 사람들'이라는 책에서 위선자를 악한 사람의 유형이라고 말했다.

그는 말하기를 이런 자들은 자기 이미지를 좋게 보이고자 하거나 타인이 자신을 어떻게 보는가에 대해 유별나게 관심을 가지고 있다. 또 위선적 행위의 생활 양식이 견고해지는데 동시에 타인에 대한 증오나 복수심을 부정한다. 즉, 정직하지 않은 그 일로 더욱 위선의 정도는 심하게 된다고 하였다.

위선자는 자신을 속이는 것이다. 사실 성경에서 9계명은 이웃에 대하여 거짓 증거하지 말라"고 하였는데 이 말은 거짓으로 포장하거나 허울 좋은 가면을 쓰지 말라는 의미이다. 위선은 일종의 거짓이다.

# 곰에게 배움

곰은 힘이 아주 센 짐승이다. 곰은 온 몸이 털로 덮여있으며 시각, 청각, 후각이 매우 발달되었다. 곰은 무리지어 살지 않고 외톨이로 살아간다. 곰은 힘으로 밀어붙이는 동물이다. 여기서 곰의 힘을 두고 말할 때는 저차원의 힘을 의미한다.

## 원리 원칙만 주장하는 부부

곰처럼 낮은 차원의 힘에만 의지하며 살아가는 부부가 있다. 이런 부부는 자신의 편견, 고정 관념, 규칙으로 살아간다. 이런 부부는 상대방에게 규칙만을 강조하다가 끊임없는 싸움을 한다. 여기서 규칙은 아주 사소한 규칙이거나 융통성이 없는 경직된 규칙을 말한다.

물론 인생을 살기위해서는 규칙이 필요하다. 하지만 본래의 취지와 뜻을 무시하고 사소한 규칙에 매달리는 것은 낮은 수준에 매달리는 것이라고 말할 수 있다.

예컨대, 문제를 만났을 때 전체를 파악하고 의미를 분석하고 높은 차원으로 문제를 해결하기 보다는 사소한 규칙에 얽매여서 문제를 더 크게 만드는 것을 말한다. 이런 것이 곰의 힘이다.

사랑이나 자비로 하기보다는 법과 규칙에 얽매여서 처리하는 것이다. 그렇게 처리하는 것이 그 당시에는 힘을 드러내 보이고 해결되가는 듯 보이지만 시간이 지나면서 더 큰 갈등이 생기고 상처만 남게 된다. 부부에게도 이런 경우가 많다. 사소한 다툼이 큰 싸움으로 번지게 되어 심지어 친정과 시댁 식구들까지 동원한다. 이는 규칙에 얽매여서 큰 것을 보지 못하기 때문이다.

'창조적인 사랑'을 쓴 존 브래드쇼는 이런 경직된 신념을 두고 '신화' 라고 하였다. 이런 신화는 스스로 만든 최면적 신념이며 인간에게는 사랑만이 진정한 해답이라고 하였다.

권력을 가지고 휘두르는 독재자의 힘은 당시에는 매우 강력하고 힘이 세지만 시간이 지나면서 점점 약해지고 오히려 파멸로 이어진다. 그 힘이 아주 오래동안 이어지는 것이 아니기 때문이다. 오랫동안 힘을 발휘하는 것은 사랑이다.

빅토르 위고(Victor Hugo)의 소설 레미제라블(Les Miserables)의 내용에 굶주려 죽어가는 조카를 살리기 위해 빵을 훔쳐야 했던 일로 18년간을 옥중에서 지낼 수밖에 없는 이야기가 나온다. 가혹한 처벌과 법으로는 주인공을 변화시키지 못했다.

하지만 주인공이 어느 교회에서 사랑을 받으면서 삶의 변화가 왔다. 주인공을 새사람으로 변화시킨 힘은 사랑의 힘이었다.

규칙과 법이 센 것같지만 사랑이 가장 강력한 힘이다.

에릭 프롬(Erich Fromm)은 그의 책 '사랑의 기술'에서 평생가는 사랑은 우연히 생기는 것이 아니라 배우고 실천하고 갈고 닦아야 하는 기술이라고 말한다.

많은 사람들이 세상 살아가면서 사랑을 멀리하고 규칙에만 몰두하고 있다. 하지만 부부 관계를 더욱 원만하게 만드는 것은 사랑이다.

중요한 것은 사랑이 모든 허물을 덮는다는 말을 알고 사랑을 위해 노력해야 한다는 것이다. 어려서 사랑을 배우지 않고 힘에만 의존하며 살았다면 새롭게 사랑을 배우는 기회를 찾으라. 진정 인간을 살리는 힘은 사랑이다.

가끔 어떤 이는 '내가 배우자의 잔소리를 듣고 체념해야 하나?'고 내게 물어 보았다. 그렇지 않다. 사랑하기 때문에 오래 참는 것이다. 체념이 아니라 인내하는 사랑이다.

부부간에 아무리 어렵고 힘든 일이 있더라도 사랑을 가진다면 헤쳐나갈 길이 있다. 옛말에 호랑이에게 물려가도 정신을 차리면 산다고 하지 않았는가?

부부가 오해하지 말 것은 사랑은 느낌이 아니고 의지적 선택이다. 그 말은 실천을 해야 한다는 의미이다.

# 사슴에게 배움

 사슴은 겁이 많고 예민한 짐승이다. 그래서 항상 긴장하고 주변을 살피면서 경계심을 늦추지 않는다. 흔히 사슴이 자유롭게 뛴다는 표현을 하는데 이는 경계심을 늦추지 않을 때 자유가 주어짐을 의미한다.

## 서로를 경계하는 부부

 사슴은 늘 경계한다. 사슴은 귀를 세우고 사방의 적이 있는 지를 살펴보고 끊임없이 경계한다.

 부부중에는 마음을 놓지 못하고 상대방의 눈치를 보면서 긴장하며 살아가는 부부가 있다. 서로를 믿지 못하기 때문이다. 한시라도 긴장을 늦추면 언제 공격해 올지 모르기 때문이다.

 이런 부부는 자유함이 없다. 항상 긴장 초조하기 때문에 불안이 계속된다. 부부라기 보다는 보초를 서는 경계병과 같다.

 이 경우는 부부 관계에 있어서 큰 사건을 경험 했거나 아니면 힘의 균형을 이루지 못해서 또는 한쪽이 너무나 무서워서일 수도 있다.

두렵고 무서우면 숨도 제대로 쉴 수 없다. 어느 정도의 경계심은 필요하지만 그러나 과도하면 불안이 찾아온다.

반대로 경계심을 스스로 풀어서 누구에게든 마음을 열어버리는 경우가 있다. 그가 어떤 사람인지를 알아 보지 않고 무조건적으로 마음을 열게 되면 늑대 같은 자에게 덜컥 잡혀 버려서 가정이 산산조각 나고 자신도 파멸에서 벗어나지 못한다.

그는 어느 정도의 경계마저 풀어버렸기 때문이다. 그러므로 타인을 접할 경우에는 언제나 배우자와 상의해야 한다. 그렇지 않고 배우자 몰래 단독으로 타인을 만나면 파국으로 이어진다.

사슴이 자유를 얻는 것은 경계심으로 얻는 자유이다. 그 경계심은 자신을 지키는 데서 얻는다. 부부 각자가 자신을 지키는 것은 곧 가정을 지키는 것과 같다.

고로 진정 자유를 얻고자 한다면 사슴의 경계심을 배워야 한다. 사슴은 그 댓가로 자유를 얻었다. 자유는 방종이 아니다. 반지속에 보석이 박힌 것처럼 자유 속에는 선이 들어 있다.

그러므로 선이 없는 자유는 방종이다.

# 뱀에게 배움

 뱀은 가늘고 구불구불한 몸을 가지고 있다. 사람들은 뱀이 꿈틀대는 모습을 보면서 징그럽다고 말한다. 뱀은 자신을 숨기고 접근해서 동물들을 잡아먹는다.

## 간교하게 상대방을 무너뜨리는 부부

 뱀 중에는 독사가 있다. 독사는 다른 짐승을 사냥할 때 슬금슬금 소리없이 다가가서는 순식간에 물어 독을 주사하고는 한꺼번에 집어 삼켜 버린다. 사람들은 이런 뱀의 모습을 보고 간교하다고 보았다.

 뱀을 두고 간교하다고 말하는 이유는 뱀은 용의주도하고 빈틈없으며 소리없이 접근하는 데 재간이 있고 약삭빠른 짐승으로 등장하기 때문이다. 더구나 뱀에게는 독이 있다. 독을 가지고 상대방을 공격한다. 뱀의 독은 무엇을 의미하는가? 고대인들은 뱀의 독은 질서에 반기를 드는 것을 상징한다고 보았다. 그래서 질서를 엎어 버리는 자를 독사라고 불렀다.

부부 중에는 성격이 간교한 자가 있다. 그는 간교함을 감추고 접근한다. 그가 위장하여 접근할 때는 그가 어떤 자인지를 알 수 없다. 하지만 그의 본래 인격을 서서히 드러내기 시작한다. 그가 화를 낼 때 본성이 드러났는 데 마치 독기를 내뿜는 듯 하였다. 간교함이 얼굴 표정에서 드러난다.

얼굴은 의도가 표시되는 공간이다. 그때 그의 얼굴은 극도의 적의와 악의가 배어있다. 단지 그것은 느낌으로만 알 수 있는 데 극도의 사악함이 드러나는 것 같다. 무섭고 끔찍하다. 거기에다가 이상한 무거운 중압감 같은 것이 있다. 인간의 인격에서 이런 모습이 드러날 때는 인간이 아닌 또 다른 존재와 마주치고 있다는 느낌을 받는다.

고로 한쪽 배우자가 알게 모르게 파괴적인 행위를 일삼는다면 매우 조심해야 한다.


## 질서를 무시하는 부부

뱀은 땅바닥에 배를 대고 기어간다. 고대인은 뱀이 배를 땅에 밀착하여 사는 모습을 보면서 감각적 짐승으로 보았다.

땅바닥에 몸을 바짝 붙이는 것은 가장 밑바닥에 감각이 닿는 것을 말한다. 이는 극단적 감각 상태를 의미한다. 다시 말해서 감각을 우선으로 여기며 살아가는 상태이다. 감각에만 의존하면 높은 마음의 질서를 무시하고 관능 제일주의가 된다.

쾌락과 관능에 빠져서 몸부림치는 자들이 있다. 이들은 오로지 감각적 만족 외에는 눈에 보이는 것이 없다. 마치 브레이크가 고장난 자동차처럼 감각적 쾌락을 위해 질주한다. 마치 집나간 망아지처럼 행동한다. 그의 생각은 자기를 중심하여 돌기 때문에 아무리 주변에서 고함을 쳐도 듣지 않는 게 특징이다. 그리고 마약, 알코올 중독, 도박, 성 중독에 미쳐 있다. 부모가 되었으면서도 이런 상태에 빠져 있다면 자연스럽게 자녀를 팽개쳐 버리게 된다. 이들은 습관적으로 질서를 무시하고 관능에 의지하여 쾌감과 만족을 얻고자 한다.

## 자만한 부부

뱀이 공격을 시도할 때는 뱀의 머리를 들어 올린다. 사람들은 이를 두고 자기를 높이는 행동 즉, 자만으로 보았다.

자만이 의미하는 것은 자신의 불완전성을 부정하고 스스로를 높이는 하늘 높은 줄 모르는 마음이다.

자만은 자신이 가장 중요하다고 여기는 마음이다. 자기가 최고인 줄 아는 것이다. 그래서 자만한 자들은 자기 외에는 모두 다 하수인으로 여긴다. 위에서 내려다 보고 평가한다.

이를 두고 "나르시즘"이라고 한다.

인간에게 어느 정도의 나르시즘은 필요하지만 자만은 한계를 넘어선 나르시즘이다. 즉, 스스로 자신을 제일로 여기는 마음 상태이다. 이들은 허세 부리는 게 특징이다. 또 타인의 좋은 점이나 장점을 인정하지 않는다.

배우자가 악성 나르시즘을 가지고 있으면 배우자와 자녀들은 그에게 복종할 경우에만 인정을 받는다. 자신을 칭송하고 박수쳐 줄 때만 관계를 맺는다. 거기에는 반드시 희생자가 생긴다. 자기를 높이기 위해서는 상대방이 종이 되어야 하기 때문이다.

부버는 말하기를 "나르시즘 인간은 일을 그르쳐 놓고도 자신은 잘했다고 우겨대는 사람"이라고 말했다.

자만한 자는 자신이 일을 크게 만들어 놓고는 자신은 아무 문제가 없다고 끝까지 고집한다. 자신이 대형 사고를 터트려 놓고는 그 책임을 타인에게 돌린다.

심리학적으로 이런 자를 분류할 때 '성격 장애자'라고 부른다.

자만한 자들은 자기 인식을 하지 않기 때문에 무엇이 문제인지를 정확하게 보지 못한다. 그리고 피해 의식에 젖어서 자신이 이렇게 된 것을 배우자의 탓으로 돌린다.

자신에게는 문제가 없다고 믿기 때문에 절대 자신을 돌아볼 마음이 없다. 언제나 자신의 생각이 맞다고 주장한다. 그러기 때문에 스스로 겸손을 용납하지 않는다.

부부가 살아가는데 위협 요소는 자만, 미움, 적대감, 고집, 방종, 무절제, 분노 등이다. 만일 이런 것들을 없애지 못한다면 그 가정은 위기에 봉착하게 될 것이다.

# 여우에게 배움

여우는 낮에는 굴에 숨어 있다가 밤이면 굴에서 나와 무리를 지어서 먹잇감을 찾아 나선다. 여우가 나타나면 농사지은 밭을 파괴하고 망가뜨린다.

## 배우자의 분별력을 흐리게 하는 부부

중세 시대에는 여우를 비열한 인간의 모형으로 보았다. 왜냐하면 여우는 훔쳐 먹기를 좋아하고 꼬리에서 나오는 독특한 냄새로 뒤를 좇는 사냥개를 따돌리는 재주를 가지고 있기 때문이다. 여우에게는 분별력을 흐리게 하는 냄새 주머니가 있다.

사람들은 그 냄새를 가지고 사냥개를 혼미하게 만드는 능력으로 보았다. 이는 정신 세계를 흐려놓는 여우의 교활함이라고 여겼다. 그래서 여우를 교활하다고 말하는 것이다.

흔히 사람들은 교활한 자를 욕할 때 '여우같은 놈'이라고 표현한다. 부부 중에도 인간 여우들이 많이 있다.

탐욕을 위해서 배우자를 속이거나 간사스럽게 행동하는 것은 일종의 강도짓이다. 이런 자는 부부간의 질서와 예의, 윤리 도덕은 사라진 지 오래다. 이들은 말도 안되는 논리를 앞세워 상대방의 분별력을 흐리게 만든다.

분별력은 참을 참으로 알고 거짓을 거짓으로 아는 것을 말한다. 현실을 왜곡되게 판단하지 않는다. 그러나 분별력이 흐려지면 자신의 판단조차 의심하는 지경에 이른다.

우리는 인간 여우가 되지 않기 위해서 혹은 여우같은 자들에게 피해를 당하지 않기 위해서는 분별력과 경계선을 가져야 한다.

자기가 누구인지 인식하고 자신의 한계가 무엇인지를 알고 경계선을 긋는 작업이 필요하다.

경계선은 한계에서 활기차게 살 수있는 안전 지대를 만들어 준다. 집안에 있으면 편안하다고 느끼는 것은 한계안에 있기 때문이다. 한계 안에 있으면 자유롭게 활동할 수 있다.

한계 인식은 경계선 안에서 상처받지 않도록 지켜 줄 것이다. 몸, 감정, 태도, 행동, 능력, 선택, 소원의 한계를 인식하자.

어디까지 내가 할 수 있고 어디까지가 내가 할 수 없는 것인지를 찾자.

"할 수 있는 일에 대해서는 최선을 다하고 할 수 없는 일은 포기해야 한다. 그리고 이 모든 것을 분별하는 분별력이 필요하다."

# 낙타에게서 배움

 낙타는 고집스러운 짐승이다. 낙타는 체구가 크고 모습은 그리 아름답지는 않지만 사막을 달리는 광경은 어느 짐승보다 뛰어나다. 그 모습은 거친 사막을 달려가는 전사의 모습을 연상시킨다.

 낙타는 비록 모양은 볼품 없지만 강인한 짐승이다. 낙타의 발바닥은 돌과 뜨거운 모래를 밟고 다닐 수 있도록 깔창이 깔려있다. 가혹한 고통을 통해서 탄탄한 발바닥을 갖게 되었다.

 낙타가 짐을 잔뜩 짊어지고 사막이나 거친 광야 길을 걸어가는 모습은 경외심을 갖게 만든다.

 낙타는 한번 방향을 잡으면 멈추라는 신호가 있기 전에는 곧장 가는 버릇이 있어서 주인이 실수로 떨어져도 멈추지 않는다고 한다. 또 말처럼 영리하거나 민감하지는 않지만 한번 길을 가기 시작하면 멈추지 않고 곧장 앞으로 걸어가는 특징이 있다. 낙타는 새끼와 장난치지 않는다. 하지만 새끼는 어미를 잘 따른다.

## 반드시 앙갚음으로 되돌려주는 부부

 낙타는 화가 나면 심지어 주인도 물어 죽이기까지 한다. 학대하는 주인은 반드시 기억을 해두었다가 앙갚음을 한다. 주인이라고 봐주지 않는 짐승이다.

 과거 상처받았다고 여겨지면 용서하지 않고 반드시 복수하는 자가 있다. 부부 관계에서 용서하지 않음은 부부의 기능을 망가뜨린다. 복수하기 위해 사는 듯 보인다.

 우리는 복수에 관한 내용을 담은 영화를 본다. 아버지의 복수를 자식이 갚는다든지 아내를 잃은 남편의 복수심을 그린 이야기이다. 그런데 그런 영화의 결말은 복수를 하는 자나 당하는 자 모두 비극적인 최후를 맞이한다는 것이다. 결말이 해피앤딩으로 끝나지 않는다.

 루 월리스(Lew Wallace)의 소설 중에 '벤허'가 있다. 이 소설의 주인공은 오랜 친구의 배신으로 자신은 노예로 팔려가고 가족은 감옥에 끌려가 뿔뿔이 흩어지게 된다.

 주인공은 친구에 대해 복수의 기회를 노리게 된다. 주인공은 복수를 하겠다는 일념으로 수많은 위기를 버티게 된다. 복수하겠다는 의지로 가까스로 살아 남는다. 그리고 주인공은 결국 그 친구를 죽게 만든다. 그가 그렇게 원했던 복수였고 마침내 그것을 이루게 되었지만 그의 마음은 허전함이 자리잡는다. 복수심은 상대방이 망하게 되는 모습을 보더라도 그것으로 완결되는 것이 아니기 때문이다. 그러다가 예수의 이야기를 접하게 되었다. 자신은 복수하겠다는 일념으로 여기까지 왔는데 예수는 오히려 사랑과 용서를 보여준 것에 대해 큰 깨달음을 얻게 된다.  이 이야기의 핵심은 용서이다. 부부간에 지난 날 떨쳐 버려야 하는 사건이나 용서해야할 주제가 있는가? 용서를 연습해 보라.

우리가 인생을 살면서 상처받은 일이 무수하게 많다. 그런데 어떤 이들은 상처를 끌어안고 분노와 원망으로 인생을 살아가는 이들이 있는가 하면 어떤 이는 힘들지만 용서로 털어버리는 이들이 있다. 과연 어떻게 사는 것이 자신을 위한 선택인가?

우리가 상처를 받을 때 분노, 원망, 복수심으로 반응하는데 그 당시에는 당연하다고 여기지만 수년이 지난 후에는 복수한 것마저도 후회만 남는다. 복수 기억이 오히려 문제가 된다.

고로 용서하면서 살아가는 삶이 자신을 위해 더 유익하다고 말할 수 있다.

프레드 러스킨(Fred Luskin) 교수는 그의 책 '용서'에서 10년간 용서 프로젝트를 진행해 오면서 쌓아온 핵심 노하우를 공개했다. 그는 용서하는 데는 인내가 필요하다고 말했다.

"용서는 자신에게 달려 있다. 이것이 가장 중요하다. 우리가 말하는 것과 행동하는 것은 자기 자신에게 달려 있다. 다른 사람들이 무엇을 행하든 간에 자신에게 달려 있다. 중요한 것은 자기 안에서 조절할 수 있는 능력이 있음을 알아야 한다. 언제까지나 남의 탓만 할 수 없는 노릇이다. 아픈 사람은 당장 병원에 가야하고 스스로 약을 먹어야 한다. 가해자 탓만 하고 앉아 있을 시간과 여유가 없다. 스스로 조절하는 능력을 배워야 한다. 관대한 마음으로 인내하고 용서하게 되면 습관이 된다. 습관이 되기까지 노력하라. 부정적인 말로 나쁜 상황을 더 나쁘게 만들 필요는 없다. 다른 사람이 무엇을 하든 그것보다 더 중요한 것은 자신의 언행을 스스로 조절해야 한다. "

그는 용서에는 인내심이 절대적으로 필요하다고 말하고 있다.

우리는 인생 살아가는데 있어서 즉각적으로 해결하려는 욕망을 버려야 한다. 조급하면 언제나 실수하게 된다.

어떤 결과가 주어지든지 인내가 삶에 있어서 가장 유익하다는 것을 확신하는 편이 지혜롭다.

인생이란 이것 아니면 저것이 아니다. 즉, 모 아니면 도가 아니라는 말이다. 이것 혹은 저것이다. 문제는 어중간하게 끝날 때도 있는 것이다. 하지만 용서했다는 그 자체가 마음의 응어리를 풀고 자유함을 얻게 되는 계기가 되었음을 감사하라. 그 용서는 자신에게 좋은 것으로 갚아 줄 것이다.

성숙은 애매한 가운데에서 사는 법을 배우는 것이다. 애매모호한 상황을 있는 그대로 수용하는 자세가 필요하다. 고로 모든 상황이 빨리 해결되기를 바라는 욕망을 포기하자. 결과를 예측하기 힘든 상황이 오더라도 모든 것이 합쳐서 좋은 결과가 주어질 것이라고 기대하자.

# 표범에게 배움

표범은 이글거리는 눈매와 황갈색 바탕에 흑색 반점의 무늬를 가지고 있다. 표범은 날렵하며 포악한 짐승이다. 표범은 수풀 뒤에 숨어 있다가 결정적 순간에 공격한다.

표범은 언제나 숨어서 대기하며 먹잇감을 발견하면 포악의 화신으로 돌변한다. 숨어 있다가 순식간에 공격하기 때문이다. 표범은 너무 잔인하기 때문에 사람이나 다른 짐승 모두 두려워한다.

## 기습적으로 공격하는 부부

표범은 공개된 장소를 싫어하고 나무 위에 올라가 몸을 숨겨서 공격하므로 사냥에 실패하는 경우가 거의 드물다고 한다.

표범은 빠르고 민첩하며 순식간에 움직여서 사냥을 하기 때문에 표범을 발견하기는 무척 어렵다.

부부간에 표범과 같은 스타일이 있다. 돌발적인 공격을 하는 자이다. 미처 준비하지 못했던 상대방은 화들짝 놀라서 불안감을 겪고 또 심장병을 앓기도 한다.

 이런 배우자는 언제 돌변할 지 알 수 없고 상대방의 약점을 미리 알고 공격하기 때문에 상대방은 순식간에 절망한다.

 이처럼 표범 배우자는 사소한 변덕에서부터 강한 공격 행위에 이르기까지 갑작스럽게 행동을 수행한다.

 이런 식으로 공격해 오는 표범 배우자를 이길 방법은 없다. 그는 급하게 공격하여 상대방을 짓밟는 것이 목적이기 때문에 이런 자를 대할 때는 언제나 긴장을 해야 한다.

 만일 표범처럼 표독스럽고 날카로운 자와 동행한다면 그의 마음은 갈기갈기 찢겨지고 말 것이다. 더 이상 이런 자에게 희생당하지 않으려면 이런 자를 멀리하거나 항상 긴장의 끈을 놓지 말아야 한다.

 표범 성격자의 유형을 살펴보면,

 첫째로 자신의 감정을 정당화하려고 높은 기준을 설정하고 타인에게는 분노의 감정을 감춘다. 겉으로 보아서는 적대적인 사람처럼 보이지 않는다. 겉으로는 순한 것처럼 보이지만 그 속에는 무미건조하고 지나치게 불안해 하는 사람이 숨어 있다.

 이런 자는 자주 감정이 상하고 좌절감을 느끼고 거부당한 느낌이 있기 때문에 타인과 거리감을 둔다. 보통 사람 같으면 우울한 감정을 갖지만 이들은 극도로 비판적이 된다.

 둘째, 지나치게 강요하는 특징이 있다. 자녀에게 강요하지 않으면 못 견디는 자가 있다. 작은 일이라도 화를 내면서 자녀를 시달리도록 만든다. 자기 할 일조차 자녀에게 화를 내면서 강요한다. 이런 자는 자녀가 스스로 독립하도록 냅두지 않는다. 항상 간섭해서 시달리게 하고 참견하므로 아무 것도 하지 못하게 만든다. 그야말로 악의 화신과 같은 자이다.

셋째, 정작 본인의 건강에 대해서 지나치게 염려한다. 정도이상으로 걱정이 많다. 너무나 예민하게 반응한다. 이런 히스테리는 지나친 염려에서 헤어나오지 못하는 성격이다. 심리적으로 아주 미숙한 상태이다.

넷째, 타인에 대해서 완벽주의 성향을 보인다. 아주 사소한 일에도 완벽주의로 몰두한다. 문제는 완벽주의를 타인에게 요구한다는 것이다. 힘과 권력으로 무리하게 강요한다. 하지만 자신에게는 적용하지 않는다. 정직함, 사려 깊음이 없다.


## 예측불가 부부

표범의 특징은 한마디로 예측불가하다. 언제 어디에서 이런 성격이 드러날 지 알 수 없다.

사람은 예측 가능해야 안정감을 느낀다. 하지만 표범 성격자들은 전혀 예측할 수 없다. 순식간에 돌변하기 때문이다. 표범은 주로 나무위에 올라가 순식간에 공격하므로 피해를 입은 상대방은 큰 상처를 입는다. 문제는 배우자에게 그렇게 한다는 것이다.

표범 성격자는 상대방의 입장을 전혀 고려하지 않는다. 이런 성격자는 매우 포악하고 잔인하다. 그래서 언제나 대형 사고를 터트릴 준비를 하고 있다.

사람들은 표범의 알록달록한 반점을 보고 아름답게 여기지만 그것은 자신의 속내를 드러내지 않으려는 은폐용에 불과하다.

표범은 몸을 숨기고 기회를 엿보다가 갑자기 뛰쳐나가 공격한다. 고로 어두움은 자신의 사상을 숨기기에 적당한 장소이다. 남몰래 음모를 꾸미고 숨어 계책을 짜는 것이 특징이다.

이들의 특징은 자만하고 음모를 꾸미고 남을 속이면서 겉 모습의 아름다움을 드러내는데 온 전력을 기울인다.

표범적 부부 중에 열등감과 교만의 두가지 성격을 갖고 있는 자가 있다. 열등감이 올라올 때는 어두움에 몸을 숨기고 있다가 교만이 올라올 때는 난폭하게 자기를 확대시키는 경우이다. 이들의 공격 방법은 예측 불가한 순간에 분노를 폭발하는 데서 부터 시작한다. 한다. 그는 배우자에게 이런 말을 자주 사용 한다.

"왜 나를 무시하느냐? 가만 두지 않겠다"

하지만 순식간의 폭풍이 지나고 힘이 약화되었을 때는 죽은 듯이 말이 없다. 그저 게으름의 잠만 잔다.

이때는 열등감에 젖어서 자신을 학대하고 은폐 장소에 기어 들어가거나 숨어 있는 것이다. 그러다가 교만이 교차되면서 순간 난폭하게 공격한다.

이러한 자는 어두움에 몸을 숨기면서 살아간다. 배우자를 기만하고 다른 사람을 속이는 게 특징이다. 상대방의 진실함을 거부하는 자이다.

이렇게 그의 성격이 일관적이지 못하고 변덕스러운 이유는 혼돈 때문이다. 한마디로 예측불가능하다.

그는 본인 자신뿐만 아니라 상대방도 혼돈을 느끼도록 만든다. 또한 그는 자기 육체를 아끼기 때문에 몸에 좋다는 음식과 약을 냉장고에 재여 놓는다. 자신의 몸은 끔찍하게 아낀다.

건강에 대해 두려움과 공포에 쌓여 있기 때문이다. 자신의 정신 세계가 혼란스러운 것을 앎므로 육체를 관리하기 어렵다는 반증이다. 육체는 정신이 혼란스러움을 표현하는 증거이다.

정신이 육체를 주관하기 때문에 정신이 혼란하다는 말은 육체도 더불어 혼란하다는 의미이다.

즉, 정신과 육체가 어느 방향으로 튈 지 자신도 통제를 못하는 상황이다.

그럼에도 불구하고 자신이 얼마나 혼돈한 상태인지를 통찰할 수 있다면 순간적 공격은 잠잠해 질 수 있다. 하지만 그런 통찰력은 없다. 그는 자기의 발가벗은 모습이 빛 가운데 드러나는 것을 피하면서 공포와 두려움 속에서 살아간다. 이런 자는 폭발할 수밖에 없는 위기를 가슴에 지니고 산다. 한마디로 움직이는 시한 폭탄과 같은 자이다.

# 쥐에게 배움

## 수집에 열심인 부부

쥐는 무엇이든 주워오는 것이 특징이다. 그저 자기에게 이득이 된다면 남의 물건이든 버린 것이든 가리지 않고 무조건 가져온다. 그저 모으고 축척하는 것이 쥐의 일이다.

부부 중에는 쥐와 같이 모아두는 일에 몰입하는 자가 있다. 그런 자의 집은 동네 쓰레기와 의자, 부서진 물건이 가득하다.

이들은 그저 쌓아 두기만 하면 그만이다. 하지만 아무리 쌓아 두어도 만족했던 적은 없다. 간혹 이런 자들이 모아 놓은 물건들로 여름이면 냄새가 나서 동네 이웃의 원성을 사기도 한다. 이들의 마음은 탐욕만 가득하다. 조금이라도 더 재물을 손에 넣기 위해 온갖 노력을 다한다. 이들은 탐욕을 사랑할 뿐이다.

그러나 재물은 사용할 때 그 가치가 드러난다는 것을 알아야 한다. 재물을 어떻게 사용하느냐에 따라 유용함이 드러난다. 재물은 단지 목적 달성을 위한 수단일 뿐이다.

# 비둘기에게 배움

 비둘기는 다른 짐승을 공격하는 무기가 없다. 사나운 맹수를 피하는 방법은 빠르게 이리저리 날며 비행하는 기술뿐이다. 그래서 사람들은 비둘기를 두고 평화의 새라고 부른다.

## 평화롭게 사는 부부

 비둘기가 공원에서 떼를 지어 날아가거나 바닥에 깔린 먹이를 주어 먹는 것을 보면서 사람들은 매우 즐거워한다. 사람들은 비둘기를 평화의 새라고 여기고 평화를 위한 기념식에서 비둘기를 날려 보내기도 한다.

 평화롭게 살아가는 부부가 있다. 평화롭게 살기 위해서는 평화를 사랑해야 한다. 이기적인 계산과 꾀가 있다면 그 평화는 오래가지 못한다. 순수만이 관계를 오래 지속시킬 수 있고 평화를 유지할 수 있다. 고로 순수와 평화는 언제나 함께 한다.

 오늘 우리는 경쟁 구도가 심한 세계 속에 살아간다. 현대인들이 아마존 밀림 지역에 살아가는 소수 부족들의 공동체 삶을 보면서 평화를 느낀다. 욕심없이 살아가는 그들의 삶에서 평화를 발견한다. 그들은 사냥해온 짐승을 공동으로 분배하면서 나누면서 살아간다. 그러면서도 자기 것을 주장하지 않는다.

이들은 벌거벗은 채 살아가지만 그에 대해 부끄러움이 없다. 자신의 소유를 주장하지 않으며 무엇이든 공용으로 나누어 쓰면서 사이좋게 살아간다. 어쩌면 이들의 삶의 방식이 현대 문명보다 뒤쳐진 듯 보이지만 이들의 평화스러운 모습은 자본주의 환경에 지친 인간들에게 평화스러움을 보여준다. 그런데 최근 아마존 밀림 지역에 변화가 찾아오기 시작했다. 그것은 현대인들이 방문하면서 오토바이나 배와 같은 물건이 들어오기 시작한 것이다. 이 지역 사람들이 이러한 물건에 관심을 보이기 시작하면서 소유욕이 발동한다. 그러면서 이들의 평화가 깨지기 시작하고 공동 생활이 불가능해지고 집과 집, 나와 너 사이에 경계선을 긋기 시작한다. 네 것과 내 것을 주장하고 자연스럽게 옷을 입기 시작하였고 그러면서 싸움이 자주 발생하게 되었다.

다시 말해서 너와 나 사이에 경계선이 생기면서 소유 개념과 함께 평화는 깨지기 시작한 것이다. 욕심은 너와 나의 경계선을 만들고 제각기 더 많은 소유를 주장하게 하며 그로인해 전쟁과 싸움을 일으킨다.

어떻게 평화를 얻을 수 있는가? 진정한 평화는 순수한 마음으로 경계선이 없을 때 온다. 부부는 벌거벗는 관계로 만나야 한다. 이 말은 서로 경계선을 주장하지 않는다는 말이다.

## 순수한 마음을 지닌 부부

비둘기는 사랑을 나눌 때는 부리를 맞대고 구구하며 소리를 낸다. 사랑을 나누는 방법이어서 부부 금실이 좋은 부부를 두고서 말하기를 비둘기같은 부부라고 말한다. 비둘기는 양순하게 생겼다. 사람들은 비둘기를 두고 순수함이라고 한다.

세상에서 어떻게 순수를 유지하는가?

사람들은 모두 개성이 있고 성격이 다양하다. 그 중에서도 순수함을 원하는 사람도 있고 원치 않는 사람도 있다. 만일 순수를 재는 잣대가 있다면 상태가 드러날 것이다.

순수를 알고자 하면 어린아이의 얼굴을 보면 된다. 순수는 영아들의 얼굴과 눈에서 발견할 수 있다. 영아들의 순수 모습을 보노라면 시간가는 줄도 모를 정도이다. 너무나 순수하고 아름답고 소중하다는 느낌이 든다.

부모는 어린아이의 눈동자를 살펴볼수록 어린아이같이 선한 상태가 되어야 한다는 간절함이 더욱 끓어오른다.

만일 사람의 마음속에 순수가 없다면 어찌될 것인가? 간사한 꾀를 가지고 남을 속이고 뒤통수를 칠 것이 뻔하다.

막상 그 일을 당하는 사람은 큰 상처를 입을 것이 뻔하다. 고로 부부는 순수한 마음을 가져야 한다. 순수한 의도를 소중히 여기고 더러워진 생각을 빗자루로 쓸어 버려야 한다.

마음안에 깊이 심겨진 오만가지 잡초와 가라지를 뽑아내야 한다. 그렇지 않으면 마음속에 숨어있는 간사함이 뛰쳐나와 어느

새 나를 물어버릴지 모르기 때문이다.

 머리속을 지배하는 간사함은 여러 모양으로 다가와 자신을 설득하여 파멸의 구덩이로 밀어버리고자 한다.

 그러므로 생각을 바꾸는 일은 자신의 인생을 바꾸는 일이다.

 순수한 마음으로 배우자와 자녀를 사랑한다면 부부간의 사랑은 그만큼 증폭될 것이다.

 그렇게 순수한 의도를 가지고 살아간다면 반드시 순수가 그들을 이끌 것이다.

 비둘기는 공격 무기가 없다.

 어떤 문제로 공격을 받을 때 어떻게 대처하겠는가? 반격하여 복수할 것인가? 두 종류의 사람들로 구분할 수 있다.

 선한 자와 악한 자의 대처하는 방식이다. 악한 자의 분노에는 증오와 복수가 있다. 이들의 분노는 상대방을 파멸에 이르게 한다. 상대방을 붕괴시키고 섬멸한다. 악한 자는 적의가 가득하고 무정하고 증오와 복수심을 내뿜고 화해를 한다고 해도 잿더미 속에 불씨가 남겨져 있다. 또 언제 그 불씨가 상대방을 불태울 지 알 수 없다.

 그러나 선한 자의 분노는 비둘기처럼 자신을 방어할 뿐이고 상대가 물러나면 즉시 조용하다.

# 독수리에게 배움

　독수리는 높은 창공을 날아 다니는 거대한 새이다. 독수리는 부리가 완만하게 굽다가 갈고리 마냥 휘어져있고 머리는 깃털 없이 대머리 형상을 하고 있다. 독수리는 당당한 위용을 드러내는 새이다. 독수리는 미국 대통령의 표상이고 애굽 왕권의 상징이고 로마와 프랑스인도 전쟁의 표상으로 사용하였다.

　그만큼 독수리는 강한 맹수의 상징이다. 교부 시대에는 독수리를 기도나 예언의 영으로 이해하였다. 신학자 제롬(Jerome)은 독수리를 승천과 기도를 상징 한다고 말했다. 로마시대는 쥬피터의 새, 폭풍의 새였고 황제의 상징, 장군의 표상이었다. 단테(Alighieri Dante)는 독수리를 하나님의 새라고 하였고, 융(Jung)은 절정을 상징한다고 보았다. 좋은 의미에서 독수리는 지혜를 상징하지만 나쁜 의미로는 거짓을 의미한다.

## 높은 차원을 가지고 살아가는 부부
　독수리가 커다란 두 날개를 펴서 높은 하늘에 유유하게 날아가는 광경을 보고 사람들은 위용을 느낀다.

사람들은 독수리가 크고 강한 날개를 가지고 하늘을 단번에 솟구쳐 오르는 모습을 보면서 태양을 향해 오른다고 말한다. 고대인들은 독수리를 하늘을 향해 올라가는 새로 여겼다. 이처럼 독수리는 하늘로 높이 솟아 올라서 세상을 내려다본다.

독수리처럼 솟아 오르는 높은 곳은 무엇을 의미하는가? 마음의 높은 곳은 심사숙고하는 지성을 의미한다. 독수리가 높은 곳에 오르는 것은 수준 높은 차원으로 살아가는 것을 말한다.

예컨대, 사과로 말하면 껍질과 속살이 있다. 껍질은 눈에 보이는 외적 부분이다. 겉보기에 속살은 보이지 않는다. 사람들은 과일을 먹을 때 껍질은 벗겨 버리고 속살을 먹는다. 과일의 속살이 달고 맛있고 부드럽기 때문이다. 그런 면에서 속살은 겉껍질보다 높은 차원이라고 말할 수 있다.

과일의 껍질이 존재하는 이유는 속살을 보호하기 위해서이다. 진짜는 속살에 있다.

마음의 세계에도 겉과 속이 있다. 그렇다면 마음속 속살은 무엇을 의미하는가? 그것은 곧 의도를 말한다. 마음의 깊은 곳을 찾는 것은 속 깊은 의도를 찾아내는 것이다.

사물을 보면서 심사숙고하면서 진정 자신의 원하는 것이 무엇인지를 찾는 것을 말한다. 그렇게 하므로 스스로 문제를 찾아내서 반성하는 것이다.

사람들은 독수리처럼 높은 곳에 오르기를 희망한다. 내적으로 높은 곳에 오르기 위해서는 먼저 사물의 의미를 찾아서 높은 영역에 들어가는 것이다. 어느 정도의 높이에 이르렀는가? 어느 대기권에 이르렀는가? 어느 영역을 날아다니는가? 이승의 오염된 대기권인가? 아니면 세속주의 대기권인가? 아니면 단지 먹고 살아가기 위한 생존 경쟁의 대기권인가?

 부부는 독수리처럼 높은 곳에 마음을 두어야 한다. 높은 세계를 향해 나아가기 위해서는 거칠고 험한 길을 지나야만 한다. 그 길을 통해서 더 성숙해지기 때문이다. 높은 곳에 오르다 보면 만물의 질서를 헤아리는 지혜를 얻을 것이다.

## 지혜로운 부부

 독수리는 높은 곳에 오르지만 눈이 밝아서 아래를 훤하게 내려다 본다. 그래서 작은 물고기 한 마리가 수면 위로 뛰어오르면 순식간에 낚아채는 기술을 갖고 있다. 눈이 어두우면 아무리 높이 올라도 볼 수 없다. 하지만 독수리는 높이 솟아올라도 자세하게 보이기 때문에 먹잇감을 찾을 수 있다.

 눈이 밝다는 것은 분별력과 지혜, 총명을 의미한다. 넓은 시야를 가지고 깨닫는 능력이다.

 고로 아무 것도 볼 수 없다는 말은 사물을 분별하지 못하는 것을 말한다. 그렇게 되면 이리저리 부딪히고 넘어지면서 세상을 살아가게 될 것이다.

 눈은 카메라의 렌즈처럼 빛에 의해서 외부 물체를 반영한다.

시각은 빛 안에서 기능을 한다. 빛이 밝을수록 더 세밀하게 보인다.

동물의 세계를 보면 밝은 빛에서 살아가는 짐승이 있는가 하면 어두운 동굴에서 살아가는 짐승도 있다. 빛의 차이에 따라서 살아가는 방식이 다르다. 마찬가지로 사람도 분별력에 따라 살아가는 삶의 패턴과 방식이 다르다.

본다는 말은 인식과 경험을 뜻한다. 영어로 'I don't see'는 모르겠다는 말이다. 또 우리 말로 먹어 보자. 맛 보자, 굶어 보자. 죽어 보자, 예배 본다. 일 본다는 말에서 본다는 말은 이해력을 표현하는 말이다.

사람은 시각을 통해서 눈에 비춰진 사물을 이해한다. 산, 나무, 구름, 바다 등을 보면서 이해를 한다. 눈이 사물을 보는 것이 아니라 이해력이 보는 것이다. 이해력이 정교하고 예민할수록 그만큼 삶이 풍부하다.

이해의 수준에 따라서 살아가는 방식이 다를 수밖에 없다. 이해가 둔하고 어두운 자는 나름대로는 잘 산다고 하지만 어둠속에서 살아간다. 빛의 양에 따라 밝기가 다르듯이 이해력의 수준에 따라 옳고 그름을 제대로 구분할 수 있다. 만일 자신이 어두움의 상태에 있다고 느껴지면 허무하고 텅 빈 공간에 놓인 것처럼 괴로울 수밖에 없다. 그는 이런 사실 만으로도 분노한다.

이해는 앎, 인식, 체험, 경험, 생각의 고찰이다. 이해는 관념이 형성되어 판단한다. 이해와 깨달음은 보이지 않는 눈이다. 고로 사물을 보면서도 깨닫지 못한다면 결국 보는 것이 아니다.

이해는 사색과 깨달음을 가지고 종합적으로 분석하고 해석하여 앎에 이른다. 이해는 마음의 관념을 모아 들인다.

반면에 육안은 이해를 위한 도구에 지나지 않는다. 육안은 자연 만물을 보고 이해로써 그 뜻을 생각하는 도구이다.

겨울에 내리는 눈을 보는 것은 육안이지만 흰 눈처럼 마음이 깨끗해지기를 원하는 것은 이해력이다. 시냇물을 보는 것은 육안이지만 정의가 내 마음 속에 흐르기를 원하는 것은 이해이다. 바위를 보는 것은 육안이지만 흔들리지 않는 마음을 갖기를 원하는 것은 이해이다.

육안은 안경과 같아서 사물을 이해하도록 돕고 본질적인 의미를 깨닫도록 한다.

독수리같은 지혜의 눈으로 사유하는 능력이 커지기를 소원하자. 그렇게 된다면 만물의 질서를 꿰뚫어 볼 수 있는 이치를 터득할 수 있다.


## 시련을 통해 배워나가는 부부

독수리는 새끼에게 나는 법을 가르칠 때, 높은 정상에서 나선형을 그리면서 태양을 향해 올라간다고 한다. 그리고 새끼가 그 뒤를 따라가면 어미는 숨는다. 그러면 새끼가 혼신을 다해 어미의 자취를 따라 올라간다.

이는 모질게 새끼를 훈련시키는 모습이다. 독수리가 보금자리를 어지럽게 할 때 새끼가 날개짓을 하면서 날고자 하지만 날지 못하게 되면 날개를 펴서 새끼를 받는다. 이런 훈련을 통해 새끼를 강하게 키운다.

부부는 살면서 실수를 반복한다. 하지만 실수는 부부를 더 온전하도록 만드는 훈련이 된다. 실수하지 않고 배울 수 있는 것은 아무 것도 없다. 성공의 과정은 꼭대기에 오르기보다는 근처에 접근하는 것이다. 그러므로 성공하기 전까지는 실패하면서 나가는 수밖에 없다.

어린아이들이 걸음마를 배우는 것을 보라. 쓰러지고 넘어지기를 반복하면서 걸음마를 배우지 않는가? 실패는 성공의 어머니라는 말이 있다.

그러므로 실수를 강한 훈련이라고 여기라. 누구라도 실수할 수 있다. 실수는 성공을 위해 필요한 도약이다.

실수는 성공하기 위해서 뭐가 필요한지 말해 준다. 우리는 실수를 바로잡으면서 성공으로 조금씩 다가간다. 실수를 두려워하다가는 절대 배우지 못한다. 그런 자들은 아무 것도 이루지 못한다. 사람들은 실수를 확인하는 게 너무나 고통스러워 아예 시도조차 안하려 든다. 하지만 실수를 바로 잡아서 고쳐나가면 그 일을 정복할 수 있다.

실수란 단지 무엇이 되었고 무엇이 아직 안되었는가를 알려 주는 도구일 뿐이다. 이것은 우리의 지성과 우리의 가치와는 아무런 상관이 없다. 실수란 그저 성공으로 가는 계단에 불과하다.

우리가 실수를 하는데 있어 두려운 것은 이 모든 것이 그 일이 지나고 나서야 비로써 실수였다는 것을 안다는 사실이다.

한마디로 실수는 나중에 깨닫는 것이다. 실수란 당신이 과거를 회고하며 그때 다르게 행동했으면 좋았을 것을 하고 생각하는 일이다. 뒤돌아 보고 깨닫게 되는 것이다.

고로 시간 지나고 보니 알게 되었다 라는 것은 당신이 그때는 미처 생각지 못했던 것을 시간이 지나고서야 제대로 정확하게 알았다는 뜻이다. 지나고 보니 그 일을 생각해 보고 그때 그 행동을 실수였다고 해석하는 것이다.

실수는 뒤늦게 돌이켜 살펴보는 것을 말한다. 당시에는 그것이 최상으로 보이고 문제없다고 여겼던 것이 나중에는 큰 문제를 발생하게 된 것이다.

킴벌리 커버거의 시 중에 "지금 알고 있는 걸 그때도 알았더라면 내 가슴이 말하는 것에 더 자주 귀를 기울였으리라" 이라는 시가 있다. 실수는 당시에는 몰랐지만 시간이 지나서 알게 되는 사건이다. 그래서 사람들은 뒤늦게 후회하고 땅을 치면서 후회하지만 지난 시간을 되돌릴 수는 없다. 단지 또 다른 실수를 저지르지 않을 뿐이다.

실수는 나중에 알게된 일 그 자체일 뿐이므로 실수를 반복하지 않으려면 이해력과 깨달음을 넓이는 길 밖에는 없다. 실수를 반복하지 않으려면 이해력을 확장시켜야 한다.

절대로 실수하지 않겠다고 맹세하는 것은 소용이 없다. 그 일에 대해 자신의 욕망을 살펴보고 충분히 깨닫지 않는 한 같은 실수를 되풀이하기 때문이다. 부부는 과거 자신들의 행동을 돌아보는 이해력이 필요하다.

## 부정적인 면

### 거짓을 좋아하는 부부

독수리를 두고 썩은 고기를 청소하는 청소부라고 말한다. 사람이 이기적인 마음을 갖게 되면 썩은 고기만을 찾는 독수리와 같다는 의미이다. 마치 독수리가 썩은 고기를 찾아 다니듯이 거짓 논리를 좋아한다는 의미이다.

썩은 고기를 먹기위해 하늘 높은 창공에서 쏜살같이 떨어지는 독수리는 지식을 가지고도 높은 데 마음을 두지 않고 낮은 수준에 머무는 지식인들을 말한다. 마치 이런 자는 지식 사냥꾼과 같은 자이다. 이들은 지식을 실천하고자 하지 않고 지식을 아는 것에만 만족한다.

고로 부부는 지혜를 갖되 거짓된 생각에 빠지지 않도록 조심해야 한다. 진실과 거짓에는 현재는 별 차이가 없어 보이지만 시간이 지나면서 밝혀진다.

이것이 진실된 말인지 아니면 거짓된 말인지를 어떻게 구분할 수 있는가? 그것은 열매를 통해서만 알 수 있다.

# 황새에게 배움

황새는 우아한 기품이 있는 새이고 흔히 학이라고 부른다. 동양에서는 황새를 부부 금슬이 있으며 천년을 산다고 하여 '천년 학'이라고 불렀다.

## 자녀를 최선을 다해 돌보는 부부

황새가 두 날개를 펴서 새끼를 감싸 안는 모습은 새끼를 보호하는 부모의 심정을 연상시킨다. 황새는 견고한 날개로 새끼를 보호하는 힘이 있어서 사람들은 황새를 통해 자녀 돌봄을 상징한다고 여겼다. 이는 자녀를 보호, 관용하는 부모의 자세라고 할 수 있다. 사람들은 황새를 보면서 자식을 돌보는 부모의 자세를 배운다.

갓 태어난 아이는 누군가의 보살핌과 도움이 필요하다. 부모는 아이를 먹이고 재워줄 뿐 아니라 아이의 상태를 세심하게 살펴보고 돌봐 주어야 한다. 아이는 부모를 의존하면서 부모와 관계에서 안전을 보장받으며 신뢰심을 갖는다.

아이는 보호받아야 할 권리가 있다. 또 아이에게는 아이의 감정과 욕구와 원하는 것을 반영해줄 누군가가 필요하다.

아이는 자고 싶을 때 같이 자고 먹고 싶을 때 시간을 맞춰 먹여주고 놀고 싶을 때 같이 놀아줄 대상이 필요하다.

이는 아이로 하여금 사회적 인간이 되기 위한 기반을 쌓는 초석이 된다. 하지만 어떤 부모는 그렇지 못하다.

아이의 옆에 제대로 있어주지 못하는 부모가 있다. 그들은 아이를 자기의 필요에 따라 원하는 방식으로 키운다. 아이가 자고 싶을 때 엄마는 놀고 있거나 아이가 먹고 싶을 때 제대로 먹을 것을 주지 않는 경우이다.

어떤 부모는 아이가 기저귀에 볼 일을 보면 그것을 제대로 알아 차리지도 못한다. 오히려 엄마의 편한 방식대로 아이를 키우거나 아이의 욕구와 정반대로 행동한다. 엄마와 아이의 이런 충돌은 아이로 하여금 부모를 의존하는데 불신을 갖게 만들며, 세상은 안전하지 않다는 것을 무의식적으로 배우게 된다. 만일 이런 상황이 반복된다면 아이는 중요한 타인과의 근본적인 유대 관계가 깨어지게 된다.

아이는 비록 어리지만 안전하지 않은 세상에서 자신이 살아갈 방식 즉 방어벽을 스스로 개발하는 것을 익히기 시작하는 것이다. 그럴 경우 아이의 개별성과 성숙을 위한 연대감이 끊어지고 세상에는 의지할만한 사람이 아무도 없다는 느낌을 갖는다.

이것이야말로 존재 자체에 대해 불만을 갖게 되는 가장 기초적인 요인이 된다.

의지할 만한 대상이 아무도 없다는 생각은 결국 고립에 빠지게 하거나 혹은 밀착 관계를 형성하게 한다.

고립을 선택하게 되면 아이는 타인과의 단절을 만드는 방어벽을 높이 쌓아두고 자기만의 동굴 속에 들어가게 된다. 그러나 밀착 관계를 선택하게 되면 아이는 타인이 원하는 대로 무조건 순응하는 상태를 형성하게 된다.

밀착 관계가 형성되면 자신의 정체성을 세우지 못한다. 그리고 타인에 의해 질질 끌려다니는 인생을 살게 된다. 결국 아이는 진정한 자아를 갖지 못하게 된다.

아이는 계속해서 중요한 타인의 사랑을 얻고자 갈구하게 된다. 이러한 타인과의 밀착 관계는 일생을 걸쳐 재연된다.

그러므로 중요한 과제 중의 하나는 의존하는 법과 독립하는 법 사이에서 조율하는 방법을 배워야 한다.

그 방법으로는 먼저 자신 내면의 소리를 들어야 하고, 개별성을 갖고 다른 사람과 구별되는 법을 배워야 한다.

# 닭에게 배움

누구든지 닭이라고 하면 새벽 녘에 꼬끼오 하고 우는 모습을 연상한다. 닭이 우는 것은 알을 낳은 것을 알리고자 운다고 한다. 닭이 낳은 알은 영양가가 있는 식품으로 알려져 있다.

## 새로운 지식을 터득해나가는 부부

닭이 알을 낳은 것은 정신 세계로 말하자면 정신적 알 즉, 새로운 지식의 탄생이라고 말할 수 있다. 새로운 지식은 정신적 삶을 지탱해 주는 삶의 자양분이다. 깨달음을 위한 기초 지식이다.

그러니까 닭이 알을 낳고는 고개를 들고 소리를 내는 것은 새로운 지식을 알리는 소식인 셈이다. 사람에게는 지식을 통해서 깨달아가야만 사람다운 삶을 살 수 있다. 이 점이 동물과 다르다. 사람에게는 세 가지 지식이 필요하다.

첫째는 자신의 몸에 관한 지식이다. 몸에 유용한 음식 섭취와 의식주, 몸의 건강을 위한 영양분이나 운동을 유지한다.

이는 건강을 유지하기 위한 노력이다.

둘째는 사람답게 살기 위한 지식이다. 그러기위해서 사회 법을 알아야 하고 윤리, 경제, 직장 생활, 도덕에 관한 지식을 익힘으로 사회에 적응할 수 있다. 이는 부모, 학교, 인간 관계를 통해서 터득된다. 여기에는 이성이 힘을 발휘한다.

사람은 이런 지식을 터득함으로 타인에게 피해를 주지 않고 원만하게 살아가는 방법을 배운다. 즉, 사람답게 살기 위한 도리를 배운다. 만일 인간에게 기본적인 지식이 없다면 그는 사람들로부터 배우지 못한 자식이라고 욕을 먹거나 사회 부적응자가 될 수도 있고 아니면 짐승보다 못한 무질서한 인생을 살게 된다.

셋째는 보이지 않는 세계에 관한 지식이다. 이는 종교적 지식이다. 종교적 지식은 삶에 대한 근본 원리를 배우는 것이다. 종교는 마음 상태의 변화를 말한다.

예컨대, 하나님, 선, 진리, 생명, 천국과 지옥 등에 관한 지식이다. 이에 대해 확고한 지식을 가진 자들은 삶에 대해 두려움과 공포없이 살아가는 비결을 배운다.

사실 인간은 태고적부터 지금까지 종교적 지식 없이 지내온 시절은 없다. 인간의 마음 속에는 언제나 죽음 이후의 세계가 있다는 것과 그 나라는 반드시 선한 자들이 들어가고 만일 세상에서 악하게 살았다면 무서운 형벌을 면치 못한다는 것을 안다. 그래서 인간은 절대 절명의 위기를 만나면 하나님을 찾는다.

이런 종교적 지식은 본질적인 인격의 변화를 요구하는 지식이다. 이 지식은 양심에 일치하는 지식이다.

사람은 세 가지 지식을 습득하고 확대하므로 자신과 타인에게 선용하면서 살아가는 존재이다. 이 세가지 지식 중에 가장 중요한 지식은 보이지 않는 세계에 대한 지식이다.

## 양심의 소리를 듣는 부부

보통 닭은 주로 새벽에 운다. 새벽은 어두운 밤이 지나고 새로운 아침이 밝아옴을 의미한다. 이는 정신적인 면에서 미처 깨닫지 못한 부분을 깨닫게 됨을 의미한다. 다른 면으로 말하면 시련의 밤이 지나고 새로운 상태가 다가옴을 알려주는 소리이다.

새벽에 들려오는 닭 울음소리는 양심의 소리를 의미한다. 마음속에서 들려오는 양심의 소리는 새로운 변화를 요구하는 사이렌 소리와 같다. 그 소리는 크게 들릴 수도 있고 잘 들리지 않을 수도 있다. 그러나 변화가 필요함을 알려주는 소리이다.

중요한 사실은 양심은 선을 행하도록 이끌고 악한 행동을 금지하도록 하는 마음의 사이렌이다. 양심의 소리는 다음과 같은 특징이 있다. 분류해 보면 다음과 같다.

첫째, 자신의 이익을 위해 타인의 것을 탈취했을 때 양심의 소리가 들린다. 마음에서 올라오는 양심의 소리를 무시하거나 무시를 반복하면 양심의 소리는 점차적으로 소멸된다.

둘째, 올바른 행동을 하지 않았을 때 양심의 소리가 들린다.

양심은 우리에게 바르게 행동하도록 외친다. 옳바른 행동을 할 때에야 그 소리는 멈춘다. 고로 양심의 소리를 멈추기 위해서는 정의를 실천해야 한다. 알면서도 행하지 않는 것도 양심에 저촉이 된다. 이때에도 소리가 들린다.

하지만 양심이 결여된 자들은 마음에서 들려오는 양심의 소리에는 관심이 없고 오로지 눈에 보이는 세계와 기억만이 중요하다. 양심이 결여된 자는 돈, 재물, 보석과 같이 물질에만 관심을 갖는다.

셋째, 양심의 소리가 전혀 들리지 않는 자들도 있다. 흔히 철면피라는 말을 쓴다.

이런 자는 인간의 기본이 무너진 자이기 때문에 위험한 자라고 말할 수 있다. 초기에는 양심의 가책으로 불안이 찾아온다 하지만 반복적으로 양심을 무시하게 되면 그나마 그 소리는 들리지 않게 된다.

양심의 음성이 들려 오면 인간은 둘 중 하나를 선택해야 한다. 하나는 양심의 소리를 따르거나 다른 하나는 양심을 내리 누르거나 이다. 만일 양심을 무시하고 계속 죄를 짓게 되면 시간이 지나면서 양심은 소멸되고 가책을 느끼지 못한다. 쾌락의 달콤함에 도취되어 양심의 소리를 듣지 않는다. 양심의 가책을 무마하기 위해 쾌락에 몰입하거나 외적인 일에 관심을 쏟아서 잊어 버리고 만다. 이제 부부는 냄새나는 쓰레기 더미에 앉아 있다면 닭의 울음 소리 즉, 양심의 소리에 귀를 기울여야 한다.

# 벌에게 배움

벌은 주로 나무에 집을 짓거나 바위 벼랑에 짓는다. 벌은 벌통에서 약 5㎞를 날아다니며 하루 1만개의 꽃 송이를 방문하여 인간들에게 꿀을 제공한다. 벌꿀 1㎏의 꿀을 얻기 위해서는 수많은 벌이 560만 개의 꽃을 찾아야 가능하다.

## 좋은 일하며 살아가는 부부

벌은 꿀을 채취하기 위해 날아다닌다. 사람들은 벌이 채취한 꿀을 좋아한다. 사람들은 꿀을 맛보고 그 단맛에 기뻐한다.

벌이 꿀을 채취해서 사람이 먹도록 하는 것을 선용이라고 말한다. 즉, 타인을 위해 봉사하는 원리이다. 이것이 자연 만물의 순환이며 질서이다. 사람은 한 평생을 살면서 선용하는 존재이다.

벌은 여왕 벌 밑에서 일사불란하게 조직적으로 움직인다. 벌은 꽃을 찾아 다니면서 꿀을 채취하고 겨울을 준비한다.

부부의 경우도 마찬가지이다. 부부가 부지런히 움직이는 것은 벌이 꿀을 채취하는 것과 같다.

그리고 그 수확은 기쁨이다. 진정 부부가 살면서 얻게 되는 열매는 기쁨이다. 배우자나 자녀로 인해 기쁨이 남는 것이다. 그것이 그의 영광이고 면류관이다.

자연 만물의 선용은 이렇다. 땅은 식물에게 영양분과 자리를 내어주고 식물은 동물에게 그 열매를 주며 동물은 사람에게 고기를 준다. 이렇게 자연 만물은 다른 존재에게 자기를 내어주면서 존재한다. 즉, 선용하는 삶을 산다.

마찬가지로 부부가 이런 자연 질서에 맞게 살아가는 것을 선용의 삶이라고 한다. 이것이 삶의 질서이다. 질서에 따른 삶에는 행복이 주어진다.

결국 가족, 이웃을 위해 선용하다가 죽음을 맞이하게 되어 있다. 사람이 선용하며 살아야 하는 이유는 그것이 우주 만물의 질서이기 때문이다.

선용하기 원하는 부부는 자신이 타인에게 유익한 도구로 쓰임받기를 원한다. 이들은 배우자와 자녀를 사랑하는 자들이다. 그러나 악용은 정반대이다. 그것은 이기심에서 비롯되었다. 이기심을 가지고 권력을 가지고 타인 위에 군림하거나 재물을 탐하면서 살아간다.

자신의 이기심을 위해 욕심을 채우고자 인생을 사는 것은 그 자체가 악한 삶이다. 이들은 이기심에 의한 욕망을 가지고 타인을 지배한 것을 성공, 출세, 명예, 자랑으로 여긴다. 남을 끌어내리고 자기가 그 자리를 차지하거나 스스로 높아지고자 한다.

이들의 목적은 이기심에 의한 지배욕이다.

 이기심에서 비롯된 모습은 야생 동물이나 들짐승과 같다. 이에 반하여 선용의 사람은 절대로 이기심을 용납하지 않고 오직 타인과 사회의 유익을 위해 자기를 헌신한다. 이들은 사랑이 목적이며 남에게 강요하지 않는다. 오직 자신이 노력할 뿐이다.

 혹시 높은 위치에 있다면 단지 선용을 위해 노력하는 것외에는 전혀 고려하지 않는다. 다만 직책은 이웃을 위한 도구에 불과할 뿐이다. 선용에 속한 자들은 이렇게 말한다.

 "우리의 지위는 사실 우리가 그간 오르고 싶었던 것이지만 선용이 목적입니다. 그 외에 다른 이유는 없습니다. 그것은 우리를 기쁘게 하였고 명예롭게 하였지만 우리의 몫이 아닙니다. 우리의 영예나 지위는 우리 밖에 있는 것입니다. 단지 우리는 그것을 나누고 사랑하면서 지혜를 이루고자 하는 것입니다. 만약 우리가 이렇게 하지 않는다면 우리는 소화 불량에 걸린 것 같습니다."라고 말한다.

 우주만물의 시스템은 처음부터 끝까지 조화 있는 통일체로 선용의 목적을 위해 존재한다.

# 거미에게 배움

 거미는 거미줄을 쳐놓고 곤충과 벌레가 걸려들기만 기다린다. 보이지 않는 가느다란 실에 접착제를 붙이고 중심에 앉아서 먹잇감을 기다린다. 이렇게 거미는 지나가는 작은 벌레의 눈을 속인다. 거미줄은 눈속임이다.

## 걸려들기만 기다리는 부부

 거미는 거미줄을 친다. 거미는 자신의 세계를 만들고 그 한복판에서 먹잇감을 기다린다. 뭐가 되었든지 간에 걸려들기를 기다린다. 세상의 중심에 사는 것과 같다. 거미는 거미줄에서 환상적 세계를 만들 뿐 아니라 그 속에서 먹잇감을 구한다. 여기에 걸려들면 죽음을 면치 못한다. 거미줄은 벌레들에게는 위험한 함정이고 죽음의 그림자가 깔려 있다. 거미줄은 생명과 죽음이 교차적으로 일어나는 장소이다.

 이렇게 거미는 창조성과 공격성을 가지고 거미줄의 중심에 있다. 무엇이라도 무심코 지나가다가 걸려들면 절대로 빠져 나갈 수가 없다. 쳐놓은 그물에 걸려 죽음을 맞이한다.

거미처럼 자신 주변에 완벽주의라는 거미줄을 친 자들이 있다. 이는 자신이 만든 거미줄에 걸려들기만을 기다리는 것과 같다. 자녀에게 완벽주의라는 거미줄을 만들어서 걸리기를 기다리는 부부가 있다.

완벽주의는 완벽한 규칙을 만들어 놓고 성공을 이루려는 시도이다. 완벽주의는 자신이나 타인에 대하여 비현실적인 기대를 갖는 것을 말한다. 완벽주의자는 자신은 절대 완벽을 요구하지 않았다고 주장한다. 완벽주의는 타인을 얕잡아보는 것에서 시작해서 눈살을 찌푸리거나 무시하듯이 쳐다보거나 비판하는 것, 이해하지 못하겠다는 투로 말하기 등의 수단을 동원한다.

예컨대, "너 학교에서 선생님에게 꾸중받았지?"라고 말하는 아버지의 목소리에는 무시와 경멸의 뜻이 담겨져 있다. 아이는 자신이 뭐라고 대답을 하든지 관계없이 곤경에 빠진다.

아버지는 연속해서 말하기를 "우리 가족 중에는 스카이대학교에 못가는 애는 없었다."고 말한다. 아이는 아버지의 기대를 더 이상 충족시킬 수 없다.

완벽주의자는 자신의 삶이 자기의 통제권에 있다는 환상을 갖고 있다. 그리고 그 중심에 앉아서 자녀들이나 누군가가 그 거미줄에 걸리기만을 기다리는 것과 같다.

이렇게 완벽주의 거미줄을 붙잡고 있는 자들은 곳곳에 있다. 회사, 학교, 병원, 관공서 등 곳곳에서 완벽주의자들이 그 거미줄에 걸린 이들에게 비판과 판단을 가한다.

완벽주의는 불행에서 자라며 비난을 키운다. 그리고 비난은 상대방에게 깊은 무력감과 절망을 안겨주는 확실한 도구가 된다.

혹시 부모나 선생님이 어렸을 때 당신에게 했던 완벽주의적인 말을 생각해보라.

"좀 제대로 할 수 없냐?"

"머리는 뒀다 뭐에 쓸려고 하니? 돌대가리야"

"언니 반만 해라, 언니 좀 보고 배워."

"학교는 놀러다니니? 공부를 할 거면 제대로 하던가 아니면 때려 치던가."

"왜 하필 음악이니? 그거 해서 밥이라도 먹고 살 수 있겠니?"

"도대체 생각이 있는 애냐? 도대체 니가 하는게 뭐냐?"

"너는 너밖에 모르는 구나"

"네 방 좀 봐라. 이게 방이냐? 돼지 우릿간이지."

"하는 짓 하고는...쓸데없는 짓 그만 해라."

"너를 낳고 미역국을 먹은 것이 한스럽다."

이런 예는 하도 많아서 쉴 새없이 계속할 수 있다. 이런 식의 비난과 완벽주의는 듣는 자에게 상처를 줄 뿐만 아니라 절망감을 안겨준다. 거미의 똥구멍에서 나오는 거미줄과 같다.


## 알맹이를 다 빨아먹는 부부

거미는 거미줄을 치고는 걸려드는 자의 알맹이를 다 빨아먹고 빈 껍데기만 남게 한다. 거미와 누에는 실을 만들어내는 동물이다. 하지만 거미와 누에가 다른 점은 실을 만들어 내는 방법이다. 누에는 입으로 실을 뽑아서 고치집을 짓는데 반해서 거미는 항문으로 실을 뽑아 그물을 친다. 하나는 사람들에게 유익을 주지만 하나는 잡아 먹기 위해서 실을 뽑아 낸다.

거미는 먹기 위해 만들어 내지만 누에는 사람들의 유익을 위해 실을 만든다. 목적이 다르다.

거미 성격을 가진 자들이 있다. 이들은 어리석은 자를 매수해서 결국 그를 파멸에 이르게 하는 자이다. 어리석고 미숙한 자를 유혹해서 결국 자기의 포로가 되게 만든다. 그리고 알맹이를 탈취한다.

거미는 자기 왕국을 만들어서 그 안에서 최고가 되려는 자들이다. 거미같은 자의 특징은 악의 난해성, 완고성, 경직성에 있다. 그래서 배우자와 자녀를 혼란케 한다. 이들은 자기 기만을 쌓아 올리고는 다른 사람을 속이는 기술을 가지고 있다.

그래서 이들의 속임수를 간파하지 못하고 혼돈에 빠진다. 만일 살아가면서 속임수에 의한 혼돈이 느껴진다면 스스로 생각해야 한다. 이런 혼돈으로 인해 혐오감이 들거나 두려움이 있다면 즉각 그 자리를 피해야 한다. 마음의 경계를 세워야 한다.

거미들은 음습하고 잘 보이지 않는 곳에 거미줄을 친다. 고로 세상 살아가면서 악한 자의 거미줄에 걸려들어 포로가 되지 않기 위해서는 은밀한 말에 귀를 기울이지 말고 언제나 공개적으로 드러내야 한다.

 그리고 심사숙고하면서 내면에서 올라오는 목소리를 들어야 한다. 어리석은 자일수록 내면의 소리를 거부한다. 속에서 올라오는 경고의 소리에 귀를 기울이지 않으면 거미줄에 스스로 걸어 들어가는 꼴이 된다.

 구스타프 칼 융(Carl Gustav Jung)은 악은 그림자(shadow)를 충족시키지 못하는 것에서 기인한다고 말했다.

 고로 마음속 어두운 그림자를 끄집어내고 그 이유를 찾아내야 한다. 다시말해서 어두움을 인식해야 한다. 거미줄에 걸려드는 자는 죄에 미끄러져 내려가는 특징이 있음을 알아야 한다. 다른 말로 하면 목표 지점에서 점점 멀어져가고 원치 않는 길로 떨어지는 경향이 있다는 말이다.

 그러면 세상에서 함정을 만들어 놓고 걸려드는 자를 기다리는 거미같은 종족을 가려내는 기준은 무엇인가?

 그들은 악을 인식하지 않는 특징이 있다. 한 때는 죄책감을 느낄 수 있으나 스스로 지워 버린다. 악을 자신의 문제로 보지 않는다. 만일 죄책감을 경고로 받아들이고 변화를 기대했다면 도덕적 파멸을 막을 수 있었을 것이다. 하지만 그들은 자신의 악에 대한 인식을 거절하므로 구제 불능의 상태가 되버리고 만다. 악에 함몰되고 만다.

# 전갈에게 배움

전갈은 꼬리 끝에 독침이 있다. 전갈의 독침에 맞으면 금새 마비가 되고 만다.

## 거짓으로 세뇌시키는 자

정신적으로 전갈의 침에 쏘임을 받는다는 것은 거짓에 설득당하는 것을 의미한다. 그렇게 되면 정신적 폐쇄 현상이 생긴다. 그것은 온 몸이 마비되는 것처럼 이해력이 둔하게 된다. 결국 아무런 생각도 못하고 얼이 빠져 버린다. 한마디로 설득으로 인해 왜곡, 편견, 경직, 오도된 사고를 갖게 된다. 숨 막히고 멍청해지는 상태를 도출해낸다. 전갈 꼬리는 설득의 힘이다.

옳바른 설득은 사람을 옳바른 길로 인도하지만 거짓의 설득은 악과 더불어 사람을 파멸로 유도한다. 상대방을 파멸로 이끈다.

이런 설득은 속임수에 의한 설득이다. 거짓을 가지고 사람을 구덩이로 떨어뜨린다. 사람들은 왜 거짓에 설득 당하는가?

본래 인간의 마음속에 악의 요소가 있기 때문이다. 마음속에 자리잡은 악의 요소를 자극하고 흥분시켜 설득력을 가속화한다. 오늘 얼마나 많은 사람들이 거짓된 자들의 전갈 독침에 설득당하고 분별력을 잃어 버리는가? 그 독에 쏘임을 당하는 자들은 자신이 무슨 짓을 하는 지 조차 모른다.

심지어 가정을 버리고 개망나니처럼 행동하게 되어 타락의 길로 접어들기도 한다. 이 땅에는 곳곳에 깔려있는 전갈 세력에 물려서 신음하는 자들이 많다.

전갈 성격자들이 갖고 있는 가장 큰 무기는 화술이다. 그 언변 속에는 쾌락과 야릇한 감각적 즐거움이 젖어 있다. 그들의 말은 얼마나 달콤한 미끼인가? 마치 아름다운 노랫소리와 자태로 지나는 뱃사람들을 유혹해서 난파시킨다는 로렐라이 언덕의 전설처럼 그 말에 혹하지 않을 자가 있는가?

전갈에 물린 자는 전갈의 독이 온 몸에 퍼져서 더 이상 회생할 수 없는 지경에 이른다. 더이상 올바른 말이 들리지 않는다. 그들에게 충고를 하면 자녀도 배우자도 부모도 모두 그의 적이 되고 만다.

거짓된 말에 홀려서 제 정신을 차리지 못한다. 전갈에 물린 자의 처참한 모습이다. 전갈은 공허한 마음을 채우기 위해 이리저리 뛰어 다니는 자를 미혹한다. 그들은 자신들이 전갈의 독이 퍼지는 줄도 모르고 서서히 파멸에 이른다. 전갈에 물린 자의 어리석은 모습이다.

# 개구리에게 배움

개구리는 물에서도 살고 땅 위에서도 살 수 있는 동물이다. 피부는 털이나 비늘이 없이 매끈하며 언제나 젖어 있다. 눈은 툭 붉어져 튀어 나왔다. 발가락에는 물갈퀴가 있어 헤엄을 잘 친다. 수컷의 볼이나 턱밑에는 울음 주머니가 있어 암컷이 알을 낳을 무렵 요란하게 울어댄다고 한다. 시끄럽게 울어대는 개구리의 소리를 들어 보았는가?

## 시끄러운 부부

개구리가 시끄럽게 울어대는 것은 인간들이 자신의 논리를 가지고 떠들어대는 소리와 같다. 즉, 추론과 유추를 의미한다. 추론은 상상력을 동원해서 만들어낸 생각, 이론이다. 자유롭게 꾸며낸 사상이라고 할 수 있다.

개구리 성격자는 자기 입맛대로 추론하며 살아가는 인생이다. 추론속에는 욕망이 가득차 있다. 이들은 질서를 지키기 보다는 자기 만족을 목표로 살아간다.

개구리 성격자에게 진실은 중요하지 않다. 그저 기분대로 살다가 행복이 오면 운이 좋은 것이다. 이들은 자기 하나만 만족하면 된다. 타인을 생각하지 않는 가벼운 사람들의 특징이다.

그러나 사람의 존재 목적이 자기만을 위해 살아갈 수는 없다. 자기 만족을 목적하는 자는 그저 인간은 수단과 방법을 가리지 않고 재물을 많이 모으면 최고이며 덧붙여 건강하면 좋다고 말한다. 이들은 세상에서 잘 사는 것이 목표이다. 저세상이나 내세를 말하지 않는다. 지금 당장 즐기는 것이 급선무이다.

개구리 성격자는 타인을 도와주는 것은 무의미하다고 말한다. 세상에는 개구리와 같은 존재들이 너무나 많다. 여기저기서 무질서하게 울어대는 개구리 소리처럼 자기 만족을 위한 구호와 성토가 작렬하다.

또한 개구리 성격자들은 사람들의 귀에 대고 속삭거리기를 좋아해서 처음에는 그럴듯한 정보를 주는 듯 보이지만 결국에는 교만을 부추겨서 파멸로 이끈다. 어리석고 미련한 자에게 뻥튀기처럼 부풀려서 허황되게 만들고는 그런 허황심을 이용해서 자기를 따르도록 만들어 버린다. 헛바람을 집어 넣는다. 그런 헛바람을 집어넣는 자를 따르는 자는 생각이 모자라거나 욕망이 큰 자이거나 무지한 자이다. 한마디로 요사스런 속임수에 넘어가는 자이다.

사람들 중에는 자신의 잘못된 행동을 자신의 탓으로 여기고 반성하고 행동을 고치려고 하지 않고 변명하거나 합리화하려는 습관을 가진 자들이 있다. 오히려 그것을 자신은 그럴 수밖에 없었다고 변명한다. 자신에게 책임을 돌리고자 하지 않는다.

 오히려 부모나 배우자에게 상처를 받아서 이렇게 되었기 때문에 자신의 책임은 없다고 말한다.

 과거 상처가 자신의 행동을 만들어냈다고 믿는다. 상처때문에 이런 결과가 주어졌다고 말한다. 그리고 상처준 그 사람에게 보상을 받아야 한다고 주장한다. 모두 남의 탓으로 여긴다.

 이들은 자기 책임을 회피하고 잘못을 고치려고 하지 않는다. 오히려 상처를 준 사람은 따로 있다고 주장하며 타인을 향해서 욕을 퍼붓기에 급급하다. 오히려 상대방을 원인 제공자라고 말하며 자기의 잘못되고 잘못된 행위의 책임을 떠넘기기에 혈안에 되어 있다. 마치 영혼이 없는 몸처럼 심지어 자신의 음란한 행위조차 상처 받아서 이렇게 되었다고 핑계를 댄다. 자신에게는 의지가 없는 존재처럼 말을 한다.

 세상에서 자신이 가장 상처 입은 피해자이며 세상에서 가장 억울한 사람이라고 항변한다. 애당초 이들은 책임지려는 자세나 이웃을 위한 헌신은 없다.

 인간은 변명하는데 천재적인 기질을 가지고 있다. 변명은 위장술에 불과하다. 위장술과 변명은 자신을 숨길 뿐 아니라 진정한 자신이 되지 않고 보여주는 인생으로 전락시키다. 결국 자신을 스스로 속이는 결과를 낳는다.

# 공작에게 배움

공작새는 아름다운 깃털로 유명한 새이다. 공작의 다양한 색채와 깃털은 미술 작품에서도 드러난다. 공작새는 한편으로는 우아하지만 다른 한편으로는 잔인하고 표독스러운 특징이 있다. 자태만을 보면 아름답지만 성격은 잔인하고 표독스럽다.

## 표독스러운 부부

공작새는 보통 네 마리의 암컷을 데리고 산다. 모든 경우에 그런 것은 아니지만 화가 났을 때는 암컷을 차례로 쪼아 죽이고 새끼까지 죽인다. 공작새가 잔인한 성품이 나올 때는 매우 무섭다.

두가지 성품이 공존하는 사람이 있다. 겸손한 듯 보이지만 자만한 사람이 있다. 자기보다 남을 낮게 여길 때에는 아름다운 성품이 나오지만 자만할 때는 악독한 성품을 드러낸다. 이런 사람은 평소에는 공작새의 우아한 깃털처럼 아름답지만 순간 잔인함으로 돌변한다.

자만은 스스로를 높이고 복종할 줄 모르는 의지이다. 겸손과는 정반대이다.

겸손한 자는 죄책감이 생기면 양심에 굴복한다. 그러나 자만한 자는 양심과 죄책감 사이에 갈등할 때 양심을 내리 눌러서 죄책감을 없애고자 한다. 이런 식으로 차원 높은 원리에 의지를 복종시키지 않는다. 그리고 다른 사람을 지배하는 데 초점을 둔다. 이들의 방식을 보면 아주 잔인하다.

제2차 세계대전을 일으켜서 육백만 명의 유대인을 살해했던 독일의 히틀러(Hitler, Adolf)를 보면 그는 게르만 민족의 우수성을 주장하였다. 그에게는 복종할 줄 모르는 고집이 있었다. 이런 고집스런 의지가 악성 나르시시즘의 특징이다. 성경에는 형 가인이 동생 아벨을 죽이는 사건이 등장한다. 형 가인은 동생을 죽였고 자신의 잘못을 완강하게 거부하였다. 이런 모습이 악성 나르시시즘이다.

악성 나르시시즘으로 악을 저지르는 전형적인 유형을 보면 독재자들이 법을 만들어서 수많은 사람들을 지배하는 방식과 흡사하다. 그 목적은 자신의 교만을 드러내는 의지이다. 이런 교만은 자신의 불완전함을 부인하고 타인을 향해 분노를 표출한다.

'나와 너'의 책을 쓴 종교 철학자 마틴 부버(Martin Buber)는 "악성 나르시시즘 환자는 일을 그르쳐 놓고도 잘했다고 우겨대는 사람"이라고 말했다.

에릭 프롬(Erich Fromm)은 "인간들은 오랫동안 선택으로 인해 서서히 악해져 간다."고 하였다.

이렇게 공작새처럼 표독스러움을 가진 자는 절대로 자신에게 문제가 있거나 잘못되었다는 사실을 인정하지 못한다.

과연 겸손이 무엇인가? 겸손은 마음을 비우고 자기를 낮추고 스스로를 괴롭게 하는 것을 의미한다. 자신을 괴롭게 해야만이 진정한 겸손이 나올 수 있기 때문이다. 그 과정은 고통스럽고 힘이 든다. 하지만 겸손은 평화, 평안, 행복한 삶을 이루는 방법이다. 만일 누군가 내게 다가와서 "저는요. 문제가 많은 거 같아요. 지난 날을 돌아보니 어디서 문제가 얽혔는지 답답하기만 해요. 그동안 나만을 위해 살아온 것 같아요. 이제 나는 무엇을 찾아야 하고 내가 잃어버린 것은 무엇인가요? 나에게 그것을 가르쳐 주세요."라고 묻는다면 나는 이렇게 대답할 것이다.

"당신은 타인에게 아름답게 보여주는 삶을 사셨군요. 당신은 공작새 인생을 사셨습니다. 당신에게는 순수한 의도와 겸손이 빠졌습니다. 이제 그것을 찾아서 회복해야할 때입니다."

겸손은 당신의 인생에 새로운 해답을 알려줄 것이다. 자신을 돌이켜 보자. 스스로를 배불리는 데는 열심을 냈지만 스스로를 괴롭게 하며 낮추는 일에는 태만했던 자만을 반성해야 하지 않는가? 그렇지 않으면 공작새처럼 자신도 모르게 잔인한 자아가 뛰쳐 나온다.

# 타조에게 배움

타조는 날개가 퇴화되어 날지 못한다. 타조는 새임에도 불구하고 시속 65㎞의 속도로 엄청 빨리 달린다. 타조가 한번 뛰면 4-5m 씩 뛰기도 한다. 타조는 무엇이나 잘먹는 잡식성이고 한 번 알을 낳으면 15-20개의 알을 낳는다. 하지만 알을 낳고는 곧 잊어 먹는 경우가 많다고 한다.

## 자신이 만든 원리에 묶여 있는 부부

타조가 날개는 있지만 사용하지 않는 것은 현실에 안주하는 것을 상징한다. 타조 성격을 가진 자는 재주는 있지만 이미 갖고 있는 지식에만 만족하며 더 높은 가치나 지식을 추구하지 않고 이미 배운 것이나 알고 있는 지식에만 연연하는 자이다.

이런 자는 새로운 변화를 겁내고 기존의 습관에 머무른다. 세속에 물들어 전진하지 못하고 규칙이나 자신이 만든 원리에 묶여 있는 자이다. 그러면서도 자신이 발전하지 못하는 이유에 대해 변명과 많은 가설을 쏟아낸다.

높은 세계로 날 수 있는 가능성이 있음에도 불구하고 현실에 안주하는 습관이나 규칙에 얽매인 자가 있다. 이렇게 현실에 안주하는 사람이 주로 쓰는 말은 "지금 이대로가 좋은데"이며 변화하지 않으려는 생각에 머물러 있다.

변화하지 않는 것은 변화에 적응해야 하는 부담감이나 두려움 때문이다. 변화가 두려운 것이다. 이렇게 되면 성장과 발전이 없다.

이들에게는 주어진 현실에 만족하지 말고 현실을 바꾸고자 하는 시도가 필요하다.

최근에 N포 세대라는 말이 있는데, 연애, 결혼, 출산을 포기한 세대를 일컫는 말이다. 이들은 현재보다 나은 세계를 향해 나가기보다는 자신의 취향, 취미를 즐기며 미래보다 현실적 삶을 중시하고 안주하려는 경향이 짙다. 젊은 청년들이 이렇게 되기까지는 경제 불황과 취업 난으로 현실을 지나치게 부정적으로 생각하고는 차라리 포기하는 게 낫다는 방법을 채택한 것이다. 그러므로 현실에 안주하려는 타조 성격을 바꾸어야 한다. 타조 성격을 바꾸기 위해서는 먼저 자신의 신념을 점검해야 한다.

첫째, 없애고 싶은 부정적인 신념이 무엇인지 생각하고

둘째, 유지하고 싶은 긍정적인 신념이 무엇인지 파악해야 한다.

셋째, 현실 가능한 목표를 세우고 우선 순위를 정해야 한다.

넷째, 어떤 것이 실현 가능한 것이며 어떤 것이 실현될 수 없는 것인지를 깊이 생각해야 한다.

다시말해서 현실을 정확하게 보고 실현 가능한 것에 대한 도전을 찾아야 한다. 고로 희망을 세우는 작업이 필요하다.

희망은 좋은 일이 일어날 것을 기대하며 살아가는 것이다.

하지만 비현실적인 환상을 가지면 끊임없는 시련과 고통 속에 결국 붕괴의 결말에 이를 수도 있다. 비현실적 기대와 현실적 기대의 차이는 현실을 인식하는 데서 온다.

올바른 현실 인식이야말로 성공하게 만드는 기초 토양이다.

대개 자신이 어느 정도 성공했다고 느끼는 사람들은 인생 목표를 현실에 맞게 수정하였기 때문이다.

하지만 성공했다고 느끼는 사람들도 불행으로 떨어질 가능성이 있다. 하지만 불행을 불행으로 여기지 않는 이유는 높은 가치를 얻은 것을 알기 때문이다.

고로 부부는 자녀에게 좀 더 높은 원리나 세계를 향해 나아가고자 하는 꿈과 비젼을 심어주는 작업이 필요하다.

날개는 있으나 현실에 안주해서 날지 못하는 타조처럼 인생을 살지 말고 자신의 날개에 힘을 주는 훈련과 연습이 있다면 조금씩 날개에 힘을 얻어 언젠가 힘차게 날아오를 날이 올 것이다.

부부는 자녀에게 다음과 같이 가르치자.

"실패를 미리 결정짓지 말자. 타조처럼 날아오르는 것을 포기하지 말자. 미래에 일어날 획기적인 사건을 기대하고 준비하자."

# 부엉이에게 배움

 부엉이는 몸이 크고 독특한 얼굴 모양을 하고 있다. 부엉이는 먹이를 잡는 습성이나 먹이의 종류가 고양이와 비슷하다. 그래서 부엉이를 두고 날개 달린 고양이라고 부른다. 고양이는 낮에 활동하는 반면 부엉이는 밤에 활동한다.

## 본능적 부부

 부엉이는 대낮에 거의 물체를 볼 수가 없다. 그러나 밤이나 흐린 날 또는 새벽 녘에는 물체가 잘 보인다고 한다. 주로 먹이로는 쥐, 박쥐, 토끼, 곤충이며 때로는 새끼 양, 새끼 사슴까지 잡아먹는 경우도 있다. 부엉이는 빛을 싫어하고 어둠을 좋아한다.
 어둠을 좋아하는 부엉이 성격은 본능적 삶이라고 할 수 있다. 그만큼 인간의 본능은 어두운 것이다. 본능은 이성과 양심을 거부한다. 마치 부엉이가 빛을 싫어해서 어두운 동굴 속에서 사는 것과 비슷하다. 뒷골목 어두운 세상에서 살아가는 것이다.
 어둠은 빛과 반대된다. 누구든지 그의 말과 행동을 보면 빛이나 어두움의 정도를 알 수 있다. 어둠속에 사는 자는 욕망이 거미줄처럼 엉켜 있지만 밝은 빛 가운데 사는 자는 질서정연한 태도와 생각이 있다.

구스타프 칼 융(C. G. Jung)은 모든 사람이 갖고 있는 어두움을 '그림자'라고 불렀다. 그는 자신의 그림자를 인식하는 것은 영혼의 작업에 매우 중요하다고 말했다. 그림자는 자신의 열등한 일부이기 때문이다.

이런 관점에서 어두움은 정신적으로 눈이 먼 상태이다. 눈먼 상태에는 세가지가 있다.

첫째, 무지로 눈먼 상태, 둘째, 잘못된 습관으로 눈먼 상태, 셋째, 분별력을 잃어버려서 눈먼 상태이다.

첫째의 경우, 어려서는 지식에 대해 무지하기 때문에 어두움에 있을 수 밖에 없다. 정신적으로 눈이 뜨여지기 위해서 지식을 통해 배우면서 깨달아야 한다.

둘째의 경우, 잘못된 습관으로 눈이 멀다는 말은 생활 태도를 의미한다. 본능에 의해 살게 되면 욕심을 채우기 위한 습관을 갖는다. 그 습관을 고치지 않고 반복하는 경우이다. 마음이 황폐하고 불안해 진다. 그 이유는 반성, 깨달음이 없기 때문이다.

독수리는 동굴에서는 아무 것도 볼 수 없지만 부엉이는 짙은 어두움일수록 더욱 잘 보인다. 부엉이는 어둠의 짐승이다.

사람도 깨달음이 없으면 어두움의 그림자가 그의 마음을 지배한다. 하지만 빛이 어두움이 좇아 내듯이 정신적인 깨달음은 무지에서 벗어나게 한다.

 셋째의 경우, 분별력이 없기 때문에 잘못된 원리들이 그의 삶을 잘못된 방향으로 끌고가는 경우이다. 그러므로 사람은 추론이 아니라 진리를 추구해야 한다.

 부부는 자녀들에게 본능적으로 살지 않고 이성과 양심으로 살아가도록 강조해야 한다. 자녀에게 선하게 살도록 가르치고 선행을 실천하도록 해야 한다. 마음을 지키는 것이 이 시대를 살아가는 최고의 안전 장치이다.

## 정신적인 폐쇄가 온 부부

 인간에게 정신적으로 캄캄한 어두움이 주어지면 어떻게 되는가? 어두움은 정신적 폐쇄 현상이다. 다시 말해서 사고 능력이 차단된다.

 사고 능력이 차단되면 정신적 폐쇄 현상이 일어난다. 흔히 순간 멍 때린다는 표현을 한다. 아무 생각없이 정신 줄을 놓아 버리는 듯한 느낌이다. 머리속이 하얗게 되었다는 표현을 하기도 한다. 정신적 폐쇄가 찾아오면 합리적인 생각을 하지 못하고 혼란스럽게 되어 자신을 잃어 버린다. 이때 빛을 차단하는 블라인드처럼 되어 버린다. 바로 이때 인간은 혼란을 벗어나기 위해 무슨 행동이든 한다. 혼란이 오면 그것을 극복하기 위해서 스스로 자기를 보호하기 위해 무언가에 몰두한다.

 그 처음 단계가 인지적 폐쇄 현상이다. 항상 사고를 차단하는 습관이 형성된다.

 이런 경우를 설명하자면 부모들이 아이들에게 이렇게 말을 하는 경우가 있다. "시끄러워" , "조용히 해", "너는 아이가 어째 생각이 맨날 그 모양이냐?" 그러면 아이는 아무 말도 못하게 멍청하게 서있는 상태이다. 마찬가지로 인지적 폐쇄는 이런 현상을 가져오는 자신을 보호하기 위한 방책이다.

 인지적 폐쇄라고 불리는 정신적 고착은 경직성을 야기하고 자유와 융통성의 손상을 초래한다.

 더 나아가 사고를 차단하다보니 이성의 기능이 약화되어 멀리 내다보지 못하고 근시안적인 삶의 방식만을 갖게 된다. 마치 생존 본능에 의해 먹을 것을 찾아다니는 짐승처럼 되어서 숙고하는 자세를 잃어버린다.

 정신적 폐쇄는 이성의 빛이 없는 현상이다. 이성의 빛이 없다는 말은 현명치 못하고 분별력이 없다는 말이다. 이런 사람은 누구와도 협상하지 못하고 고집 불통이 되거나 아니면 맹종하는 자가 되어 대인 관계에 구멍이 뚫리고 만다.

 이런 사람들은 선택의 자유를 잃어버렸기 때문에 자신을 받아주거나 조금이라도 자신을 이해해주는 사람이 나타났다 하면 목숨이라도 아끼지 않고 충성한다. 그야말로 맹종에 가깝게 살아간다. 문제는 그런 사람이 배우자가 아니기 때문에 매우 위험할 수밖에 없다. 이들은 깊이 있는 생각을 못하기 때문에 당장에 만족을 주는 사람에게 이용당하기 십상이다.

# 까마귀에게 배움

  2014년 학술지 정보 미국과학 진흥회(American Association for the Advancement of Science)는 까마귀는 지능이 침팬지보다 높다고 발표하였다.

  그래서 호두같은 딱딱한 껍질 속의 알맹이를 먹기 위해 높은 곳에서 바닥으로 열매를 떨어뜨리거나 열매를 도로 위에 놓고 달리는 자동차 바퀴에 호두가 깨지도록 기다린다.

  또 먹이를 잡기위해 나무에 잎사귀를 꽂아두어 애벌레가 붙으면 잡아 먹는다. 때로 쓰레기통 안에 있는 봉지속의 먹이를 찾아내어 먹기도 한다. 까마귀는 바위 벼랑에 있는 높은 나무에 있는 나뭇가지를 모아서 둥지를 틀고 산다. 까마귀는 본능적으로 뛰어난 시력과 먹잇감에 대한 공격력을 가지고 있다.

  까마귀는 육식을 즐기고 짐승을 공격하기 때문에 나쁜 의미로 쓰인다. 하지만 해충을 먹고 살기 때문에 사람들이 좋아 하기도 한다. 까마귀는 이롭기도 하고 해롭기도 한 새이다.

  사람들은 까마귀를 보고 검은 색과 거친 목소리만 듣고 흉조라고 말한다. 심지어 죽음을 알리는 새로 여긴다.

까마귀는 길조와 흉조 두가지 의미를 가지고 있고 또 까마귀 깃털은 속은 흰색이지만 겉은 검정색이다. 이는 사람으로 말하면 까마귀 성격은 분명하지 않은 상태 즉, 선악의 차이를 깨닫지 못하는 무지한 상태나 피상적인 생각을 의미한다.

## 혼돈속에 살아가는 부부

까마귀와 같은 자는 두가지 양면의 모습을 갖는 상태를 의미한다. 겉은 검정색 깃털을 소유하였지만 막상 그 깃털을 뽑아보면 하연 색인 것처럼 두가지 차원을 가지고 있다. 이랬다 저랬다하는 모습을 보이는 사람을 두고 까마귀 성격이라고 말한다.

겉보기에는 문제없어 보이지만 막상 알고 보면 오만가지 문제 속에 복잡하게 살아가는 자의 모습이다. 한편에서는 양심적인 면이 작동하지만 다른 한편에서는 사악한 면이 작동한다.

이렇게 겉과 속이 다른 상태를 이중 인격이라고 말한다.

겉으로는 자신감이 있고 용감하고 침착하고 잘난 체를 하거나 심지어 허풍을 떨면서 남에게 자비를 베푸는 듯이 보이지만 내면을 보면 자신감이 없고 소심하거나 다른 사람이 접근하거나 부탁하는 것을 싫어 한다. 또는 지나친 염려가 많아서 사소한 일에도 심약한 모습을 보이기도 한다.

간혹 어떤 이를 보면 겉으로는 겸손하지만 속에는 강한 저항심과 분노가 있는 자도 있다. 이들의 겉과 속이 다른 면모를 보면 겉으로 드러난 행동으로만 사람을 판단할 수 없음을 알 수 있다. 이런 부부 아래 양육을 받는 자녀는 정신적 분열 현상이 올 수 있다. 이를 두고 '이중구속 언어' 라고 말한다. 일관성 없이 이랬다 저랬다를 반복하기 때문에 아이의 입장에서 보면 혼란이 찾아오도록 만든다.

## 통합적 지식을 추구하는 부부

까마귀의 겉은 검정색이지만 속에는 흰색인 것은 통합적이지 않은 모습이다. 겉과 속이 다른 모습이다. 오늘날 현대 사회는 다양화와 전문화의 사회이다. 전문화는 집단이 가질 수 있는 최대의 이점이다. 예컨대, 하나의 자동차를 생산하기 위해서 각 부품을 조립함으로 이루어진다. 각 부품마다 전문적 지식이 필요하다. 그 부품을 다루는 기술자는 그 부분에서는 최고이지만 다른 영역은 무지하다.

심리적으로 전문화는 부분적인 일에는 전문가이지만 통합적으로 판단하기에는 미숙할 수 밖에 없다. 한면에는 전문가이지만 다른 한 면에서는 무지하기 때문이다.

통합적이지 않은 성격자의 특징은 한 부분에 대해서는 전문적 성향을 갖고 있지만 다른 부분과 상호 연결하여 판단하지 못하는 단점을 가지고 있다.

또한 전문화는 사람의 양심을 분해시켜 버린다.

예를 들어 핵무기 보턴을 누르는 사람은 그 일에는 전문화되었기 때문에 명령에 의해 누르기만 하면 된다고 여긴다. 그리고 자신은 명령에 의해 할 일을 했을 뿐이라고 생각한다.

 그는 전체적으로 판단할 능력을 갖추지 못했기 때문에 이 일로 수백만의 사람이 목숨을 잃는 것에 대해 아픔을 겪지 않는다. 이것이 전문화가 가져다 주는 양심의 분해이다.

 사람은 태어나면서 기본적으로 알고 있는 지식은 전무하다. 오히려 짐승들은 무엇을 먹어야할 지 알고 태어난다. 동물은 생존에 필요한 지식만 있을 뿐이다. 그러나 인간은 무엇을 먹어야할 지 조차도 모르고 태어난다. 그저 주는 대로 입으로 삼키는 것이 인간이다. 인간은 무지하게 태어났지만 지식을 습득하는 능력은 탁월하다.

 인간은 정신적으로 어두운 상태에서 태어난다. 하지만 인간은 지식을 터득하고 배움으로 깨달음의 상태로 나아가게 된다. 나무가 태양 빛을 받아서 열매를 맺듯이 사람은 지식이 마음에 들어와서 무지에서 깨어나 삶의 열매를 맺는다.

 인간은 많은 경험과 지식의 훈련을 통해 통합적으로 판단하는 과정을 거친다. 그렇게 하므로 원만한 인격으로 성숙해 나간다. 그것이 사람이 되어가는 과정이다.

 고로 부부에게는 통합적 시각으로 자녀를 양육해야 할 과제가 있다.

# 자고새에게 배움

자고새는 꿩 종류의 작은 새이다. 주로 풀씨와 곤충을 먹고 산다. 자고새는 성질이 급한 새로 잘 알려져 있다.

몸이 통통하고 꿩보다는 작지만 매우 빠른 속도로 달리거나 움직이는 새이다. 자고새는 거의 나는 법이 없고 날아도 빨리 지치고 만다. 중동 지역의 고대인들은 자고새를 남의 알을 모으고 품는다고 하여 부정하게 부를 쌓는 사람을 비유하였다. 그러나 실제로 자고새가 남의 알을 품는 습성이 있는 지는 확실하지 않다고 한다.

## 노력하지 않고 얻고자 하는 부부

자고새가 남의 알을 품는 것은 노력하지 않고 얻고자 하는 것을 말한다. 타인의 것을 힘들이지 않고 모으는 자이다. 베풀지 않는 재물이 무슨 소용이 있으며 실천하지 않는 지식이 무슨 의미가 있는가? 이런 자들이 갖고 있는 지식이나 재물은 다만 과시용에 불과할 뿐이다. 한마디로 특별한 목적없이 수집하는 것

자체에만 의미를 두는 자들에 불과하다. 베풀지 않는 지식만을 수집하게 된다면 무슨 가치가 있겠는가?

이런 성격자는 타인을 위해 베푸는 것을 원치 않는다. 심지어 자식에게까지 주는 것을 아까와 하는 부모도 있다. 어떤 선용을 위한 노력을 하지 않는다. 오늘날 이런 자들에게 사명감이나 정의를 위한 희생과 헌신은 그저 구호에 불과하다.

예컨대, 나라가 풍전등화와 같을 때 나라를 구하겠다는 사명감으로 필사즉생의 정신으로 목숨을 걸고 전쟁하였던 이순신과 같은 사람이 아니다. 위기속에서도 자신의 안위와 직책을 유지하고자 했던 소인배에 불과하다. 어떤 희생과 노력을 하겠다는 의지가 없기 때문이다.

자고새처럼 남의 알을 제 알처럼 집착하다가 인생을 허비하고 말 것이다.

## 자기 도취에 빠진 부부

그리스 신화에 '나르시수스' 가 있다. 나르시수스는 신화 속의 인물로 아름다운 젊은이들 중의 하나였다. 어느 날 그가 조용한 숲속의 연못에서 물위로 비친 자신의 모습을 보게 되었다.

그 모습의 아름다움에 충격을 받고 걷잡을 수 없는 사랑에 빠져 들었다. 그는 자신이 그토록 원하는 것을 도저히 소유할 수 없다는 사실에 실망해서 비수로 자신을 찔러 자살하였다고 한다. 그에게서 흘러나온 몇 방울의 피가 연못 옆의 땅에 떨어져서 수선화로 알려진 꽃이 자라나게 되었다고 한다.

 이렇게 격렬하게 자기를 사랑하는 것은 매우 드문 일이다. 하지만 어느 정도로 자기를 사랑하는 것은 사람들에게 흔한 일이다.

 예컨대, 자신의 신체에 대해 자부심을 갖거나 외모나 이미지에도 관심을 갖고 자신을 가치있는 사람으로 보이고자 하는 일은 있을 수 있다. 이것은 결핍의 욕구에서 나오는 것이다. 즉, 뭔가 충분하지 않다는 마음의 소리가 계속 들리는 것이다.

 지금 당장 고급 화장품을 사야 할 것같고 지금 당장 그 물건을 사야만 직성이 풀릴 것 같다. 마음속에서 부추기는 소리가 들린다. 이런 자고새 유형은 포스트 모더니즘(postmodernism) 시대 즉, 현대를 살고 있는 이들에게 두드러지게 그 특징이 나타난다. 예를 들어, 자신의 취미와 여가 생활을 중시하고 자기 중심적 사고와 행동, 재미 추구, 디지털 환경, 직장보다 자신의 삶에 초점을 두며 살아가는 자아가 강한 현대인들의 모습이다.

 이들은 자신만의 가치관을 중시하면서 혼자 살아가는 방법에는 익숙하지만 절대적 가치관을 잃어버리고 있다. 그래서 사람으로서 반드시 지켜야할 질서를 무시하는 경향이 있다. 즉, 결혼, 남녀간의 구별된 질서, 대인 관계, 가족 관계에서 질서안에서 사랑을 주고 받는 일에는 미숙하다. 진정으로 중요한 것은 사람과 사람의 만남이다. 만남을 통해 의미를 발견하는 삶이야 말로 진정 값진 삶이다.

# 메추라기에게 배움

 메추라기는 닭목 꿩과에 속하는 작고 통통한 겨울 철새로 한국, 중국, 북한에 서식하는 바다 새이다. 메추라기는 보통 떼를 지어 날아다니며 풀씨나 거미류, 곤충류를 잡아 먹는다. 메추라기는 들판이나 풀밭에 몸에 비해 7-12개의 큰 알을 낳는다.
 메추라기는 20㎝ 정도의 작은 몸집이 마치 떼를 지어 바람에 날아 다니는 모습은 세속의 바람에 떠밀려가는 것을 상징한다.

## 줏대없이 흔들리는 부부
 메추라기가 바람에 떠밀려가는 것은 줏대없이 바람에 휩쓸려 살아가는 자들의 부부의 모습을 연상하게 한다. 옆에서 속삭이는 소리에 솔깃하고 빠져들어가고 또 다른 이가 또 다른 말을 하면 또 빠져들어가는 식의 인생을 살아가는 자를 말한다. 한마디로 줏대없는 자들이다.
 이런 자는 바람에 흔들리는 갈대와 같은 모습이다.
 그러나 사실 이런 자들의 속 마음은 세속에 대한 관심이다. 삶의 가치관이나 높은 차원의 이성적 진리보다는 감각에 몰입하거나 쾌락에 빠진 자들이 누군가 그 입맛에 던져주는 고기를 마다하지 못하는 모습이다.

메추라기 성격자는 과도한 탐닉에 몰입한 자들이다. 마치 인생을 즐기기 위해 살아가는 자들이다. 인생을 즐기기 위해 남들이 가는 길을 따라 나서는 모습이다. 순간의 만족을 위해 인생 전체를 낭비하는 자라고 할 수 있다.

정의를 위해 자신의 생애를 헌신하거나 희생했던 분들과는 정반대의 삶을 사는 자들이다. 마치 환한 불빛에 반해서 날아온 불나비가 불빛에 타 죽듯이 말이다. 순간의 만족과 탐욕에 눈이 멀어서 먹지 말아야 할 것을 성급하게 삼켜버리는 인생이다. 한 번 밖에 주어지지 않은 인생을 이런 식으로 허비하거나 낭비하다가 죽기 전에 뒤늦게 후회하는 경우를 본다.

호주의 간호사 브로니 웨어(Bronnie Ware)는 죽기 직전의 암 환자 노인을 돌보는 일을 하다가 노인들의 후회하는 말을 엮어서 책으로 펴냈는데 그 책이 베스트 셀러가 되었다. 그녀는 노인들의 후회하는 이야기를 다섯가지로 요약했다.

첫째 자신에게 정직하지 못했다. 사람들은 남의 이목을 두려워 하여 남에게 보여주는 인생을 살면서 정작 자신의 삶을 살지 못했던 점을 후회했다.

둘째 사랑하는 사람과 더 많은 시간을 보내지 못한 점이다. 일에 몰두하느라 진정 필요한 사람과는 좋은 관계를 유지하지 못했다.

셋째 자신의 감정을 표현하지 못했다. 타인의 눈치를 보느라 감정을 억압하고 차단하며 살았다.

넷째 친구들과 좋은 관계를 유지하면서 살지 못했다. 친구와 연락을 끊고 살았던 점을 후회하였다.

다섯째 좀 더 행복을 추구하면서 살았어야 했는데 그렇지 못한 점이다.

이는 메추라기가 바람에 휩쓸려 몰려다니듯이 사람들의 유행과 풍조에 떠내려가는 인생을 살다가 정작 자신의 삶을 살지 못한 것에 대한 후회라고 말할 수 있다.

한번 밖에 주어지지 않은 인생, 자신에 맞는 삶을 살아가는 것이 얼마나 중요한 지를 가르쳐 주고 있다. 그것이 가치있는 삶이고 의미있는 삶이다. 가치와 의미를 얻기 위해서 존재의 바탕을 먼저 바로잡는 것이 필요하다. 그것은 곧 정의이다.

정의는 선을 추구하는 것을 말한다. 이것이 선이 아니라고 여길 때는 과감하게 잘라 버리는 용기와 결단이 필요하다. 정의를 위해 불의를 버리는 것이다. 고로 선과 악을 구별하고 분별하는 지혜가 필요하다. 정의의 바탕 위에서 옳고 그름을 판단하는 분별력이다. 이것이 반복되고 습관화 되면 가치관을 바로 세우게 되고 그 결과는 행복한 인생을 살았노라고 말할 수 있다.

# 파리에게 배움

파리는 인간에게 장티푸스나 콜레라 같은 질병을 가져다주는 해충이다. 파리는 주로 동물의 부패한 사체나 습한 유기물에 기생하면서 나팔 모양의 주둥이로 액체를 핥아 먹는다.

아프리카의 체체파리는 동물과 사람의 피를 빨아먹고 수면병을 주기도 한다. 그래서 체체파리 때문에 사람이 살 수 없는 지역도 있다고 한다. 파리는 냄새 나는 곳이 찾아 오는데 파리가 윙윙거리는 소리를 내면서 날아올 때는 온통 정신이 혼란스럽기 그지없다.

## 상대를 혼란하게 만드는 부부

파리가 윙윙거리고 날아다니면 마치 정신이 없어지는 것처럼 느껴진다. 이는 정신이 혼란스러운 상태를 상징한다.

내적인 면에서 파리같은 생각은 깨달음을 방해한다. 부부의 마음이 혼란스럽고 깨달음이 없다면 마음속 파리가 머문다고 보아야 된다.

마음속에 혼란스러운 생각이나 잡념이 깨달음을 갖지 못하게 만든다. 고로 파리 생각은 방종하고 혼란스럽고 변덕스럽고 이기적인 사상들이다.

 혼란에 빠지면 마음이 무너진다. 이는 내면의 평안을 잃어버린 상태이다. 그렇게 되면 사람은 내면에서 평화를 찾지 못하고 밖에서 자신을 가리는데 급급하게 된다. 결국 힘을 다해 세상을 살아가지만 위기를 대처해 나갈 힘이 상실된다. 마음이 안정되고 평화로워야 건강한 인간 관계를 할 수 있다.

 가끔 당신을 혼란스럽게 하는 자가 있지 않은가? 그들이 당신을 혼란스럽게 하는 방법은 주로 대화를 가지고 주의를 흩어 놓는다. 전혀 주제에 맞지 않게 엉뚱한 말을 끄집어 와서 사람을 혼란스럽게 만든다.

 즉, 말의 의미를 생각하고 이게 무슨 뜻인지 알아 보려고 노력하는 동안 또 다른 말을 꺼낸다. 이렇게 주제에 맞지 않은 말을 하면서 주의를 분산시킨다. 이런 자는 상대방을 혼란스럽게 만들고는 허물을 찾아내는 인간이다.

 그러면 혼란에 빠지는 이유가 무엇인가? 사람은 지혜를 추구하는 존재인데 그 지혜가 만족스럽지 못하거나 왜곡되었음을 알게 되었을 때 혼란에 빠진다. 즉, 혼란에 빠짐은 자신에게 문제가 발생했음을 알게 되는 신호이다.

 자신이 혼란스럽게 되었을 때 끝까지 잘못된 방법이나 생각을 고집스럽게 고수하든지 아니면 이전 것을 버리고 또 다른 방법을 찾든지 한다.

 프랑스의 문호 빅토르 위고(Victor-Marie Hugo)의 소설 '레미제라블'에는 조카가 굶어 죽어가는 모습을 보다 못해 빵 하나를 훔쳐서 감옥에서 18년을 살아야 하는 '장발장'이라는 죄수와 그 뒤를 그림자처럼 따라 다니는 '자베르'라는 형사의 이야기가 등장한다.

 그 형사에게는 강한 신념이 있었다. 그것은 한 번의 죄인은 영원한 죄인이라는 신념이다. 죄인은 언젠가 또 다시 죄를 지을 것이라는 확신이다. 죄인 장발장은 선한 삶을 살고 있었지만 신분을 숨기고 형사의 눈을 피해서 계속 숨어 다녀야만 했다. 그가 신분을 숨겨서 시민들에게 존경 받는 시장의 위치에까지 올랐지만 그러나 그곳도 안전할 수는 없었다. 라베르 형사의 추적이 계속되었기 때문이다. 그러던 중에 운명이 바뀌어 장발장이 일생을 따라다니던 라베르 형사를 죽일 기회가 왔다. 그는 이제 라베르를 죽이고 자유를 찾아 멀리 도망할 수도 있었다.

 그렇지만 장발장은 오히려 형사를 구출해 내는 사랑을 보여준다. 이것을 알게 된 형사는 그동안 자신이 믿어왔던 신념의 혼란을 겪는다. 자신의 신념이 장발장의 사랑의 행위로 한 순간에 무너지고 만다. 그는 혼란을 견딜 수 없었다. 그는 내가 알던 세상은 산산이 부숴졌다는 말을 남기고 혼란을 견디다 못해 강물 위에 몸을 던진다. 혼란을 겪는 사람들의 몸부림이다.

## 선한 의도를 가진 부부

파리는 냄새 맡는 것에 대해서는 탁월하다. 고기나 음식과 같은 냄새가 나는 장소이면 언제나 파리가 꼬인다. 파리는 음식이 차려지면 곧바로 찾아온다.

파리 떼가 있다는 것은 썩은 냄새가 있다는 것을 의미한다. 파리는 썩어 냄새나는 곳이면 언제든지 찾아간다.

부부의 마음속에 욕심이 가득하다면 더러움을 찾아다니는 파리가 꼬인다. 이를 두고 '악한 의도' 라고 한다.

의도는 목적이다. 목적이 잘못되면 목적을 위한 수단 또한 잘못될 수 밖에 없다. 의도와 목적은 그 사람 전체를 말한다. 사람의 의도와 목적을 알면 그가 어떤 사람인지를 알 수 있다. 의도가 곧 생명이기 때문이다.

의도가 선한 사람을 보았는가? 그의 삶이 어떠한가? 의도가 악한 사람을 보았는가? 그의 삶이 어떠한가?

진정으로 존경할 만한 선생은 미숙한 자의 의도를 선하게 변화하도록 돕는 자이다. 이런 자들이 사회 곳곳에 있어야 그 나라가 바르게 설 수 있다.

의도가 문제가 된 자들을 보면 자신의 생각으로 사회나 타인을 비난한다. 그들의 불평하는 말을 들으면서 지혜로운 자는 그의 말속에서 숨어 있는 의도를 분별한다.

자신을 검토하지 않고 생각나는 대로 가감없이 드러내는 자는 자신이 상처받았다거나 피해받은 사실을 주장한다.

그의 의도를 보면 자기를 높이기 위한 목적으로 말하는 경우가 많다. 이들의 의도는 결국 자존심을 드러낸 것에 불과하다.

선한 의도를 위해서 진실되게 행동하다가 고통을 당하는 자들도 있다. 하지만 그렇다고 절망하거나 낙심할 이유는 없다.

왜냐하면 그 결과가 타인에게 인정받지 못했다손 치더라도 의도 자체가 목적이기 때문이다.

결과가 좋지 않더라도 선한 의도로 시작하였으면 그것이 적당한 결과라고 믿어도 좋다. 결국 의도가 좋았냐? 그렇지 못했냐의 차이이다.

인간의 말과 행위 속에는 반드시 의도가 들어있다. 말은 생각을 드러내고 행동은 의지에서 나온다. 고로 의도를 알려면 생각을 보면 알 수 있다. 생각 속에 이기심, 지배욕, 복수, 간음, 도둑질, 거짓, 훼방할 의도가 있는지를 보아야 한다. 의도를 살펴보면 사람의 됨됨이를 알 수 있다. 인간은 의도에 따라 살아가는 방식이 다양하다.

천국과 지옥이 왜 존재하는가? 사람은 모두 천국에서 살기를 원한다. 천국은 선한 의도를 가진 자들이 모여 있고 지옥은 악한 의도를 가진 자들이 모여 있기 때문이다. 어떤 이가 선한 의도를 가지고 있다면 그의 마음은 이미 천국에 있는 것이고 악한 의도를 가지고 있다면 지옥에 있는 것이다.

사람은 의도에 따라 행위가 드러나는데 선한 의도가 있다면 선용의 삶이 주어진다.

고로 한 인생을 판단할 때 그가 이루어놓은 결과를 보기보다는 그가 어떤 의도로 인생을 살아왔는가를 보아야 한다.

가족을 위하는 의도를 갖고 희생하면서 살았다면 그의 삶은 잘 살았다고 말할 수 있지만 그런 의도없이 자기 만족을 위해 살았다면 그는 인생을 잘못 살았다고 말할 수밖에 없다.

부모와 선생은 아이들에게 선한 의도를 가르치고 종교인은 선한 의도를 위한 진리를 전하고 사회 지도자는 백성들에게 선한 의도를 갖도록 법과 제도를 만들어야 한다. 이렇게 모든 사람들이 선한 의도를 갖는다면 평화로운 세상에서 살 것이다.

오늘날 인종 갈등, 빈부 격차를 해소하는 길은 모든 인류가 선한 의도를 지향할 때 가능하다.

선한 의도에 대해서 좀 더 설명하고자 한다.

우선 악한 의도를 가진 인간은 맹수와 비유할 수 있다. 맹수와 같은 짐승 중에는 살무사, 표범, 늑대, 여우, 살쾡이, 부엉이, 박쥐, 독사 같은 짐승이다. 맹수는 인간에게 해를 주기 때문에 악의를 상징한다. 중요한 사실은 늑대와 같은 야생 동물들을 제거하지 않고서는 양과 같은 동물이 살 수 없다는 사실이다. 가시나무를 제거하지 않으면 밭이나 정원을 만들 수 없다. 이것을 제거해야만 씨를 뿌릴 수 있고 곡식을 생산할 수 있다.

다시 말해서 악의를 몰아내지 않으면 선의를 이룰 수 없다.

예컨대, 독이 장기에 침입하면 병들게 되고 표범을 창살에 가두지 않으면 가축이 공격 당하고 독사의 이빨을 뽑지 않으면 물리게 되고 독초를 제거하지 않으면 양이 죽고 송충이를 제거하지 않으면 나무는 괴사하고 만다. 선의를 위해서는 악의가 제거 되어야만 한다. 고로 우선 할 일은 악의를 제거하는 일부터 시작해야 한다.

악한 의도를 가진 자는 마음에 정욕이 가득하기 때문에 꾸미기를 좋아한다. 자신을 포장하는 것은 내가 아닌 다른 모습을 보여주고자 함이다. 자기를 포장하면 있는 그대로의 자신의 모습을 드러내지 않고자 하는 것이다.

엘리스 밀러(Alice Miller)는 자신이 아닌 뭔가 다른 존재를 창출하여 변형되가는 과정을 두고 "영혼의 살인"이라고까지 표현했다. 자신의 영혼을 죽이는 것과 마찬가지라는 말이다.

언제나 악의는 자신을 더럽다고 인정하기 때문에 외모와 사치에 관심을 가지고 있으며 그런 무리들과 어울리기를 좋아한다. 그리고 어떻게 하든 변명거리를 만들어 댄다.

고로 사람은 스스로에게 이렇게 질문해야 한다.

첫째, 자신의 의도가 무엇인가?

둘째, 의도의 결과가 어떠한가?

셋째, 정말로 악의를 피하고자 하는가?

선한 의도를 가진 자는 자신의 잘못을 검토한다. 자신에게 잘못이 발견했을 때 변명하는 자는 선한 의도를 가진 자가 아니다. 선한 의도를 가진 자는 자신의 잘못이 발견되었다고 하면 곧바로 시인한다. 그리고 곧바로 고치거나 변화를 이룬다.

덮어버리는 것이 아니라 잘못에서 떠나는 것이다.

자신을 검토하지 않는 사람은 피가 썩어가는 병자와 비유할 수 있다. 피가 혼탁해져서 혈관이 막히고 병을 얻게 된다. 악한 의도를 가진 자는 구멍 안에 있는 독사와 같다. 언제 갑작스럽게 뛰쳐 나와서 물지 모른다. 그렇게 되면 결국 치명적인 상처를 입는다. 고로 스스로 자신의 의도를 검토해야 한다.

선의인가 악의인가를 수시로 점검해야 한다.

선한 의도는 실제적이고 구체적이다. 성숙한 자는 자신의 의도를 검토한다. 자신의 악한 의도를 발견하면 곧바로 악을 제거하고 선한 의도를 가지라.

선한 의도를 가지고 악을 제거하는 사람은 마음에 있는 잡초를 뽑아내는 것과 같다. 그리고 땅을 갈아 엎고 옥토에 씨를 뿌리고 추수하는 자와 같다. 그러면 마음의 토양이 좋아져서 선한 사고방식이 자랄 수 있다.

파리는 악한 의도를 가진 자를 의미하기 때문에 음식이 깨끗하면 불안하다. 선한 의도가 있으면 달라 붙지 못하기 때문이다.

이처럼 악한 의도 부부는 진실이 밝혀지는 것을 매우 싫어한다.

# 메뚜기에게 배움

메뚜기는 길이는 3~3.5cm 정도이고 주위 환경에 따라 녹색이나 갈색 등으로 변하는 곤충이다. 메뚜기는 턱이 발달해서 벼, 농작물, 나무 뿌리까지 갉아 먹는다. 그리고 더듬이가 있고 청각이 발달해 있다.

메뚜기는 날개가 있어서 얕게 날아 다니기도 하고 뒷다리가 길어서 펄쩍하고 잘 뛴다. 가끔 중국에는 메뚜기 수억마리가 떼를 지어 몰려 다녀서 곡식, 풀, 과일, 농작물을 다 먹어치워서 피해를 주기도 한다.

## 저급한 수준의 부부

메뚜기는 예민하고 펄쩍하고 뛰어다니며 날개는 있지만 멀리 날지는 못한다. 이런 행태는 수준 낮은 인간의 모습을 그려주고 있다. 마치 펄쩍 뛰면서 촐싹거리는 모습이다.

메뚜기는 얕은 수준의 사람을 두고 말한다. 즉, 심사숙고하거나 깊이 생각하는 것이 아니라 수준이 낮은 차원에 머무는 자이다. 이런 자를 두고 속빈 강정과 같다고 말한다.

어떤 자들이 낮은 차원에 머무는 자인가?

메뚜기 성격자는 한마디로 낮은 차원에 머물면서 눈 앞에 있는 것에만 만족하며 살아가는 자이다. 저급한 수준은 눈에 보이고 귀에 들리고 몸이 느끼는 것이 전부라고 여기고 결정짓는 사람을 두고 말한다. 한마디로 심사숙고하는 과정없이 오감으로만 판단하는 자이다.

사실 인간은 현실을 제외하고는 살 수 없다. 현실을 정확하게 인식하는 기능이 바로 오감이다. 인간은 오감을 통해 외부 세계의 정보를 인식한다.

그러나 눈에 보이는 대로 그것이 전부라고 여긴다면 이는 사리분별을 제대로 하지 못하는 어리석은 자이거나 미숙한 자이다. 왜냐하면 눈에 보이는 세계만 존재하는 것이 아니라 보이지 않는 세계가 있기 때문이다.

또 귀에 들리는 대로 순응하는 자도 있다. 남의 미혹하는 말을 그대로 믿어버리고 속아 넘어가는 자들이다. 남의 속삭거리는 말에 현혹되어서 무책임한 인생을 사는 자이다. 이들의 결국은 자식과 가정도 버리고 스스로 구덩이에 떨어지고 만다.

자기 죽을 장소를 스스로 찾아 들어가는 불나비같은 자라고 말할 수 있다.

만일 사람이 눈에 보이는 대로 귀에 들리는 대로 느끼는 대로만 따라 간다면 스스로 인생을 망가뜨리고 만다. 현실을 이해하고 분별하는 지혜가 필요하다.

즉, 오감을 통해 감각을 느끼지만 분별하는 지혜가 필요하다. 인간의 뇌의 기억을 연구하는 학자들은 오감을 통해 인간에게 들어오는 외부 용량은 1초당 백만 비트라고 한다.

그러나 실제적으로 뇌에서 받아 들이는 분량은 단지 134비트 (bit)이다.(1비트는 컴퓨터 용량 8분의 1 바이트이다) 인간은 외부의 정보 용량을 오만분의 일 정도로 자신에게 맞게 저장할 뿐이다. 고로 인간은 외부 현실을 정확하게 그대로 받아들이지 않고 왜곡, 축소, 확장해서 판단한다.

인간이 삶을 살아간다는 것은 경험의 과정이다. 하지만 외적인 기능에만 의존해서는 안된다. 중요한 것은 받아들인 정보를 이해하는 능력이다.

오감으로만 일관하게 되면 관능적이 된다. 관능적인 행동 방식은 쾌락적이다. 쾌락은 감각에 의해 열리기 때문이다.

쾌락은 희열과 만족감을 준다. 그래서 쾌락에 빠지면 헤쳐 나오기가 힘들고 설레임으로 인해 점점 더 깊은 위험의 늪으로 빠져들게 된다. 감각적 쾌락에서 벗어나기 위해서는 먼저 쾌락을 끊고 깨달음을 향해 나가야 한다.

그러나 만일 오감을 통해 들어온 정보를 바탕으로 이성을 가지고 합리적 판단을 갖는다면 성숙한 자가 된다. 이성은 생각하게 만들고 합리적 인간으로 나아가게 한다. 고로 인간은 처음에는 이성과 관능 사이에서 갈등하지만 관능적이 될 것인지 합리성을 선택하든지 둘 중 하나를 선택해야 한다.

시간이 지나면서 둘 중 하나에 반복하다 보면 관능 혹은 합리성 중 하나에 익숙하게 된다.

그래서 관능을 선택한 인간은 더욱 관능적이 되고 합리성을 선택한 인간은 더욱 이성적이 된다. 관능과 합리성은 함께 발전하는 것이 아니기 때문이다. 이것은 마치 음식이 소화되는 과정과 같다.

음식을 보고 냄새를 맡고 맛을 느끼면서 목으로 삼키면 음식은 위로 보내진다. 그러면 음식물은 위액과 섞여 소화가 되어 피가 되고 살이 된다. 그러나 인간은 피가 되고 살이 되는 것을 전혀 느끼지 못한다. 마찬가지로 처음에는 노력을 하지만 후에는 자신도 모르게 익숙해 진다. 무엇이든 초기에는 힘이 들지만 시간이 지나면 익숙하게 습관이 된다.

부부가 낮은 차원에서 벗어나려면 그만큼 현실에서 깨달음을 향해 반복하는 훈련이 필요하다. 하지만 익숙하게 되면 어느새 성숙해진 자신을 발견하게 된다.

사람이 짐승과 다른 점은 현실에만 머물지 않고 이성의 정보를 가지고 가치를 추구하기 때문이다. 사람이 가치를 추구할수록 더욱 성숙해진다. 하지만 욕심에 집착하게 되면 중요한 가치를 잃어 버린다. 기존에 쌓아 두었던 가치가 모두 무너지게 될 때 극도의 혼란을 겪고 결국 짐승처럼 인생을 살게 된다.

# 정리 편

 부부가 동물의 생존 방식을 보고 그것을 거울 삼아서 부부가 어떻게 살아야할지를 찾아 보았다. 사실 짐승자체의 행동은 생존을 위한 방식에 불과하다. 좋고 나쁨의 원리가 있는 것은 아니다.

 하지만 짐승의 생존 방식을 보면서 자신의 삶과 연관지어서 어떻게 살아가느냐 하는 것은 우리들의 몫이다. 그래서 동물 이름과 함께 배움이라고 표현했다. 자연은 삶의 교과서이기 때문이다.

 과거 철학자들은 마음을 자연 만물을 담는 거대한 소우주이며 영원 불멸한 세계라고 말했다.

 자연 만물은 마음의 질서를 세우는 교과서이다. 그러므로 자연의 동물은 마음의 세계에 존재하는 짐승이다. 마음의 세계 안에 있는 짐승은 추상적이지만 깨달음을 안겨 준다.

 나는 다양한 짐승의 행동 방식을 보면서 부부가 어떤 질서를 가지고 살아야 할 지를 배우고자 하였다. 진정 바르게 살고자 하는 부부가 있다면 유익이 되는 짐승과 해가 되는 짐승을 찾아서 교훈을 얻어야 한다. 짐승들은 부부에게 진정한 질서가 무엇인지를 가르쳐 줄 것이다.

사람은 마음과 몸, 두 세계 속에서 살아가는 존재이다.

사람은 두 세계의 주민이다. 마치 땅에 씨앗이 심겨지듯이 육체에 마음이 심겨졌다. 마음이 육체의 행위를 통해 드러난다. 마음은 몸의 주인이다. 고로 마음의 씀씀이가 중요하다.

이 책은 마음 속에 짐승이 산다면 인간은 어떤 형태로 살아가는지 또한 사람의 행동은 어떤 짐승의 행위와 유사한 지를 살펴 보았다.

인간이 본능에 의지하면서 살면 짐승의 행위와 사람의 행위가 별 다르게 없다. 너무나 일치하는 점이 많다. 그래서 "아! 저 사람의 저런 행동은 개같은 짓이다" 라고 말한다. 그래서 욕을 할때도 개같은 놈이라고 흉을 보는 것이다. 결국 우리는 문명 세계 속에 살지만 본능적으로 산다면 정글이나 밀림 지역에서 살고 있다고 할 수 있다. 그런 면에서 부부는 자신이 어떤 짐승들의 행동을 하고 있는 지를 살펴보고 반성할 부분을 찾아 보아야 한다. 부부의 삶은 끊임없이 개혁되고 거듭나야 한다.

그래야 사람다운 삶을 살 수 있고 자녀에게 존경받는 부모가 될 수 있다. 부부에게는 자신의 삶을 볼 수 있는 거울이 필요하다. 이 책은 마음의 거울이 되는 책이다.

'선악개오사(善惡皆吾師)' 라는 말이 있다. 선이든 악이든 자신에게는 모두 선생이 된다는 말이다.

# 참고도서

· 김홍찬, 『이노센스』, 한국상담심리연구원, 2002.
· 김홍찬, 『순진무구 수치심을 치유하다』, 한국상담심리연구원, 2016.
· 김홍찬, 『사람이란 무엇인가』, 한국상담심리연구원, 2015.
· 김홍찬, 『부부의 목적』, 한국상담심리연구원, 2018.
· JOHN BRADSHAW, 김홍찬,이경애 역, 『창조적인 사랑』, 한국상담심리연구원, 2002.
· 정영식, 『비유가 아니면 말하지 아니하였다』, 성서상징어연구, 보리, 1987.
· 배제형, 『성경 상응 사전』, 도서 출판 벽옥.
· 제니스 A. 스프링,양은모 역, 『용서의 기술』, 메가트랜드문이당, 2007.
· Robert D Enright, Richad P Fitzgibbons, 방기연 역, 『용서의 심리학』,시그마프레스, 2011.
· M. 스캇 펙, 윤종석 역. 『거짓의 사람들』, 비젼과 리더십, 2007.
· E. SWEDENBORG, 『혼인애』, 예수인, 2000.
· MILLER,ALICE. PICTURES OF CHILDHOOD. TORONTO ; COLLINS PUBLISHERS.

# 부부의 질서

1판 1쇄 인쇄일 2024년 3월 10일

**지은이** 김홍찬

**발행인** 김홍찬

**펴낸곳** 한국상담심리연구원

**출판등록** 제2-3041호(2000년 3월 20일)

**주소** 03767 서울시 서대문구 충정로53 골든타워 1811호

**대표전화** ☎ 02)364-0413  FAX 02)362-6152

**이메일** khc2052@hanmail.net

**표지 그림** 문소담

**유튜브** 김군의 마음TV

**ISBN** 978-89-89171-62-1

**값** 15,000원

이 책에 대한 판권은 사단법인 한국상담심리연구원에

있으므로 허락없이 내용이나 표지등을 복제할 수 없습니다